華信經管 创新系列

Managerial Economics

管理经济学

（第2版）

秦树东　黄　毅　周　颖　杨　雪　编著

電子工業出版社
Publishing House of Electronics Industry
北京·BEIJING

内容简介

本书介绍了管理经济学的基本原理与方法，内容包括管理经济学的内涵、市场主体的行为、需求与供给的关系、生产与成本的优化、市场结构的分析以及价格的制定等。全书共6篇12章，每章均有大中小案例若干，并配有形式多样的习题。

本书适合作为工商管理类专业的管理经济学教材，也可作为企业管理人员的参考用书。

图书在版编目（CIP）数据

管理经济学/秦树东等编著. —2版. —北京：电子工业出版社，2017.3
（华信经管创新系列）
ISBN 978-7-121-30864-2

Ⅰ. ①管… Ⅱ. ①秦… Ⅲ. ①管理经济学-高等学校-教材 Ⅳ. ①C93-05

中国版本图书馆CIP数据核字(2017)第019841号

策划编辑：王赫男　石会敏
责任编辑：石会敏
印　　刷：北京虎彩文化传播有限公司
装　　订：北京虎彩文化传播有限公司
出版发行：电子工业出版社
　　　　　北京市海淀区万寿路173信箱　邮编100036
开　　本：787×1092　1/16　印张：13.75　字数：351千字
版　　次：2015年3月第1版
　　　　　2017年3月第2版
印　　次：2020年7月第7次印刷
定　　价：36.00元

凡所购买电子工业出版社图书有缺损问题，请向购买书店调换。若书店售缺，请与本社发行部联系，联系及邮购电话：(010)88254888，88258888。

质量投诉请发邮件至zlts@phei.com.cn，盗版侵权举报请发邮件至dbqq@phei.com.cn。

本书咨询联系方式：wanghn@phei.com.cn。

前 言

管理经济学是应用经济学的一个分支，是联系经济学和管理决策科学的一门新兴科学，它把微观经济学的基本原理和方法应用于企业管理决策实践，是管理类专业本科生的必修课程。管理经济学的教学目的在于使学生把经济学知识、管理学原理与方法融会贯通，提高管理决策能力，实践证明它是一门很有实用价值、很受学生欢迎的课程。编著者在多年教学基础上，汲取国内外相关教材精华，力图结合企业市场经济的具体实践，编写一本适应我国应用型本科教学所需要的、既有较系统的经济与管理理论又密切联系企业管理实际的、具有实践意义的教材。

本教材以系统的管理经济学知识为基础，力求理论联系实际，突出实用性和案例分析，兼顾适用性和超前性。教材的内容安排如下介绍。

第 1 篇总论：主要介绍管理经济学的内涵与特点、管理经济学的基本分析方法及一些重要的概念。

第 2 篇行为主体分析：该篇主要分析市场主体、企业行为以及个人行为在经济活动中的表现。其中，第 2 章主要介绍市场主体的概念及其之间的相互关系；第 3 章主要介绍企业行为目标和行为约束；第 4 章介绍个人行为的偏好、预约约束以及主体均衡——效用最大化。

第 3 篇供求机制：该篇主要分析市场的供求关系及均衡。其中第 5 章主要介绍需求的概念、影响因素及弹性；第 6 章介绍供给的概念、影响因素及弹性；第 7 章主要介绍需求与供给的均衡，包括形成的原因以及均衡的变动。

第 4 篇生产—成本分析：该篇主要介绍生产及成本的优化。其中，第 8 章主要介绍生产函数、短期生产和长期生产的相关概念及优化方法；第 9 章主要介绍成本与成本函数的概念、短期成本与长期成本的概念及优化方法。

第 5 篇市场结构：该篇主要介绍常见的四种市场结构。其中，第 10 章介绍完全竞争与完全垄断市场的特点，第 11 章介绍垄断竞争和寡头垄断市场的特点。

第 6 篇定价策略：主要介绍目前常用的几种市场定价方法。

本书由于时间仓促加之编写内容庞杂，不妥之处在所难免，还望广大读者指正为盼。

编 著 者

目　录

第1篇　总　论

第2篇　行为主体分析

第3篇 供求机制

第4篇 生产—成本分析

第5篇 市场结构

第6篇 定价策略

第1篇　总　论

管理经济学是研究如何通过最有效率地配置资源来达到既定的管理目标的科学。它把经济学的理论和方法应用于私人部门(个人和机构)所面对的决策问题，帮助决策者实现高效率地配置资源、规划公司战略和实施有效策略。本篇是全书的开篇，主要是对管理经济学的基本概念，管理经济学与经济学的关系，管理经济学的主要研究内容、主要分析方法、基本的术语进行介绍，为后续的学习打下基础。

第1章　绪　论

经济学既是一门研究财富的学问，也是一门研究人的学问。

——阿尔弗雷德·马歇尔

导入案例

被解职的管理者

软件巨人 Amcott 公司公布了年度运营情况：亏损 350 万美元。据报道，170 万美元的亏损来自于它的外国语言分部。

Amcott 使用其 2000 万美元的留存收益购买 Magicword 软件包 3 年的所有权，这个软件包可以将普通的法文文件转换为英文，当时的短期利率为 7%。该软件第一年的销售收入虽是 700 万美元，但是由于随后卷入了 Foreign Inc 公司的侵权诉讼，该软件的销售即被停止了。Amcott 公司输掉了这场官司并支付了 170 万美元的赔偿金。业内人士说该软件的侵权案的赔偿金只占 Magicword 软件销售收入的一个很小的比例。

Ralph 作为 Amcott 公司的经理在此次事件之后被解职。媒体引用他的话说，“我只不过是（Amcott 公司的）律师们的替罪羊，他们在购买 Magicword 软件的所有权时没有做好他们的功课。我已经设计了 3 年年销售额为 700 万美元的计划，并且从预算的数字来看，实现了我的目标。”

你知道为什么 Ralph 会被解职吗？

资料来源：迈克尔 R. 贝叶. 管理经济学，原书第 6 版. 机械工业出版社. 2009.

- **知识目标**
  - 掌握管理经济学的概念与特征
  - 了解管理经济学与经济学的关系
  - 熟悉管理经济学的研究对象和内容
  - 理解管理经济学部分重要的基础概念，如稀缺性、机会成本、不完全信息等
- **能力目标**
  - 熟悉并初步掌握最优化方法、边际分析方法、均衡分析方法和经济模型方法
  - 说明经济学理论对企业决策的意义
  - 理解并说明学习管理经济学的价值

1.1 管理经济学的内涵与特点

1.1.1 管理经济学的内涵

什么是管理学？什么是经济学？什么是管理经济学？要理解管理经济学的内涵，我们需要对这三个问题逐一介绍和了解。

1. 管理学

要了解管理学，首先得知道什么是管理，管理是人们为实现一定目的而进行的一种活动。管理是共同劳动的产物。在集体劳动的前提下，为使劳动有序地进行，获得人们期望的劳动成果，就必须搞好协作，进行组织与协调，于是就产生了管理。对于管理的概念，管理学者从不同的角度出发有不同的认识，有的强调管理是由计划、组织、领导、控制等职能组成的作业过程；有的强调管理的核心环节，认为管理就是决策；有的强调对人的管理，认为管理就是通过别人把事情做成的行为；有的强调管理者个人的作用，认为管理就是领导；有的强调管理的本质，认为管理就是协调活动；等等。这些不同的观点，虽然在认识上有所差别，但都丰富和发展了管理理论，对人们加深对管理的认识大有裨益。我们认为，管理就是管理者在特定的环境下对其所辖范围内的组织资源以及可以采用的资源，有目的地进行计划、组织、指挥、协调、控制，通过组织资源的优化配置，从而有效实现组织目标的社会活动。

管理学就是一门研究人类社会管理活动中各种现象及规律的学科，是在近代社会化大生产条件下和自然科学与社会科学日益发展的基础上形成的。

管理学是在自然科学和社会科学两大领域的交叉点上建立起来的一门综合性交叉学科，涉及数学（概率论、统计学、运筹学等）、社会科学（政治学、经济学、社会学、心理学、人类学、生理学、伦理学、哲学、法学等）、技术科学（计算机科学、工业技术等）、新兴科学（系统论、信息科学、控制论、耗散结构论、协同论、突变论等），以及决策科学、未来学、创造学等。

管理活动自有人群出现便有之，与此同时管理思想也就逐步产生。事实上，无论是在东方还是在西方，我们均可以找到古代哲人在管理思想方面的精彩论述。现代管理学的诞生是以弗雷德里克·温斯洛·泰勒（Frederick Winslow Taylor）的名著《科学管理原理》（1911 年）以及法约尔（H. Fayol）的名著《工业管理和一般管理》（1916 年）为标志。现代意义上的管理学诞生以来，管理学有了长足的进步与发展，管理学的研究者、学习者，管理学方面的著作文献等均呈指数上升，显示了作为一门年轻学科勃勃向上的生机和兴旺发达的景象。进入 21 世纪，随着人类文明的进步，管理学仍然需要大力发展其内容和形式。

2. 经济学

要了解经济学，我们首先得理解“经济”一词。在现代汉语中至少有两个定义，一个定义是指节省、有效率，以较少的人力、物力、时间获得较大的成果。例如，人们说“经济地利用自然资源”。另一个定义则用来统称人类社会生产、消费、交换等活动，及其组织这些活动的制度、系统，如工业经济、国民经济、计划经济、市场经济等。经济一词的这两种定义存在内在的联系。任何经济活动，从个人消费、企业生产到整个国民经济，都必须考虑如何以最少的耗费来达到最大的收益。

在英文中，Economy（经济）一词源于希腊文，原义指管理家庭，特别是指家庭收支方面的管理。乍一看，这个起源似乎有些奇特，事实上，家庭和经济有着许多共同之处。一个家庭面临着许多决策，例如，谁做饭？谁洗衣服？谁打扫卫生？因此在管理家庭的时候，应该考虑到每个家庭成员的愿望和能力，以便在家庭成员中合理地配置资源。和家庭一样，社会也面临着许多同样的问题，怎样在社会中合理地配置资源成为经济研究的核心问题。而且，那时的家庭也是社会重要的经济单位。因此，经济学应该是一门用来研究人类社会经济活动的科学。

迄今为止，并不存在一个被所有的经济学家一致接受的有关经济学的定义。较为普遍而且为多数经济学家所接受的定义是：经济学是研究个人、企业、政府以及其他组织如何在社会内进行选择，以及这些选择如何决定稀缺资源的有效使用的科学。

经济学传统上分为微观经济学和宏观经济学。微观经济学是研究个人选择的理论，即由某特定消费单位（如某个人）或某个生产单位（如某个工商企业）等所作的决策。宏观经济学的重点是指整个经济和一般经济均衡条件。管理经济学家在决策过程中从这两个经济学分支中吸取内容。

3. 管理经济学

管理经济学主要是把经济学两大分支所提供的一些分析问题的工具、方法和理论应用到企业管理的决策实践中去。管理经济学从经济理论中吸取的概念和方法能使决策者选择正确的战略方向，高效率地配置组织的资源，并对策略问题做出有效的反应。从这个角度来看，管理经济学是把经济学理论和管理学原理融为一体的一门学科，学习这门学科的重点是提高分析问题的能力。

管理者制定的决策通常涉及在组织内短期和长期配置资源的问题。在短期内，管理者感兴趣的是估计需求关系和成本关系，以便制定产品价格和生产数量的决策。研究需求理论、生产和成本理论的微观经济学对于做出上述决策显然是有用的。当管理者力图根据影响整个经济的各种因素预测未来的需求时，宏观经济学也进入了决策过程。

在长期中，必须制定有关增加或减少生产和分销设施，开发和推广新产品以及可能收购其他企业的决策。从根本上讲，这些决策都与规模的经济性（或不经济性）有关，一般都需要组织进行资本支出，也就是说，期望当期的支出能在未来产生收益。经济学家们已建立了一种资本理论，可用于决定是否进行具体的资本支出。

管理经济学研究的是把微观经济理论和方法应用于私人、公共和非营利机构所面对的决策问题。1951 年美国学者乔尔 · 迪安教授的著作《管理经济学》的问世标志着管理经济学的诞生。在过去的半个世纪以来，管理经济学领域经历了迅速的发展。这种发展反映了一个现实：分析人员、领导者和高层经理都可运用经济理论来制定与组织目标相一致的决策。管理经济学从经济学尤其是微观经济理论中吸取的概念和方法能使决策者高效率地配置组织资源，能对策略问题做出有效的反应。

不管是追求盈利的厂商中的经理人，还是经济中公共部门和非营利部门的管理者，都可以应用管理经济学的工具，因为各类组织中的管理者都要面对一系列共同的问题。尽管管理问题的复杂程度不同，但一般都遵循以下形式：确定实现既定目标的不同方案，然后选出以最节省资源的方式实现目标的方案，同时要考虑竞争者的行动和反应。

管理经济学定义：管理经济学是把经济学尤其是微观经济学的理论与方法应用于组织经济决策的一门应用经济学科。在理解管理经济学含义时应正确把握以下几点。

(1)管理经济学是一门应用经济学，它运用经济学所揭示的原理和方法，研究解决企业的经营决策问题，但它并不是提供解决具体现实问题的具体方案，而仅是提供在决策制定过程中的经济思维，这是由社会科学的属性决定的。

(2)管理经济学是一门实证经济学，它致力于研究组织尤其企业经营决策中的各种规律和数量关系。

(3)管理经济学通过对经济学与管理决策学的融合，强化组织或企业决策者在管理中的理性思考与理性创新，有利于实现组织或企业目标。

由于本教材的读者未来多在工商企业工作，所以后面更多的是从企业经营管理角度来使用这个概念。

1.1.2 管理经济学的特点

管理经济学是经济学向企业管理实践领域的应用性延伸。管理经济学的诸多概念、原理与方法均来自于经济学，因此它们之间有着千丝万缕的联系。

首先，经济学是从第三者的角度来观察和研究市场主体的经济行为，包括企业、个人、政府和其他非营利组织；而管理经济学则主要从企业管理者的角度来思考企业如何在各种约束条件下合理地决策和有效地运行。也就是说，管理经济学的研究对象范围比经济学的更集中。另外，经济学的研究目的在于通过对市场主体行为的分析来揭示经济规律和经济运行机理，为人们认识社会经济活动提供一般的理论指导，而管理经济学的研究目的在于为企业实现经济目标进行决策提供经济分析方法和工具。正因为这样，后者具有强烈的实用性和功利性。

其次，为了便于分析，经济学理论都包含诸多假定和前提。但为了更接近客观实际，管理经济学在继承这些假定和前提的过程中，又做了各种程度的放宽和突破。例如，经济学通常假定企业行为的唯一目标是追求利润最大化，但现实中的企业由于受诸多因素的限制，其目标除了利润目标外，还可能具有扩大市场份额、承担社会责任等多元化的目标。这就使得管理经济学在以利润最大化准则分析企业行为的同时，还必须兼顾其他企业目标的要求。又如，在许多情况下，经济学理论假定企业拥有完全的市场信息，但现实中的企业几乎都是在不完全信息的条件下经营和运作的。这就要求管理经济学广泛借用其他学科的概念和工具，以帮助企业收集必要的信息，并在不确定条件下选择最优方案。这又成为管理经济学向综合性和边缘性学科发展的重要动因。

最后，同经济学一样，在分析企业行为时管理经济学也广泛使用多种经济模型，尤其是数量模型，但二者运用模型分析的目的不尽相同。经济学主要把经济数量模型作为分析经济系统运行机理的抽象化工具。管理经济学对这些模型的引进和使用则是同具体企业的决策过程和行为密切相关的，管理经济学通过这些模型为企业决策者提供分析和观察问题的思路，帮助制定和评价多种决策方案。因此，经济模型在管理经济学里具有更为具体和实际的目标和内容。

从管理经济学的发展过程和现状，可以总结出它的几个主要特点。

1. 基础性

企业管理涉及一整套科学、系统的管理体系。在生产经营活动中，企业需要履行一系列基本的专业职能，这就形成了生产管理、营销管理、财务管理等专业管理子系统。企业在进行这些专业管理活动和实施总体综合管理的过程中，需要行使计划、组织、控制等一般管理职能，从而形成了一般管理子系统。而所有这些管理活动，由于企业的经济性，都具有一个共同的要求，都要追求效率、谋求最佳经济效益，因而需要为所有这些管理活动提供经济分析的管理经济学知识。管理经济学把管理科学和经济科学有机地联系起来，为其他所有的企业管理活动决策提供指导，这体现了管理经济学的基础性。

2. 综合性

管理经济学研究与企业经营管理决策相关的各种经济规律，既讨论市场微观经济主体的行为规律，也分析宏观经济环境的发展和变化可能造成的影响，因此，它包含微观经济学和宏观经济学两方面的内容。管理经济学是一门规范研究与实证研究相结合的经济学。

3. 实用性

管理经济学是经济学理论的有关概念、原理和分析方法等在企业管理领域的实际应用，希望能运用经济理论创造性地解决企业的管理决策问题。

4. 量化性

管理经济学利用经济学中大量的经济数量模型，用以描述和分析企业管理决策涉及的各经济变量之间的函数关系。用简明的数字语言为企业经营决策提供一套具有较强逻辑性和精确性的分析工具，是管理经济学的重要特色。

5. 边缘性

管理经济学的基本概念、原理及方法来源于经济学，但它所研究的现实企业通常是在环境十分复杂、信息很不确定的情况下进行经营，这就要求管理经济学在研究企业决策时，还要借用其他相关学科的概念和方法。这些学科包括：数学、运筹学、决策学、统计学、营销学、组织行为学等。因此，管理经济学又是一门跨学科科学。

1.1.3 学习管理经济学的价值和意义

1. 对个人的意义

我们都渴望拥有成功、幸福和美好的人生，而人生中有许多事情需要作出决策。

学习管理经济学可以培养我们经济学的观念和思维方式，比如选择意识、机会成本意识、边际分析思维等。这些科学理性的决策意识和方法，使我们面对职业选择、婚恋抉择、理财规划等这些重大决策事项时，能够作出明智的选择，使我们的人生更加高效，加速我们成功，避免不必要的损失。

2. 对企业的意义

企业的各项管理决策的背后，都有着经济学原理在起作用。管理经济学就是以经济学原理为基础，应用经济学的基本原理和分析方法解决管理决策实践中的问题。管理经济学主要是为企业管理决策者提供基本的经济学理论和经济学分析方法，使之建立理性的决策思路，从而在管理实践中对遇到的各种现实经济问题进行理性思考，促使管理决策从主观经验到科学化、现代化的质的转变。

3. 对我国社会主义现代化建设的意义

学习管理经济学，不仅有助于培养和造就高素质的经营管理队伍，提高我国整体经营管理水平，加快我国现代企业制度的建立，而且有助于加快实现我国经济增长方式的转变，提高我国企业在国际市场中的竞争力。

1.2 管理经济学的研究对象与主要内容

1.2.1 管理经济学的研究对象

就研究对象而言，管理经济学研究企业经营中所面临的各种决策问题，而这种研究是建立在经济学的理论和方法基础上的。经济学为管理经济学提供了最重要的分析基础和工具。经济学是管理经济学的基础，而管理经济学是经济理论在企业中的具体运用，管理经济学在管理决策制定方面为经济理论与管理实践之间架起了一座桥梁。

管理经济学是从经济学的角度来研究企业管理中所有的决策问题，是企业管理决策中的经济分析，包括企业生产经营决策系统的经济行为以及有关变量之间的相互依存关系，如：企业生产什么，企业生产多少，企业怎样生产，如何制定价格，怎样进行投资，以及为解决上述问题而进行的经济分析与估计。

为适应企业经营管理的需要，管理经济学从经济学理论中吸取概念和原理，建立了自己的知识框架，用以揭示企业管理决策所依据的经济变量间的关系和经济规律，为管理者的管理决策提供分析框架，为其决策方案的制定和优化提供经济学上的指导。掌握管理经济学的知识框架，是应用决策方法进行管理决策的基础。

1.2.2 管理经济学研究的主要内容

具体而言，管理经济学的知识框架包括如下内容。

1. 企业行为

首先，需要对企业在社会经济系统中的地位、性质、作用以及它同其他微观经济实体的关系有一个基本的认识；其次，需要了解企业的行为目标模式，包括利润最大化的行为准则和非利润最大化的选择等；最后，则应了解企业行为的约束因素，包括需求、资源、预算三种基本约束和政府管理等。这三层内容的研究有助于建立起对企业行为及其管理决策最基本的认识。

2. 个人行为

通过引入无差异曲线和预算约束线的概念，在此基础上建立消费者均衡模型，分析商品价格和消费者收入是如何决定消费行为的。

3. 供求理论

主要研究企业运行的市场机制，在分别定义需求函数和供给函数的基础上建立市场供求的均衡模型。

4. 生产决策

生产是企业最基本的经济活动。企业生产既受特定技术关系的制约，更涉及投入产出的经济性问题。从经济方面看，企业生产决策所关注的首先是产品产出量同生产要素投入量之间的变动关系，以便确定企业生产的合理数量或者规模；其次，需要分析投入要素的合理替代和产品产量的合理组合问题；最后，还应对技术进步的经济影响作一些考虑。

5. 成本优化

企业最基本的成本分析是围绕生产活动进行的。当把生产要素的采购供应价格引入前述生产分析模型中，以技术关系为主的生产分析就转变成了成本分析。企业的成本决策分析通常按短期和长期两种情况进行，它们分别解决企业的短期生产量和长期的规模优化问题。

6. 市场结构

企业作为特定产品的生产供应者将同本行业其他企业形成特定的市场竞争关系，这就是市场结构问题。现实企业的产品产量和价格决策都将受到市场结构的制约和影响。因此，分析市场结构的类型，探讨企业在不同市场结构条件下的竞争战略决策，具有重要的实际意义。

7. 定价策略

价格历来是经济学关注的重要问题。价格不仅仅是市场机制的问题，更是企业行为问题。定价决策对于企业实现利润最大化目标具有重要的影响。因此，如何利用传统经济学中的价格理论来分析和探讨现实的企业定价决策问题，就成为管理经济学的重要任务之一。

8. 组织设计

企业中存在着与企业组织规模和结构相关的交易成本和代理成本。管理者经常需要做出组织决策，学会从经济学的角度对企业组织设计进行分析，是管理经济学发展的一个重要方面。

9. 营销管理

在竞争普遍发展的条件下，对营销决策进行经济分析，成为管理经济学发展的新内容。

10. 风险管理

管理经济学分析消费者对风险的反应，并对企业如何应对风险进行研究。

11. 投资分析

企业为了长期生存和发展，常常需要扩展新的经营领域，投入新的经济资源。从经济学的角度对企业投资行为及投资方案进行评价和分析，成为管理经济学发展的另一个重要方面。

1.3 管理经济学的基本分析方法

方法是思维方式的体现和反映，管理经济学传承了经济学的思维和方法。以下对管理经济学的基本分析方法加以介绍。

1.3.1 最优化方法

1. 定义

所谓最优化方法，就是一种求极值的方法，即在一种约束条件下，使系统的目标函数达到极值，即最大值或最小值。

2. 目标

管理经济学假定生产者在追求利润极大化(或成本最小化)，而消费者在追求效用极大化。

3. 最优化模型三要素

(1)变量：指最优化问题中待确定的某些量。

(2)约束条件：指在求最优解时对变量的某些限制。

(3)目标函数：最优化有一定的评价标准，目标函数就是这种标准的数学描述。

4. 步骤

(1)提出最优化问题，收集有关数据和资料；

(2)建立最优化问题的数学模型，确定变量，列出目标函数和约束条件；

(3)分析模型，选择合适的最优化方法；

(4)求解，管理经济学中的最优化问题可以运用微积分中的极值原理或运筹学中的线性规划和非线性规划求解；

(5)最优解的检验和实施。

1.3.2 边际分析法

1. 定义

边际分析是运用边际概念，借助于经济现象间的函数关系，研究某一因变量随着自变量的变化而变化的程度，从而比较经济效果的一种分析方法。边际分析是经济决策中最有用的概念之一。资源配置决策一般都以边际条件的形式来表示，即为得到一个最优解而必须满足的条件。人们熟悉的厂商利润最大化规则就是这样一个例子，厂商确定的产量水平要位于“边际成本等于边际收益”的那个点上。长期投资决策（资本支出）的制定也要运用边际分析决策规则。如果一个投资项目的预期收益（即厂商的边际收益）超过了资助该项目所必须要求的资金的成本（资本的边际成本），那么这个项目就应该实施。遵循这个重要的边际决策规则，就会带来股东财富的最大化。

我们再用最后一名乘客的票价这个例子来说明边际分析法的用处。当我们考虑是否让这名乘客以 30 元的票价上车时，实际上我们应该考虑的是边际成本和边际收益这两个概念。边际成本是增加一名乘客（自变量）所增加的成本（因变量）。在我们这个例子中，增加这名乘客，所需的汽车磨损费、汽油费、工作人员工资和过路费等都无须增加，对汽车来说多拉一个人少拉一个人都一样，所增加的成本仅仅是发给这个乘客的食物和饮料，假设这些东西值 10 元，边际成本也就是 10 元。边际收益是增加一名乘客（自变量）所增加的收入（因变量）。在这个例子中，增加这名乘客增加收入 30 元，边际收益就是 30 元。根据边际分析的思想，我们应该让这名乘客以 30 元的票价上车。

2. 两个基本变量

两个基本变量就是：

（1）边际成本（MC），即每增加一个单位的产品所引起的成本增量。

（2）边际收益（MR），即增加一个单位的产品所带来的收益增量。

在边际分析系统中，制定资源配置决策需要对某项活动水平变化的边际（或增量）效益和变化的边际（或增量）成本进行比较。边际效益可定义为实施某种经济活动所产生的总效益的变化。同样，边际成本可定义为因实施某种经济活动（如多生产一件产品）所发生的总成本的变化。如果某一种经济活动水平变化的边际效益超过了边际成本，也就是说总收益的增加量超过了总成本的增加量，那么该活动就是可取的。因此，在涉及扩大某一经济活动的决策中，最优水平出现在边际效益等于边际成本的那一点上。如果我们把净边际收益定义为边际效益与边际成本之差，那么同样的最优化条件就应该是把该活动水平提高到净边际收益为零的那一点。

3. 边际值的表示

前文已说过边际分析法就是运用导数和微分方法研究经济运行中微增量的变化，用以分析各经济变量之间的相互关系及变化过程的一种方法。这种分析方法广泛运用于经济行为和经济变量的分析过程，如对效用、成本、产量、收益、利润、消费、储蓄、投资、要素效率等的分析。

边际即“额外的”、“追加”的意思，指处在边缘上的“已经追加上的最后一个单位”，或“可能追加的下一个单位”，属于导数和微分的概念，就是指在函数关系中，自变量发生微量变动时，在边际上因变量的变化，边际值表现为两个微增量的比。

假设某经济函数为：

$$y = f(x) \tag{1-1}$$

则其边际值可以表示为：

$$\frac{\Delta f(x)}{\Delta x} \text{或} \frac{\mathrm{d}f(x)}{\mathrm{d}x} \tag{1-2}$$

4. 边际分析法在管理经济学中的应用

(1)企业规模决策。科学的边际分析方法可以使企业的规模确定在一个最合理的范围内。若用 π 表示边际利润，则 $\pi = MR - MC$，根据 π 与 0 的关系决定企业规模。

(2)价格决策。分析每提高(或降低)一个单位的价格，对总收益会产生什么样的影响。

(3)确定合理的要素投入。分析每增加一个单位的某种要素时，对总的收益会产生什么影响。

(4)产品结构分析。确定企业各个产品生产多少的比例关系，即对各个产品的边际效益进行分析。等边际收益法则：$MR_1 = MR_2 = \cdots = MR_n$。

1.3.3 均衡分析法

1. 定义

均衡本来是物理学概念。引入经济学后，均衡是指经济体系中各种相互对立或相互关联的力量在变动中处于相对平衡而不再变动的状态。对经济均衡的形成与变动条件的分析，叫做均衡分析法。

2. 分类

均衡分析法从分析的前提条件的不同可分为局部均衡分析和一般均衡分析。

局部均衡分析法，是在不考虑经济体系某一局部以外的因素影响的条件下，分析这一局部本身所包含的各种因素相互作用，均衡的形成与变动的方法。

一般均衡分析法，是相对于局部均衡分析法而言的。它是分析整个经济体系的各个市场、各种商品的供求同时达到均衡的条件与变化的方法。

从分析框架中考虑时间因素是否存在，均衡分析可分为静态分析法、比较静态分析法和动态分析法三类。

静态分析法是完全抽象时间因素和经济变动过程，在假定各种条件处于静止状态的情况下，分析经济现象中均衡状态的形成及其条件的方法。

比较静态分析法是对个别经济现象的一次变动的前后，以及两个或两个以上的均衡位置进行比较而撇开转变期间和变动过程本身的分析方法。

动态分析法是考虑到时间因素，把经济现象的变化当做一个连续过程，对从原有的均衡过渡到新的均衡的实际变化过程进行分析的方法。

管理经济学中的均衡分析方法就是在考虑影响和制约企业的各种因素和条件下，确定各因素的比例关系，使其最有利于企业的发展。

均衡分析方法在管理经济学中的主要应用方向包括：①制定价格；②产量(规模)决策；③要素组合决策。

1.3.4 经济模型法

1. 定义

所谓经济模型，是指用来描述与所研究的经济现象有关的经济变量之间的依存关系的理论结构。

2. 构成

一个经济模型通常包括变量、假设、假说和预测等因素。变量是指没有固定的值，可以改变的量，如自变量与因变量、存量与流量以及内生变量与外生变量。

假设是经济模型用来说明事实的限定条件。经济学经常使用的术语就是“假设其他条件不变”。我们知道一定的假设是某个理论存在的前提条件，因此在运用某种理论时要考虑这一理论所依据的假设条件是否具备。为了论证完全竞争市场是最优的市场类型，新古典经济学理论体系中包含着诸多假设，经典的假设包含以下几点：①理性人假说；②完全信息的假设条件；③交易费用为零的假设条件；④权利得到完全的界定的假设条件；⑤ 制度是既定的，是一个外生变量。而经济学的发展在某种意义上也是对这些假设不断进行突破的过程，管理经济学作为一门应用经济学，其基本假设有：① 资源的稀缺性与产权；② 环境的不确定性；③有限理性；④ 适者生存；⑤ 机会主义行为倾向。

假说是经济变量之间如何发生关系的判断。

预测是根据理论假说对事物未来发展趋势和变化的方向等作出判断，它是在理论限定的范围内运用逻辑规则演绎出来的结果。

管理经济学在研究具体的决策问题时，也会进行简化，找出关键变量、依赖于一定的假设前提、找出变量之间的关系，并对趋势作出预测，提出解决对策。这种模型有的量化程度低，比如直观的图；有的量化程度很高，如计量经济模型。

3. 经济模型在管理经济学中的主要应用方向

(1)需求预测。企业在确定某种产品的生产规模之前，需要对市场的发展潜力进行预测，可以创建相关的数学模型，来表现影响市场发展的各种因素在量上的变化，进而分析这些变化对需求所产生的影响的大小。

(2)生产分析。生产要素的投入，生产组织形式的选择，以及产品结构的确定，都可以通过创建数学模型，进行分析和决策。

(3)成本决策。成本是直接影响利润的因素，是企业发展最为关注的一个焦点。当企业改变生产经营方向或者扩大规模时，在其追求利润最大化的目标下，应该确定一个什么样的成本水平，可以应用数学模型进行科学分析。

(4)市场分析。市场是经济学的一个基础概念，在实践中表现为多种多样的形态。创建数学模型，可以分析不同性质的市场条件下，企业所可能选择的规模、价格和竞争策略。

(5)风险分析。风险分析是对未来状态的预测。可以通过创建数学模型来表现在一项投资中，各种相关因素的量的大小以及量的变化所可能产生的对效益的影响。

4. 经济模型法的优点与缺点

经济模型法是经济研究的一个重要方法，其优点是能使问题简单化、直观化，便于量化研究，但其不足是只能表现和研究非常有限的量的关系，容易因为主客观的原因造成不适度的抽象，影响我们对客观经济现象的正确认识和把握。

1.4 相关重要概念

1.4.1 稀缺性与竞争

所有的事物都具有稀缺性。稀缺性是指相对于人们的欲望而言，人们想要的东西是不够的。比如人们希望有更多的衣服，希望得到更多的钱，希望得到别人的尊重和爱。而与人们的需求相反，资源是有限的。面对有限的收入和有限的时间，人们不得不进行选择，以求最大化地利用有限的资源。

把资源与人们的需要联系起来，对理解经济学的稀缺性概念和人的行为非常重要。这意味着无论人们如何努力，所获得的资源总不能完全满足自身的需要。如果不存在需要，也就不会有资源多少的问题，甚至不会有资源这个概念。人类作为一种生物，从维持其生存和延续种族的意义上说，就没有必要提高生产率了。人类从太阳和地球那里可以得到满足个体生存以及种族维持的足够多的，甚至可以说过剩的能量。人类面临的最基本的矛盾就在于：人类不断地追求更高的生活质量，而这种追求本身会遇到时间、空间和各种资源的限制，于是人类就不断地为自己制造出更多的难题、更大的麻烦，然后花力气使自身得到发展以解决这些问题，克服这些麻烦。“非稀缺”的东西要么是免费的，要么是“有害的”。商品的稀缺性意味着一些人能够获得这些商品而另一些人则不能；资源的稀缺性意味着有些行为可以被选择而另一些则要被淘汰。由于人是自私的，而人们想要的东西又是稀缺的，因此顺理成章地会出现争夺。人们争夺稀缺东西的行为就是竞争。

1.4.2 选择与机会成本

既然人们所拥有的资源是有限的，那么人们在进行决策的时候，就有必要进行选择。将有限的资源用于实现某一目的就意味着不能将其用于其他目的。因此，在决策的过程中，人们应该根据自己所面临的约束条件，确定需求的优先顺序，以便选择那些最偏爱的并且最有可能的方案。

机会成本是经济主体做出一项选择所付出的代价或所放弃的次优选择所能带来的收益，包括显性成本和隐性成本。经济学中的成本都是机会成本。显性成本即实际支付的会计成本，隐性成本是未发生直接货币支付的成本。隐性成本很容易被经济决策主体所忽视且不容易度量，因而往往成为决策失误的原因之一。

1.4.3 时间价值、贴现率和净现值

货币的时间价值是指货币随着时间的推移而发生的增值，是资金周转使用后的增值额，也称为资金时间价值。换句话说，货币的时间价值就是指当前所持有的一定量货币比未来获得的等量货币具有更高的价值。从经济学的角度而言，现在的一单位货币与未来的一单位货币的购买力之所以不同，是因为要节省现在的一单位货币不消费而改在未来消费，则在未来消费时必须有大于一单位的货币可供消费，作为延迟消费的补偿。

贴现率又称门槛比率，是指商业银行办理票据贴现业务时，按一定的利率计算利息，这种利率即为贴现率，它是票据贴现者获得资金的价格，常用于票据贴现。企业所有的应收票据，在到期前需要资金周转时，可用票据向银行申请贴现或借款。银行同意时，按一定的利率从票据面值中扣除贴现或借款日到票据到期日止的利息，而付给余额。贴现率的高低，主要根据金融市场利率来决定。

净现值是指投资方案所产生的现金净流量以资金成本为贴现率折现之后与原始投资额现值的差额。一般地，一项投资的净现值(NPV)等于：

$$\text{NPV} = \text{未来收益的现值} - \text{初始支出} \tag{1-3}$$

净现值大于等于零则投资项目可行。

1.4.4 利润

利润一般定义为收益和成本之间的差额。收益指的是企业从销售其产品中得到的货币量。成本指的是企业为购买投入所支付的货币量。

管理经济学所讨论的利润指经济利润。经济利润是指从所收经济收益中减去机会成本计算出来的利润，它是供企业家进行决策分析使用的利润。

计算经济利润的目的是为企业决策提供分析的基础。从严格理性的行为角度看，企业所追求的主要是经济利润的最大化。因此，管理经济学将经济利润作为自己考察的利润范畴。

1.4.5 完全信息与不对称信息

在学习经济学原理和模型时，常常需要做出完全信息假设。实际上，完全信息假设是对现实世界的一种抽象，绝大多数情况下，现实世界中决策者并不具有完全信息。收集信息的活动能带来收益，能提高决策的质量；同时，它又具有成本，它会消耗资源、时间和金钱。经济学家将这种成本称为信息成本。理性的决策者会比较信息的收益和成本以决定需要收集的信息量。收集信息的活动将在边际收益等于边际成本，即 $MR = MC$ 时停止。这时，收集信息所增加的利润最大。

不对称信息：既然市场参与者都不拥有完全信息，那么，总有一部分人比他人占有更多的信息。经济学家称这种情况为不对称信息。

1.4.6 隐藏特征与隐藏行为

由于信息不对称普遍存在并影响着很多的管理决策，经济学家将其区分为两种类型：隐藏特征和隐藏行为。隐藏特征指市场中一部分参与者知道的，而其他参与者却不知道的事情。例如在参加医疗保险时，投保人知道自己的身体状况，而保险公司却不知道。因此，投保人的身体状况就是隐藏特征。隐藏行为是指市场中一部分参与者采取的，不被其他参与者所察觉的行动。如果一个工人对自己工作的努力程度比其经理了解得更多，那么，该工人的劳动就属于隐藏行为。

1.4.7 逆向选择与道德风险

在存在隐藏特征的情况下，逆向选择通常就会出现。逆向选择指的是由于隐藏特征的存在，使得人们的决策导致不良特征被选择的情况。

如果人们可以采取隐藏行为，以不合理或者不道德的方式损害其他人的利益，这时，可以说存在道德风险。

道德风险往往在拥有较多信息的代理人代表拥有较少信息的委托人完成一些工作时出现。

在做出管理决策时，有必要同时考虑道德风险和逆向选择。比如医疗保险市场就提供了同时存在道德风险和逆向选择的例子。

1.4.8 信号与筛选

当管理者由于不对称信息而处于困境时，管理者希望能采取某些措施以消除或者减轻不对称信息所带来的种种问题。下面将讨论如何利用发信号和筛选来就不对称信息做出反应。

1. 发信号

在新产品推广时，为了改变消费者缺乏新产品信息的情况，企业通过广告、提供免费试用等许多方法来向潜在顾客传递它们具有最高质量产品的信息。这时，可以说企业在发信号。

什么样的信号才算是一种有效信号呢？首先，它不可模仿；其次，信号可以被无信息的一方观察到。

2. 筛选

作为无信息的一方，需要注意的是，信号所披露的信息往往有利于有信息的一方，且不一定是自己所关心的信息。当无信息的一方需要得到自己关心的信息时，他们要进行筛选。筛选是通过自我筛选机制进行的，即为有信息的一方提供一组选择，其所做出的选择会为无信息的一方披露隐藏的信息。

1.4.9 市场失灵与政府失灵

市场失灵是指市场无法有效率地分配商品和劳务的情况。对经济学家而言，这个术语通常用于无效率状况特别严重时，或非市场机构较有效率且创造财富的能力较私人选择更佳时。另外，市场失灵也通常被用于描述市场力量无法满足公共利益的状况。

政府失灵也称政府失效，是指政府为弥补市场失灵而对经济、社会生活进行干预的过程中，由于政府行为自身的局限性和其他客观因素的制约而产生的新的缺陷，进而无法使社会资源配置效率达到最佳的情境。关于政府失效，萨缪尔森将其定义为："当政府政策或集体行动所采取的手段不能改善经济效益或道德上可接受的收入分配时，政府失效便产生了。"

本章小结

管理经济学研究的是如何通过最有效地配置稀缺资源来达到既定的管理目标。管理经济学就是把经济理论和各种分析工具应用于私人、非营利及公共机构所面对的决策问题。随着经济全球化，这些决策问题所涉及的国际方面的内容日益增多。

管理经济学吸取微观经济理论和宏观经济模型的内容，协助管理人员制定最优的资源配置决策。

经济利润的定义是总收益与总经济成本之差。经济成本包括企业所有者提供的资本的正常收益率。经济利润的存在是因为投资者承担了风险而对其进行补偿，是因为市场可能暂时存在不均衡的状况，是因为垄断力量的存在，是给予那些在革新上格外成功或以高效率方式进行管理的企业的报酬。

不管企业的具体目标是什么，都应该力求以最有效率的资源配置方式提供其产品或劳务。来自于利润最大化模型的边际决策规则在这方面通常是非常有价值的。

管理经济学的主要研究领域包括：市场行为、需求、生产、成本、市场结构、定价和资本投资等；主要分析方法为边际分析方法、最优化方法、均衡分析方法、经济模型方法等。

管理经济学中讨论的利润不是会计利润，而是经济利润。有效的管理决策要求管理者以经济利润作为分析的基础。

管理者必须理解不对称信息所带来的不利影响：逆向选择和道德风险。企业可以利用发信号和筛选的方法来避免或减少由于不对称信息而引起的这些问题。

案例分析

Ralph 为什么会被解雇？

作为外国语言部分的管理者，Ralph 或许依赖营销部门来预测销售，以及法律部门来对合同和版权方面的问题给出建议。他所得到的关于未来的销售信息是准确的，然而很显然，法律部门完全没有预测到销售 M 软件所带来的法律方面的后果。管理者有时会得到错误的信息。

Ralph 没有对提供给他的信息做出适当的反应。Ralph 的计划是向 M 软件投入 2000 万美元，来创造每年 700 万美元的年销售额。假定这个项目没有其他的成本，购买 M 软件对 A 公司来说，预计得到的净现值是：

$$NPV = \frac{7\ 000\ 000}{(1+0.07)^1} + \frac{7\ 000\ 000}{(1+0.07)^2} + \frac{7\ 000\ 000}{(1+0.07)^3} - 20\ 000\ 000$$

$$= -1\ 629\ 788(\text{美元})$$

这意味着 A 公司购买 M 软件将会带来超过 160 万美元的损失。

Ralph 被解雇，并不是因为法律部门的错误，而是因为他自己在管理方面的无能。在这个诉讼案向 A 公司的股东公布后，在他们看来，Ralph 没有适当地处理提供给他的信息，解雇 Ralph 是因为他没有意识到货币的时间价值。

而货币的时间价值实际上是一种机会成本（在将来得到 1 美元的机会成本就是放弃今天 1 美元所带来的利息收入），而机会成本以及相关的经济利润是管理者做出有效决策的分析基础，是管理经济学中的一对基本概念，也是一种分析经济问题的思维方式。

讨论与练习

1. 什么是管理经济学？

2. 管理经济学的研究对象和内容是什么？

3. 什么是边际分析方法？

4. 什么是信息不对称？

5. 什么是机会成本？什么是经济利润？

6. 什么是道德风险和逆向选择？

7. L 原在一家洗衣房工作，年薪为 30 000 元，现在他打算离开那里自办洗衣房，预计年营业收入为 150 000 元。开支包括：雇员薪水 35 000 元，各种用品 10 000 元，房租 30 000 元，水、电、煤气 8 000 元，银行利息 5 000 元。

(1) 请计算：①显性成本；②隐性成本；③会计利润；④经济利润；

(2) 请问：L 自办洗衣房是否合算？

第2篇　行为主体分析

在社会的微观层面，进行经济活动的主体可概括为两类：企业和个人。其中，个人作为具有偏好和决策权的市场主体，在市场中既是产品的消费者，也是投入要素的生产者。同样，在市场中，企业一方面是产品的生产者，另一方面也是投入要素的消费者。两类主体及其之间相互联系、相互依存和相互制约的关系，共同构成了现代社会微观经济活动的内容。本篇将围绕这两大主体进行系统的介绍。

第2章 市场主体

导入案例

市场是一只“看不见的手”

18世纪的亚当·斯密是现代经济学之父，他在《国富论》中清楚地阐释了仅有很少一点外界管制的分权化的市场经济是怎样发挥作用的。他认为对于每一种经济而言，只要它的每一个参与者都谋求自身利益的最大化，他们就能取得符合社会需要的结果。在《国富论》中他写道：

我们期待得到晚餐，不是因为屠夫、酿酒商或面包师的仁慈，而是因为他们都关心自己的利益。我们要关注的不是他们的仁慈，而是他们对自己的爱；从来也不用向他们说我们需要什么，只要向他们说明什么是他们的利益所在。

市场经济中的协调机制（价格体系）被亚当·斯密描述为一只“看不见的手”，它指导着每个人都能按照对社会有利的方式进行决策。

每个人都力求运用他的资本，生产出最大的价值。一般而言，他既不打算促进公共利益，也不知道促进多少。“看不见的手”原理是他只考虑自己的安全，自己的所得。正是这样，他被一只看不见的手引导，实现着他自己并不打算实现的目标。通过追求他自己的利益，他常常能够（与有意去促进相比），更加有效地促进社会的公益。

除了不受外界（包括政府）影响和控制的市场体系的原理外，斯密关于“针”的大量生产带来高效率的例子，也将加深我们对市场经济中企业的作用和大量生产的优点的认识。

举一个制针行业的例子——工人是未经训练的，也不知道如何使用机械，即使他们十分勤劳，也很难一天做出1根针来，更不可能一天做出20根了。但如果现在把制针的伙计进行分工：一个人抽铁丝，一个人拉直，一个人切截，一个人削尖铁丝的一端，一个人磨另一端，以便装上圆头。而要做圆头，就需要有两三种不同的操作。装圆头、涂白色，乃至包装，都是专门的职业。这样，扣针的制造被分为18种操作。有些工厂，这18种操作分别由18个专门工人担任。也有一种小工厂，只雇用10个工人，有几个工人担任两三种操作。像这样的小工厂的工人，他们必要的机械设备很简陋，但他们如果勤勉努力，一日也能成针12镑。以每镑中等针有4 000枚计，这10个工人每日就可成针48 000枚，即一人一日可成针4 800枚。如果他们各自独立工作，不专于一种特殊业务，那么，他们不论是谁，绝不可能一日制造20枚针，说不定一天连一枚针也制造不出来。他们不但不能制出今日有适当分工合作而制成的数量的1/240，就连这数量的1/4 800，恐怕也制造不出来。

早在1776年，斯密就已经看到了建立在每个参与者自我利益基础上的经济体系的优点，也看到了实现低成本的大量生产，把工人和资本所有者组织起来建立企业的优点。

案例来源：徐惠平，李志青. 管理经济学教学案例精选[M]. 上海：复旦大学出版社，2000.

- **知识目标**
  - 掌握市场主体的基本概念
  - 理解市场主体的构成要素
  - 了解市场主体之间的关系
- **能力目标**
  - 能说明市场主体的基本研究内容
  - 能运用相关的理论分析市场主体之间的相互关系

2.1 市场主体的基本概念

2.1.1 市场主体的概念

市场主体①是指在市场上从事经济活动，享有权利和承担义务的个人和组织体。任何市场主体参与经济活动都带有明确的目的，以在满足社会需要中追求自身利益最大化。

2.1.2 市场主体的特征

市场主体的特征包括以下几点。

（1）营利性，即经济性，这是市场主体最本质最重要的特征。市场主体应该是拥有一定数量的生产资料和劳动力，从事商品经营活动，独立核算的社会基本经济单位。

（2）独立性，主要表现为产权的独立和经营权的独立。市场主体应该具有独立的经济权益，独立自主地参与市场经济活动。

（3）平等性，任何一个经济组织都是以平等地位参与社会经济活动的，都是在同等条件下参与市场竞争的。任何组织或者个人在从事商品交换活动中都不应有任何特权。

（4）灵活性，市场主体遵循市场规律对经营战略和策略进行调整，具有灵活性的特征，这是其存在于市场的基本功能。

① 洪功翔. 政治经济学[M]. 合肥：中国科学技术大学出版社，2012.

2.1.3 市场主体的类型

一般来说，市场主体可以分为投资者、经营者、劳动者、消费者和企业五种不同的类型。

1. 投资者

投资者是指投入现金购买某种资产以期望获取利益或利润的自然人和法人。投资者的构成资格必须满足以下要求。

(1)投资的方向或领域。在一些领域内，非国有资本是不能进入的，所以投资者在此是不成立的。而在一些领域内，国家立法限制国有资本的进入，以达到鼓励相关领域发展的目标。

(2)投资的数量或额度。我国《公司法》第八十一条规定：“股份有限公司采取发起设立方式设立，注册资本为在公司登记机关登记的全体发起人认购的股本总额。公司全体发起人的首次出资额不得低于注册资本的百分之二十，其余部分由发起人自公司成立之日起两年内缴足；其中，投资公司可以在五年内缴足。在缴足前，不得向他人募集股份。股份有限公司采取募集方式设立的，注册资本为在公司登记机关登记的实收股本总额。股份有限公司注册资本的最低限额为人民币五百万元。法律、行政法规对股份有限公司注册资本的最低限额有较高规定的，从其规定。”

(3)出资形式。我国《公司法》第二十七条规定：“股东可以用货币出资，也可以用实物、知识产权、土地使用权等可以用货币估价并可以依法转让的非货币财产作价出资；但是，法律、行政法规规定不得作为出资的财产除外。”

2. 经营者

经营者是指从事生产、经营商品或者提供有偿服务的法人、其他组织和个人。

经营者的资格一般具有以下几个方面：第一，意志能力；第二，经营范围；第三，财产能力；第四，技术能力。此外，经营者还应当具有信誉能力，即可以提供参与市场活动的资质。

3. 劳动者

劳动者是指在法定劳动年龄范围内具有劳动能力，以从事某种社会劳动获得收入为主要生活来源的公民。

劳动者的主体资格始于劳动者最低用工年龄(除特种工作外为16周岁)，终于法定退休年龄[1]。劳动者达到法定退休年龄后即丧失劳动者主体资格，不能再与单位形成劳动关系。此时与单位之间的用工关系，由劳动关系转变为劳务关系。

4. 消费者

消费者是指因个人目的(非赢利)而购买商品或者接受服务的人。

---

① 劳动和社会保障部1999年3月9日发布了《关于制止和纠正违反国家规定办理企业职工提前退休有关问题的通知》(劳社部发〔1999〕8号)，通知指出：国家法定的企业职工退休年龄是男年满60周岁，女工人年满50周岁，女干部年满55周岁。从事井下、高温、高空、特别繁重体力劳动或其他有害身体健康工作的，退休年龄男年满55周岁，女年满45周岁，因病或非因工致残，由医院证明并经劳动鉴定委员会确认完全丧失劳动能力的，退休年龄为男年满50周岁，女年满45周岁。

消费者与生产者及销售者不同，他或她必须是产品和服务的最终使用者而不是生产者、经营者。也就是说，他或她购买商品的目的主要是用于个人或家庭需要而不是经营或销售，这是消费者最本质的一个特点。作为消费者，其消费活动的内容不仅包括为个人和家庭生活需要而购买和使用的产品，也包括为个人和家庭生活需要而接受他人提供的服务。无论是购买和使用商品还是接受服务，其目的都只是满足个人和家庭需要，而不是生产和经营需要。

这就是说，消费者既可能是亲自购买商品的个人，也可能是使用和消费他人购买的商品的人；既可能是有关服务合同中接受服务（如饭店、运输、酒店、食品、劳务等各种服务）的一方当事人，也可能是接受服务的非合同当事人。

5. 企业

企业一般是指以盈利为目的，运用各种生产要素（土地、劳动力、资本、技术和企业家才能等），向市场提供商品或服务，实行自主经营、自负盈亏、独立核算的具有法人资格的社会经济组织。

企业是最重要的市场主体，是市场经济活动的主要参与者。在社会主义经济体制下，企业利用经济资源生产出供人们消费的产品和服务，独资小企业、合伙企业、有限责任公司和股份公司等各种企业并存，共同构成社会主义市场经济的微观基础。

2.2 市场主体的相互关系

在社会的微观层面，进行经济活动的五种主体可概括为两个基本的方面，即企业和个人，两种基本单位相互联系、相互依存和相互制约，构成了现代社会微观经济活动的全部内容。由于现代微观经济同时又是市场经济，因此，在这一系统中，企业和个人并不直接发生经济关系，而是通过市场作为中介来建立相互之间的关系。由于市场又可以分为产品市场和要素市场两种基本的形态，因此，企业和个人这两大基本的市场主体通过产品市场和要素市场这两种基本的市场形态连接起来，构成了现代微观经济最基本的循环系统。

2.2.1 社会微观经济系统的基本模型

微观经济学经过高度的抽象，建立了社会微观经济系统模型①，如图 2-1 所示。

由图 2-1 可知，市场经济系统中包含了两种方向相反的循环流，即以虚线表示的货币流和以实线表示的实物流，表达了企业的生产经营活动与市场其他各方发生的相互关系。这一经济模型揭示出企业和个人通过两种市场所进行的基本经济活动。

(1)个人（生产者），即要素市场中的生产者，通过要素市场向企业提供生产要素（土地、劳动、资本、技术、信息和管理经验等），同时获得要素收入。

(2)企业（消费者），即要素市场中的消费者，通过要素市场向公众购买要素以取得供给，满足其生产投入要素的需求，同时付出货币，形成成本支出。

---

① 冯俭，段云程. 管理经济学[M]. 成都：西南财经大学出版社，2006.

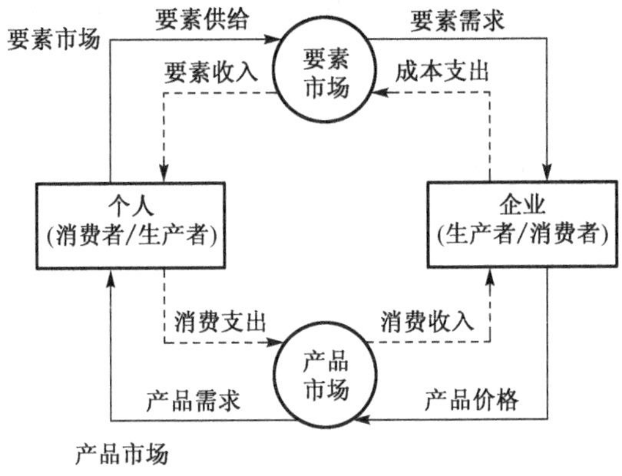

图 2-1 微观经济系统模型

(3)企业(生产者)，即产品市场中的生产者，生产出有形和无形的产品，通过产品市场出售给消费者，同时获得销售收入。

(4)个人(消费者)，即产品市场中的消费者，用自己获得的要素收入从产品市场购买自己需要的产品，满足自己的消费需求，同时付出货币，形成消费支出。

以上活动构成了一个完整的循环，形成了市场经济最基本的循环系统，这种循环将周而复始地进行下去，从而形成永无穷尽的社会再生产运动。

2.2.2 社会微观经济三大循环流程

由以上阐述可知，市场经济最基本的循环系统包含了以下三大循环流程。

1. 家庭部门和企业部门

(1)家庭部门：家庭是人类社会生活的原动力，是由不同个人所组成的最小社会单位。经济活动从家庭的需要出发，以需要的满足为归宿，消费是一切经济活动的起点和终点。因此，家庭既是消费者，又是生产要素所有者。作为消费者，追求需要满足最大化；作为要素所有者，追求收入最大化。因此，家庭的经济行为目标是，在收入约束下的需要满足最大化。

(2)企业部门：企业作为生产者，追求收益最大化；作为要素雇用者，追求成本最小化。因此，企业的经济行为目标是，在成本约束下的利润最大化。

2. 产品市场和要素市场

(1)产品市场：作为消费者的家庭，处在产品市场的需求方面；作为生产者的企业，处在产品市场的供给方面。家庭对产品的需求和企业对产品的供给，共同决定产品市场的价格和数量。

(2)要素市场：作为企业，处在要素市场的需求方面；作为家庭，处在要素市场的供给方面。企业对要素的需求和家庭对要素的供给，共同决定要素市场的价格和数量。

3. 实物流程和货币流程

(1)实物流程：首先，家庭以要素所有者的身份，向要素市场提供各种生产要素。然后，企业从要素市场雇用这些要素，生产产品向市场销售。最后，家庭又以消费者的身份，向产品市场购买产品，形成一个循环不已的实物流程。

(2)货币流程：伴随着实物流程，有一个方向相反的货币流程。首先，家庭以要素收入作为消费支出，向产品市场购买产品。然后，企业向产品市场销售产品，将家庭的消费支出变成自己的销售收入。最后，企业又将销售收入作为成本支出，向要素市场雇用要素，形成一个循环不已的货币流程。

2.2.3 经济运行的载体和社会性质

市场是社会分工和商品经济发展的必然产物，劳动分工使人们各自的产品互相成为商品，互相成为等价物，使人们互相成为市场。社会分工越细，商品经济越发达，市场的范围和容量就越扩大。同时，市场在其发育和壮大过程中，也推动着社会分工和商品经济的进一步发展。

市场通过信息反馈，直接影响着人们生产什么、生产多少，以及上市时间、产品销售状况等，并联结商品经济发展过程中产、供、销各方，为产、供、销各方提供交换场所、交换时间和其他交换条件，以此实现商品生产者、经营者和消费者各自的经济利益。

市场作为商品经济运行的载体或现实表现，有三层含义：一是商品交换场所和领域；二是商品生产者和商品消费者之间各种经济关系的汇合和总和；三是有购买力的需求。

市场上各种商品的交换关系，形式上表现为物与物的交换，实质上体现着交换双方当事人之间的经济利益关系，因而反映一定的社会关系。市场上商品交换关系的性质，决定着市场的社会性质——在资本主义市场经济条件下，生产资料私有制的性质决定了市场的实现首先是为资本家实现其剩余价值，商品运动受剩余价值规律、资本积累规律的驱使，因而决定了市场的资本主义性质；在社会主义市场经济条件下，生产资料公有制的性质决定了市场上所发生的交换关系是作为公有制主人的广大劳动者之间的平等互助的关系，市场的实现首先是为满足广大人民群众的物质和文化生活需要，因而决定了市场的社会主义性质。

2.2.4 企业的地位与性质

总的来说，企业在社会经济活动中的地位与作用，如图 2-2 所示[①]。

市场经济系统模型已揭示出企业在现代社会经济系统中的地位及其基本性质，接下来，可以从以下几个方面来进一步理解[②]。

1. 企业是社会生产的基本单位

生产，特别是物质产品的生产历来是人类社会最基本的经济活动。按照图 2-1 的模型分析和社会分工的现实情况，人们总是把企业界定为社会生产的基本单位。企业之所以能在社会中产生和存在，就是因为社会需要它来生产和供给人们所需要的产品。尽管在现代社会经济系统的构成中，不是所有的企业都在担负直接的物质生产任务，但从广义来看，各种企业的活动总是同物质生产直接或间接相关的。因此，作为一种抽象行为，企业的确是进行社会生产的唯一微观活动主体。

---

① 陈章武. 管理经济学[M]. 北京：清华大学出版社，1996.

② 冯俭，段云程. 管理经济学[M]. 成都：西南财经大学出版社，2006.

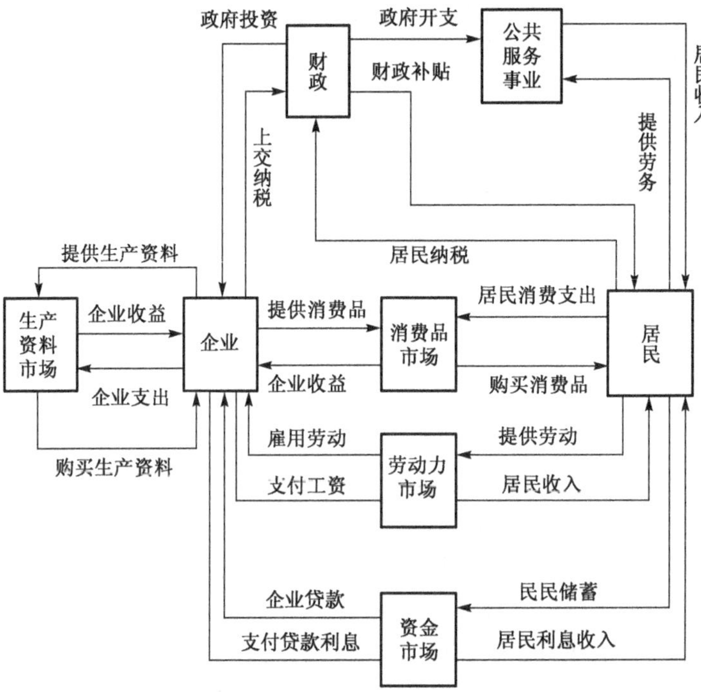

图 2-2　企业在社会经济活动中的地位与作用

把企业作为社会的生产者看待，可以进一步引出两个方面的认识。

第一，企业是产品市场上的供给者或卖者。因此，为了自己的存在，或者说为了得到社会的承认，它必须首先解决“生产什么”的问题。只有当企业的产品适合并满足社会公众的需求时，它的生产才是有意义和有价值的。其次，它还必须解决“生产多少”的问题，这要受到价格和其他供给条件的影响。从后一点来看，企业实际上可以描述为产品市场上的供给函数。

第二，企业是把要素结合并转变成产品的资源转换体。这是在暂时撇开市场关系条件下对企业的认识。这时的企业主要体现着特定的技术关系。企业在特定技术方式与技术水平的制约下，按特定的数量吸纳各种生产要素，并生产出特定数量的产品。此时，企业实际上可以描述为一定的生产函数，其要解决的基本问题是“如何生产”，目的在于如何进行合理的技术选择，使有限数量的投入要素转变成更多数量的产品。当企业不仅从数量上考虑要素的投入，还从价值量上考虑要素使用的经济性问题时，企业就由生产函数转变成了成本函数。它解决的是“如何生产更经济”的问题。

上述两方面对企业性质的认识，反映了传统微观经济学对企业的基本界定。由此也决定了管理经济学对企业行为研究的基本范畴。

2. 企业是替代市场的资源配置方式

按照前面的认识，企业实质上是一种组织化的生产方式，这种生产方式指的是一种产品需由若干个加入了一个共同组织体的专业化个人协同生产。然而，社会为什么不依靠高度专业化的个人来进行各种生产，而要依靠组织化的企业呢？这个疑问促成了经济学对企业性质的新认识。

分析和解决这个问题的思路从另一个角度展开。此时，我们注意到企业不仅是产品的生产者和供应者，也是生产要素的购买者和使用者。从事社会生产的企业或专业化个人同样必须在市场上取得自己所需的生产要素。由此可见，市场是实现资源配置的基本方式。

然而，生产者从市场上取得所需要素并非是毫无代价的，他们除了要支付要素出售者所要求的价格外，买卖双方还须支付市场交易成本，包括双方为寻找买主或卖主、为了解和验证交易价格、为进行交易谈判等所花费的时间和费用。专业化的个人生产者普遍会感到交易成本的负担过大，仅依靠自己进行单独生产会变得不经济，因此，节省交易成本的愿望促使组织化的生产方式兴起并不断发展，企业由此产生。一些过去专业化的个人及其独立的生产活动被纳入企业组织体中，他们之间原先存在的、只有通过市场才能完成的交易，现在可以在企业内部管理当局的行政安排下得以实现。这样既可以实现资源按技术要求合理配置的目的，又节省了交易成本，于是，企业成为替代市场的资源配置方式。

当然，企业代替市场配置资源的作用并非是无限制的，其作用的合理界限是企业组织规模扩大后所节约的交易成本等于可能增加的管理成本。这也是企业组织化规模经济性与合理性的临界点。

从交易成本非零的前提下推论出的企业的这一特征，使人们对企业的产生和性质有了更深入的认识，而建立与之相适应的分析模型，则还在人们的探索和努力之中。

3. 企业是追求特定经济利益的社会集合体

“企业是为了减少市场交易数目和成本而集合若干过去彼此独立的要素交换者于同一组织体”，该论断实际上只说明了问题的一部分。不同的个人专业生产者或者要素所有者集合于同一个组织体，从根本上说是一种谋求利益的社会结合，节省交易成本仅仅是这种利益的一部分。加入企业组织的人们，投入自己拥有的资本、土地、劳动力、管理才能等生产要素，目的是期望通过企业的生产经营运作，使自己的要素投入获得充分的补偿和额外的报酬，使自己保持并获得财富的增加。换句话说，企业只是社会中一些人谋取经济利益的载体和手段。

构成这个利益集合体的有投资者、经营者和生产者，或者说包括了股东、经理和工人这三类基本成员。

(1) 投资者通常提供和形成了企业的固定投入，从而奠定了企业运作的物质基础，他们期望企业在经营者的管理下，通过生产者结合劳动与工作，最终尽可能地为其投入提供回报。

(2) 经理和工人通常提供企业运作的流动要素，这主要是他们的劳动力和管理才能。他们也有着特定的利益目的，最基本的是，他们通过在企业里的活动而获得薪金和工资收入。

因此，由企业内部的构成来看，所谓企业，是特定人们为谋求经济利益而组合成的社会集合体，契约是联结他们的纽带。在这个集合体中，资本要素的投入者由于其资本形成了企业投入的固定部分，这部分要素具有较高的稳定性和较差的流动性，从而使得资本所有者的利益追求具有了主导地位。传统经济学在把企业作为一个整体看待并分析其行为时，都有意或无意地忽视了企业其他成员的利益动机，集中强调和突出的仅是资本所有者的利益行为倾向。这就形成了企业追求利润最大化的行为准则及其相关的整套理论。

本章小结

市场主体是指在市场上从事经济活动，享有权利和承担义务的个人和组织体。市场主体可以分为投资者、经营者、劳动者以及消费者和企业五种不同的类型。在社会的微观层面，进行经济活动的五种主体可概括为两个基本的方面，即企业和个人。两种基本单位相互联系、相互依存和相互制约。这两大基本的市场主体通过产品市场和要素市场这两种基本的市场形态连接起来，构成了现代微观经济最基本的循环系统，包含了家庭部门和企业部门、产品市场和要素市场、实物流程和货币流程三大循环流程。企业作为最重要的市场主体，是市场经济活动的主要参与者，其通过在社会经济系统中的活动发挥其作为生产单位、资源配置方式和经济利益主体的作用。

案例分析

美国施乐公司的标杆管理

1976 年前后，一直保持着世界复印机市场实际垄断地位的施乐公司受到了来自美国内外，特别是日本竞争者的挑战，如佳能、NEC 等公司以施乐的成本价格销售产品仍能够获利，而它们的产品开发周期、开发人员则分别比施乐公司短或少 50%。面对竞争者的威胁，施乐公司最先发起向日本企业学习的运动，开展了广泛、深入的标杆管理。

早在 1979 年，施乐公司最先提出了“Benchmarking”的概念，一开始只在公司内的几个部门做标杆管理工作，到 1980 年扩展到整个公司范围。当时，以高技术复印机产品主宰市场的施乐公司发现，有些日本厂家以施乐公司制造成本的价格出售类似的复印设备。由于这样的大举进攻，其市场占有率几年内从 49%锐减到 22%。为应付挑战，公司最高领导层决定制订一系列改进产品质量和提高劳动生产率的计划，其中的方法之一就是标杆管理。公司的做法是，首先广泛调查客户公司对公司的满意度，并比较客户对产品的反应，将本公司的产品质量、售后服务等与本行业领先企业作对比。公司派雇员到日本的合作伙伴——富士以及其他日本公司考察，详细了解竞争对手的情况，并对竞争对手的产品做反求工程。接着公司便要确定竞争对手是否领先，为什么领先，存在的差距怎样才能消除。对比分析的结果使公司确信从产品设计到销售，服务和雇员参与等一系列方面都需要加以改变。最后公司为这些环节确定了改进目标，并制订了达到这些目标的计划。

实施标杆管理后的效果很明显。通过标杆管理，施乐公司使其制造成本降低了 50%，产品开发周期缩短了 25%，人均创收增加了 20%，并使公司的产品开箱合格率从 92%上升到 99.5%。公司重新赢得了原先的市场占有率。行业内有关机构连续数年评定，就复印机 6 大类产品而言，施乐公司有 4 类在可靠性和质量方面名列第一。

此后，施乐公司的标杆管理对象，不光着眼于同行的竞争对手，而且扩大到非同行的竞争对象，或将其他行业的产品进行比较研究。研究项目既可以某种产品为目标，也可以管理过程中的某个环节为目标，一切以改进管理水平，提高产品质量为目的。例如，该公司发现它们在处理低值货品上浪费很大，于是，针对这个问题，专门组织了一个由5个副总裁参加的标杆管理小组，进行标杆管理分析。该小组首先详细了解处理订单的过程，列出公司处理订单的工作流程图。然后，选择14个经营同类产品的公司(包括IBM、数字设备公司、休利特帕卡德公司等)逐一进行考察。结果发现，施乐公司把精力浪费在千篇一律地按序号记录货物上，高、低价货物混在一起，管理混乱，既消耗人力又浪费时间。与别的公司相比，每处理一份订单要多花80~90美元，而其所研究的其他公司只需25~35美元。仅此一项就可节省数千万美元。施乐还向L. LBean这样的户外装备设施的非同行请教，它们能够快速而又准确地完成订单。施乐发现它们的仓库工人“选择并完成”一个订单的速度是施乐的3倍。它们依靠的不是高技术，而是智能化的规划和适当的计算机软件。

目前，施乐公司一直把标杆管理作为产品改进、企业发展、赢得竞争对手和保持竞争优势的重要工具。公司的最高层领导都把标杆管理看作全公司的一项经常性活动，并指导其所属机构和成本中心具体实施标杆管理。而施乐公司本身也因为在标杆管理方面取得的引人注目的成就，于1989年获得了Malcolm Baldridge国家管理奖。该奖项设于1987年，近年来其评判打分的标准越来越看重标杆管理。施乐公司深信对竞争对手的标杆管理是赢得质量竞争的关键之一。现在施乐公司做战略性和战术性规划都要进行标杆管理分析。

思考题

1. 施乐公司实施标杆管理并获得迅速发展体现了市场主体的哪些特征？

2. 根据施乐公司的成功经历，简述社会微观经济系统主体之间的关系。

讨论与练习

1. 简述市场主体的特征。
2. 画图并分析企业与个人在社会经济系统中是怎样相互作用的。
3. 解释企业在现代社会经济系统中的地位及其基本性质。

第3章 企业行为

导入案例

宝洁公司开发一次性尿布产品

宝洁(P&G)公司以其寻求和明确表达顾客潜在需求的优良传统，被誉为在面向市场方面做得最好的美国公司之一。其婴儿尿布的开发就是一个例子。

1956年，该公司开发部主任维克·米尔斯在照看其出生不久的孙子时，深切感受到脏尿布给家庭主妇带来的烦恼。洗尿布的责任给了他灵感，于是，米尔斯决定研究开发一次性尿布。

一次性尿布的想法并不新鲜。事实上，当时美国市场上已经有好几种一次性尿布品牌了。但市场调研显示：多年来这些尿布只占美国市场1%的份额。原因首先是价格太高；其次是父母们认为这种尿布不好用，只适合在旅行或不便于正常换尿布时使用。调研结果还表明，一次性尿布的市场潜力巨大，因为美国和世界许多国家正处于第二次世界大战后婴儿出生的高峰期。将婴儿数量乘以每日平均须换尿布次数，可以得出一个大得惊人的潜在销量。

宝洁公司产品开发人员用了一年的时间，力图研制出一种既好用又对父母有吸引力的产品。产品的最初样品是在塑料裤衩里装上一块打了褶的吸水垫子。但1958年夏天的现场试验结果，除了父母们的否定意见和婴儿身上的痱子以外，一无所获。于是，一次性纸尿布的开发又回到了图纸阶段。

1959年3月，宝洁公司重新设计了一次性尿布，并在实验室生产了多达37 000个试验品，其外形类似于现在的产品，然后拿到纽约州去做现场试验。这一次，有2/3的试用者认为该产品胜过布尿布。然而，接踵而来的问题是如何降低成本和提高新产品的质量。为此，要进行的工序革新比产品本身的开发难度更大。一位工程师说它是“公司遇到的最复杂的工作”，生产方法和设备必须从头做起。不过，到了1961年12月，这个项目进入了能通过验收的生产工序和产品试销阶段。

公司选择地处美国最中部的城市皮奥里亚试销这个后来被定名为“帮宝适”(Pampers)的产品。他们发现皮奥里亚的妈妈们喜欢用“帮宝适”，但不喜欢尿布一片10美分的价格。因此，价格必须降下来。降多少呢？在6个地方进行的试销进一步表明，定价为一片 6 美分，就能使这类新产品畅销，使其销售量达到零售商的要求。宝洁公司的几位制造工程师找到了解决办法，用来进一步降低成本，并把生产能力提高到使公司能以该价格在全国销售帮宝适尿布的水平。

帮宝适尿布终于成功推出，直至今天仍然是宝洁公司的拳头产品之一。公司做成了一桩全赢的生意：一件为婴儿减轻父母负担的家务产品，一个为宝洁公司带来收入和利润的重要新财源。

案例来源：李福学. 管理经济学[M]. 北京：高等教育出版社，2007.

- **知识目标**
  - 了解企业的行为目标
  - 理解企业的行为约束
  - 掌握企业的决策原理
- **能力目标**
  - 能说明企业行为的基本研究内容
  - 能运用相关理论对企业行为的经济性与合理性进行分析

3.1 企业的行为目标

管理经济学研究问题的出发点是企业，企业的管理决策是为实现其目标服务的，不同目标的企业，即使在相同的情况下，也可能会做出不同的决策。作为一门研究管理决策的学科，管理经济学是以企业所要达到的目标为依据来展开研究的。因此，在社会主义市场经济条件下，运用经济理论对企业的行为目标进行分析，有利于进一步提高企业管理人员在经济决策中的理性思考和理性创新。

3.1.1 利润最大化目标

企业作为人类社会的经济组织，具有典型的二重性特点，即作为经济组织，企业的基本目标是在市场中获得尽可能多的利润，甚至可以说是谋求利润最大化；同时，作为社会组织，则应承担尽可能多的社会职责，为社会公众提供产品和服务。企业性质的二重性决定了企业行为目标的二重性。

这种双重行为目标实际上是有机统一的：提供产品和服务是社会的、外在的要求，而追求利润则是企业内在的动机和意愿。后者必须以前者为条件和手段才能真正实现。因此，对企业行为来说，影响更大的是其内在的利润动机。

1. 企业利润的性质

利润一直是企业最核心的问题，利润最大化虽有争议，但利润却是企业生存和发展的最基本前提条件。企业管理者重视利润问题不外乎以下几个原因。

(1)利润是企业健康发展和成长的前提，企业维持其生存就必须达到最低程度的利润率，否则很难保证企业的资产保值和增值。如果没有利润，不仅不能保证业主的收益，还会导致企业萎缩，失去竞争能力，最后被“淘汰出局”。

(2)利润是企业股票现值的基础，因此，它不仅是企业业绩的标志，也是引导经济资源配置的市场信号。一个企业只有存在利润才能保证其股票价值的升值，才有利于企业在社会上通过银行贷款和股票上市融资。

(3)利润是企业竞争的根源，是导致企业在产品市场上对目标顾客争夺、在要素市场上对资金供给和合格劳动力争夺及技术上的创新和垄断等方面竞争的最根本原因。对利润的追求促使企业彼此激烈竞争，而利润的获得则在很大程度上取决于企业在竞争中的正确行动和决策。因此，为了长期的生存和发展，企业必须获得利润并尽可能使其最大化。而众多企业共同的追求则必然导致相互之间不可避免的竞争。

(4)利润是企业管理的重要手段，对于公司制企业，内部各部门或子公司的绩效管理是一个复杂的问题，虽然可以通过成本管理生产部门的产品指标完成情况、销售部门的市场占有率等考核，但最终都应体现在利润上。因此，实际管理过程中一般都采用利润管理，如建立“利润中心”，用各部门或子公司的利润额作为考核目标。

关于利润的概念在经济学和会计核算中是不同的，在管理经济学中更强调经济利润，以区别于一般会计核算中的利润。

会计利润也称工商利润，是指企业的总收益与会计成本之差。其中，企业总收益是指企业的营业收入和销售收入之和；会计成本又称显性成本，是指历史上已发生的在账面上显示的成本，如支付的工人工资、原材料和能源费、借贷资本的利息、固定资产折旧等，不含自有资金投入的报酬和企业家本人的报酬。

经济利润，是指企业的总收益与经济成本之差。这里的经济成本可视为所放弃的最有价值的机会发生的成本，即机会成本。如企业家用自有资金开办工厂而失去了存款、购买高息债券或股票交易机会等最佳机会的损失；企业家因开办工厂而为自己服务，失去受雇于其他企业获得劳动报酬的机会损失等。这部分机会成本(损失)在自己企业的账面上并不反映，但客观上确实存在，从经济学的角度来看，在决策时必须考虑，否则就可能会导致决策失误。

会计利润 = 总收益 - 会计成本

经济利润 = 总收益 - 经济成本(会计成本 + 机会成本)

由此可见，会计利润和经济利润的概念、作用均不相同，前者用于反映企业财务状况和经营成果，后者用作决策者在资源投向选择时的依据。

2. 利润最大化假设

管理经济学关于企业行为的经济模式，是以企业追求利润最大化的假设为基础的。提出和确立这种假设的基本依据主要有以下几点①。

第一，在各种推动企业决策的因素中，利润动机是支配企业行为最普遍、最持久和最强有力的力量。在决定企业存在和发展的因素中，其他动机与利润目标相比显然不具有根本性的作用。因此，一般情况下，管理者要求以利润最大化作为企业目标。

---

① 冯俭，段云程. 管理经济学[M]. 成都：西南财经大学出版社，2006.

第二，竞争迫使企业以利润最大化为目标，竞争承认适者生存，这对所有企业都是一种强有力的约束和刺激。竞争的激化驱使企业的行为目标不断向利润最大化趋近。

第三，尽管现实中的企业可能还具有利润之外的行为目标，且企业在实现利润目标时对是否能达到最大化也受许多不确定因素的影响，但为了说明众多企业的一般行为，进行必要的抽象和简化是恰当的。追求利润最大化的假设可以高度近似地说明大多数企业行为的内在特征和因果联系。

第四，微观经济学曾在按照利润最大化假设作为预言企业价格和产出行为的基础方面取得了很大成功，这表明该假设的预言已得到某种程度的检验。因此，管理经济学继承和接受该假设也将是合理的。

总之，尽管利润最大化与经济分析中的其他假设一样，同现实世界并不完全吻合，但它基本上能合理地反映现实。且最重要的在于这种假设有助于对现实世界进行适度的抽象和简化，从而建立起便于决策分析的经济数量模型。因此，利润最大化成为管理经济学描述企业行为的最基本的模式，谋求利润最大化也成为企业进行多方面管理决策的基本准则。

3. 利润最大化模型

管理经济学关于企业利润最大化的决策分析模型是以边际分析原理为基础构建的，该模型的思路和方法可应用于企业多方面的决策分析①。

(1)企业收入的相关概念。

所谓企业收入，是指企业销售产品或劳务而得到的收入，其中主要是产品销售收入，劳务则可以视作是无形产品的销售。企业收入又可以分为总收入、平均收入和边际收入三种不同的概念，分别与边际分析原理中的总值、平均值和边际值概念相对应。

总收入是企业销售产品或劳务所得到的全部收入，等于产品的价格与销售量的乘积。一般用 TR 表示总收入，如果分别用 P 和 Q 表示产品价格和销售量，则有：

$$\mathrm{TR} = P \times Q \tag{3-1}$$

平均收入指总收入平分到每单位产品或劳务上的份额，等于总收入除以销售量。一般用 AR 表示平均收入，则有：

$$\mathrm{AR} = \frac{\mathrm{TR}}{Q} = \frac{P \times Q}{Q} = P \tag{3-2}$$

边际收入指在一定的销售量水平上，销售量变化一个单位所引起的总收入变化的数值。一般用 MR 表示边际收入，则有：

$$\mathrm{MR} = \frac{\Delta \mathrm{TR}}{\Delta Q} \tag{3-3}$$

当总收入是销售量的连续可导函数时，边际收入即等于总收入函数在某点对销售量的一阶导数，或者也可以说边际收入 MR 是总收入曲线 TR 上某点的斜率，即：

$$\mathrm{MR} = \lim_{Q \to 0} \frac{\Delta \mathrm{TR}}{\Delta Q} = \frac{\mathrm{dTR}}{\mathrm{d}Q} \tag{3-4}$$

---

① 徐玖平，黄云歌. 管理经济学概论[M]. 北京：高等教育出版社，2006.

总收入、平均收入、边际收入均可以表示为以销售量 Q 为自变量的函数形式，并可绘出两种不同情况的曲线。

① 当产品销售价格为一固定常量，或者价格与产品销售量无关时，企业的总收入、平均收入和边际收入分别有如下曲线，如图 3-1 所示。

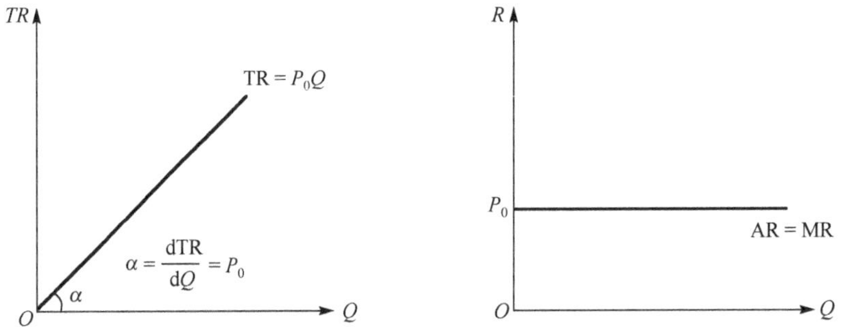

(a) 固定斜率上升的收入曲线　　(b) 平行于横轴的价格、平均收入和边际收入曲线

图 3-1　价格不变时的企业收入曲线

由图 3-1 可知，由于价格不变，平均收入与边际收入都等于产品价格，而总收入则为一条以价格为固定斜率的倾斜直线。

② 当产品销售价格为变量，或者产品销售量与价格密切相关时，企业的几种收入曲线有如下形状，如图 3-2 所示。

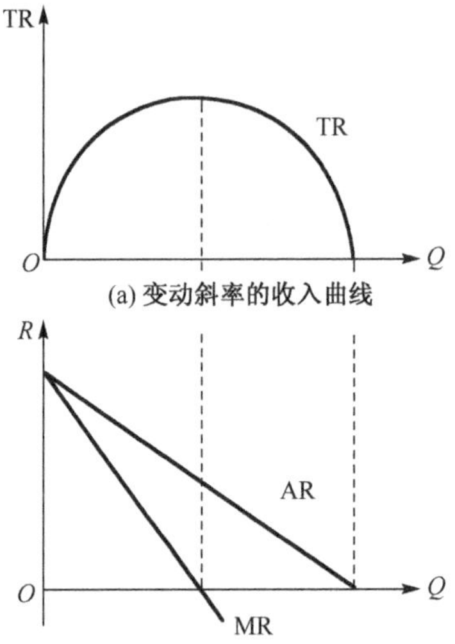

(b) 平均收益和边际收益曲线

图 3-2　价格变动时的企业收入曲线

从图 3-2 可知，由于价格也是变量，总收入曲线 TR 呈抛物线形；而平均收入曲线 AR = P，即为随销售量变化的价格曲线；边际收入曲线则是对总收入函数各点分别求一阶导数所构成的函数的曲线，为一条向右下方倾斜的直线。

(2) 企业成本的相关概念。

关于企业成本及其函数的详细讨论，本书将集中放在后面相关章节进行，但为了说明利润最大化的分析规则，有必要对总成本和边际成本的概念作一些简要的说明。

总成本是企业生产和销售产品所消耗的全部资源的价值表现。从其构成来源看，它是全部要素投入量同要素价格的乘积。由于要素价格为外部要素市场所决定，而要素投入量又同特定的产品总产量（假定产量等于销售量）密切相关，因此，总成本在一定意义上可以视作是企业产品销售量 Q 的函数。一般以 TC 表示总成本，则有：

$$\mathrm{TC} = f(Q) \tag{3-5}$$

边际成本指在一定产销量水平条件下，再额外增加一个单位产量，将引起的总成本的变化值。一般以 MC 表示边际成本，则有：

$$\mathrm{MC} = \frac{\Delta \mathrm{TC}}{\Delta Q} \tag{3-6}$$

当总成本为产量的连续可导函数时，边际成本就等于总成本函数的一阶导数。其几何意义是：边际成本 MC 为总成本曲线 TC 上某点切线的斜率。即：

$$\mathrm{MC} = \lim_{Q \to 0} \frac{\Delta \mathrm{TC}}{\Delta Q} = \frac{\mathrm{dTC}}{\mathrm{d}Q} \tag{3-7}$$

由于成本函数同收入函数一样，均以产（销）量 Q 作为自变量，这就为它们结合在同一个坐标系中进行利润分析提供了基础。

连续的总成本函数也可以在以产量 Q 为横坐标的坐标系里绘制出特定的曲线。这种曲线通常呈 S 形，表明成本先随产量增加按递减的比率增长，后随产量的增加逐步按递增的比率增长。

引起这种趋势的原因将在后面详细讨论。这里需要注意的是成本函数的分析有短期和长期之别。在短期里，一些投入要素如机器设备、厂房等不随产量的变化而变化，它们的开支构成所谓的固定成本，用 TFC 表示；而另一些要素如原材料、劳动工时等的投入量则随产量的变化而变化，这些要素构成变动成本，用 TVC 表示。因此，在短期里，总成本等于固定成本与变动成本之和，即：

$$\mathrm{TC} = \mathrm{TFC} + \mathrm{TVC} \tag{3-8}$$

在短期内，其 S 曲线的起点不是从原点开始，而是从 TFC 开始。而在长期内，一切要素的投入均可发生变动，即不存在固定成本与变动成本之分。因此，在短期和长期里，企业成本曲线不尽相同（见图 3-3）。

（3）企业利润的相关概念。

总利润等于总收入与总成本的差额，一般用 π 表示，则有：

$$\pi = \mathrm{TR} - \mathrm{TC} \tag{3-9}$$

由于总收入 TR 和总成本 TC 都是产量 Q 的函数，因此，利润 π 也是产量的函数。衡量和判定总利润大小，或者表现总利润曲线形状最简单和最直接的方法，就是把总收入曲线和总成本曲线绘制在同一个坐标图中加以比较，并由二者的差绘制出企业的总利润曲线。

这种关系可以分别在产品销售价格不变和可变两种情况下描绘出来，其分析的思路和方法是一致的。

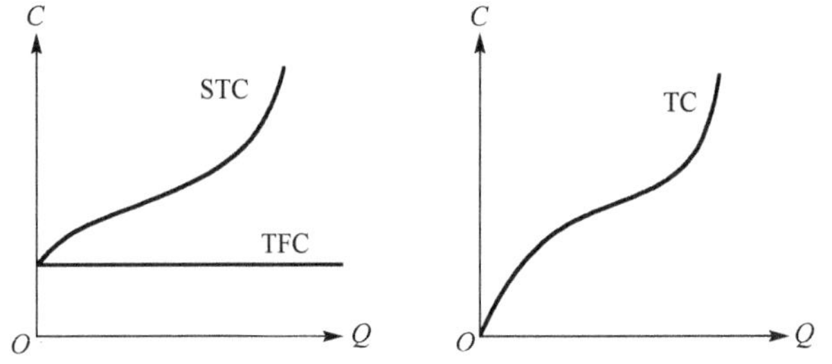

(a) 短期成本曲线　　(b) 长期成本曲线

图 3-3　不同时期企业的总成本曲线

图 3-4 表示的是产品价格不变时的情况，此时总收入 TR 为一条倾斜的直线，总成本 TC 是起点为固定成本 TFC 的 S 形曲线，TR 曲线与 TC 曲线相交于两点，这两点分别对应产量 Q_1 和 Q_2，按 TR − TC 的关系能够得出相应的总利润 π 的曲线。可以看出，在产量小于 Q_1 和大于 Q_2 的区间，利润 π 为负值；在 Q_1Q_2 区间，利润 π 为正。同时，在 Q_1Q_2 区间有一个最优产量点 Q_m 刚好使总利润 π_m 为最大。

图 3-5 所示的是产品销售价格为可变量的情况，此时，企业总收入 TR 呈抛物线形，它同样将与总成本 TC 曲线相交于两点，其分析及结论与前述情况完全相同。

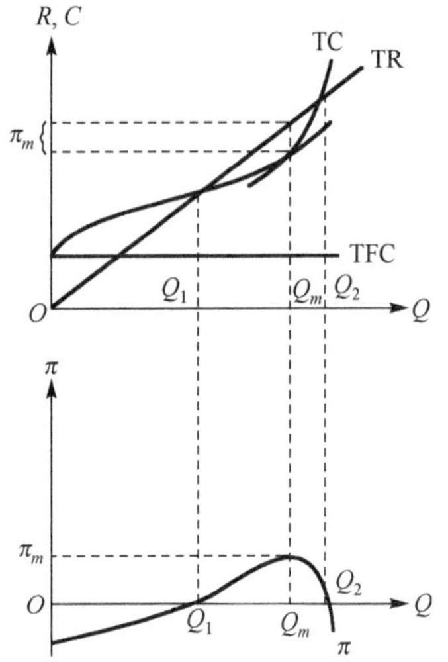

图 3-4　产品价格不变时的企业总利润曲线

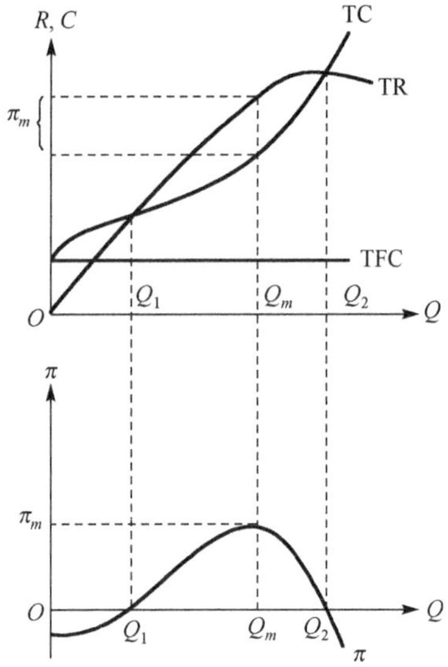

图 3-5　产品价格可变时的企业总利润曲线

（4）企业利润最大化的边际分析法。

从图 3-4 和图 3-5 中可以看出，使总利润最大的产量 Q_m 点分别对应的总收入曲线和总成本曲线上的点，过这两点的切线相互平行，即它们的斜率相等。这表明，在使企业利润达到最大的产量点上有：

$$\frac{\mathrm{dTR}}{\mathrm{d}Q}=\frac{\mathrm{dTC}}{\mathrm{d}Q} \tag{3-10}$$

由前面的定义可知，等式(3-10)两边实际上分别是边际收入 MR 和边际成本 MC，即有：

$$MR = MC \tag{3-11}$$

该等式即为决定利润最大化的产量水平的充分必要条件，由此确立了企业利润最大化的边际分析准则。等式(3-11)说明，当边际收入等于边际成本时，在这个产量水平上再增加或减少一个单位产量引起的总收入的增量或减量刚好等于总成本的增量或减量，这时增加或减少产量都不会增加企业的总利润，企业的总利润达到了最大值。

此时也可以建立边际利润的概念，即在一定销售量水平条件下，销售量变化一个单位引起的总利润变化值。一般用 Mπ 表示边际利润，则有：

$$M\pi = \frac{\Delta\pi}{\Delta Q} \text{或} M\pi = \lim_{\Delta Q\to 0}\frac{\Delta\pi}{\Delta Q} = \frac{d\pi}{dQ} \tag{3-12}$$

即边际利润同样为总利润曲线上某点切线的斜率。

此外，边际利润同样为边际收入和边际成本的差额，即

$$M\pi = MR - MC \tag{3-13}$$

由此，可以得出企业利润最大化的另一个边际分析准则：当边际利润 Mπ =0 时，其产量水平使企业总利润达到最大。这也可以由图 3-4 和图 3-5 看出，在产量 Q_m 所对应的利润曲线 π 上的点，其切线与横轴平行，即斜率为零，此时总利润最大。

例

假定某企业产品销售价格为销售量的函数 $p = 150 - 0.5Q$，该企业的总成本函数为 $TC = 30 + 12Q + 2.5Q^2$，问该企业利润最大时的产量为多少？此时利润是多少？

解：总收入 $TR = p \times Q = 150Q - 0.5Q^2$

边际收入 $MR = \frac{dTR}{dQ} = 150 - Q$

总成本 $TC = 30 + 12Q + 2.5Q^2$

边际成本 $MC = \frac{dTC}{dQ} = 12 + 5Q$

按照边际分析法原理，MR = MC 时企业利润最大，故有

$$150 - Q = 12 + 5Q \quad \text{或} \quad 150 - Q - 12 - 5Q = 0$$

可得，$Q = 23$，即使利润最大化的产量为 23 个单位。

此时的总利润 π 应为：

$$\begin{aligned}\pi &= TR - TC = (150Q - 0.5Q^2) - (30 + 12Q + 2.5Q^2)\\ &= -30 + 138Q - 3Q^2\\ &= -30 + 138 \times 23 - 3 \times 23^2\\ &= 1557(\text{元})\end{aligned}$$

即这时企业的总利润为 1557 元。

此外，使企业利润最大化的产量也可依据边际利润等于零的法则求得，即：

$$\begin{aligned}\pi &= TR - TC = (150Q - 0.5Q^2) - (30 + 12Q + 2.5Q^2)\\ &= -30 + 138Q - 3Q^2\end{aligned}$$

有 $M\pi = \frac{d\pi}{dQ} = 138 - 6Q$，当 $M\pi = 0$ 时企业总利润最大，可得 $Q = 23$，代入总利润方程同样可得到企业的总利润 $\pi = 1557$（元）。

正如企业性质中所指出的，企业是以盈利为主要目标的经济组织，因此企业的首要目标是利润最大化。企业决策中，用边际决策准则，制定一系列资源配置决策，都是基于这个目标出发的。例如，如果增量成本定义为由某一决策结果产生的总成本的变化，增量收益定义为由这一决策引起的总收益的变化，那么如果实际结果是下列情况中的任何一种，企业决策就是盈利的：

(1)增量收益大于增量成本；

(2)收益不变，某些成本的下降总和大于其他方面成本增加总和；

(3)成本不变，决策使某些方面收益增加总和大于其他方面收益减少总和；

(4)成本下降总和大于收益减少总和。

企业利用这个简单但是传统的决策准则为企业合理配置资源，就能获得最大利润。

3.1.2　股东价值最大化目标

在现代管理理论中，最为广泛接受的企业目标就是为其所有者（股东）谋求企业价值最大化。通常用股东价值最大化或财富最大化描述，而股东财富则由企业普通股的市场价格衡量。①

股东财富最大化的目标，就是决策应使企业所有者（股东）预期的未来收益现值最大。未来收益构成企业的现金流量，为了简化起见，这里把现金流量视为当期利润，因此，股票的价值就等于按照股东所估计的收益率贴现之后，所有预期的未来利润的总和。用数学式表达即为：

$$PV = \frac{\pi_1}{(1+r)} + \frac{\pi_2}{(1+r)^2} + \frac{\pi_3}{(1+r)^3} + \cdots + \frac{\pi_n}{(1+r)^n}$$

即

$$PV = \sum_{t=1}^{n} \frac{\pi_t}{(1+r)^t} \tag{3-14}$$

其中，PV 为股票的当期价值（现值）；

π_t 为第 t 期预期收益（利润），$t = 1 \sim n$；

r 为投资者期望的利润率；

n 为企业的生命周期。

如果考虑未来的预期利润是预期收益和成本之差，则式(3-14)可变为：

$$PV = \sum_{t=1}^{n} \frac{TR_t - TC_t}{(1+r)^t} \tag{3-15}$$

其中，PV 为股票的当期价值（现值）；

TR_t 为第 t 期的收益（如销售收入）；

---

① 杨杰. 管理经济学[M]. 长春：吉林大学出版社，2003.

TC_t 为第 t 期的经营成本；

r 为投资者期望的利润率；

n 为企业的生命周期。

式(3-15)中明确地考虑了未来利润的时间因素，通过把未来的利润按照要求的收益率贴现，也考虑到企业项目的风险水平，如果企业未来风险很大，利润不确定，则可以考虑用提高贴现率 r 的方法补偿风险，即未来与收益、利润相关的风险愈大，投资者赋予收益的价值愈低。这样，股东财富最大化模型就在一定程度上弥补了静态利润最大化模型的不足。

将模型中的经济变量进一步分解，令 P_t 为第 t 期产品单价，Q_t 为第 t 期产品产量(销售量)，则第 t 期收益为：

$$TR_t = P_t \times Q_t \tag{3-16}$$

即第 t 期成本 TC_t 是单位变动成本 v_t 与产量 Q_t 之乘积，再加上第 t 期的固定成本 F_t，于是第 t 期总成本为：

$$PV = \sum_{t=1}^{n} \frac{P_t \times Q_t - v_t \times Q_t - F_t}{(1+r)^t} \tag{3-17}$$

$P_t \times Q_t$ 项构成企业第 t 期的总收益，其值与企业产品需求函数和产品价格相关。企业成本，包括固定成本 F_t 和变动成本 v_t，与企业的投资决策相关。资本密集型企业的固定成本比劳动密集型企业相对较高。而变动成本 v_t 与 t 时刻的原材料价格、工资水平及生产组织效率有关。

3.1.3 其他目标①

企业以追求利润最大化为主要行为目标是管理经济学在对现实进行了必要抽象和简化后的假设。如果要使企业行为目标的分析更接近于现实，可以发现，实际企业的行为目标是多元化的，企业往往是在不同的时期追求不同的目标。

1. 利润满意化

现实中的企业几乎都要受到利润动机的驱使，但是有相当多的企业并不把自己限制在非要获得最大利润的目标上，它们以实现某种令自己感到满意的利润水平为决策准则。这种利润水平通常并没有达到企业可能达到的最佳水平，但它已经能够使结合成企业的各利益群体感到满意而被接受。换句话说，这种行为模式追求的是次优化的利润目标。

企业追求利润满意化行为目标的基本因素包括如下几个。

(1)企业经营活动的不确定性。

利润最大化的行为模式是以企业的销售收入、生产及成本等函数能够确定为前提的。但现实中的企业由于信息的不完善、产品市场和要素市场的激烈竞争和供求变化，收入和成本等函数实际上是很难确定的，企业各种行动的结果也是不确定的。这常常使得制定利润最大化的行为目标和行动方案变得毫无意义。

(2)企业经营资源的有限性。

任何企业的活动都要受到既有资源的约束。对于不少企业来说，试图花太多的时间、

---

① 冯俭，段云程. 管理经济学[M]. 成都：西南财经大学出版社，2006.

精力和费用去寻求、设计和实施一种能实现利润最大化的行动方案并不是一件易事。资源的约束使得它们放弃这种过于困难和不现实的目标，转而谋求较为现实的满意化利润。

(3)企业集合体成员利益偏好的多元性。

严格地说，利润最大化主要是投资者或股东追求的目标。但构成企业集合体的还有经营者和劳动者，同时，企业还要对消费者、供应商、债权人、政府和社会等各方面的利益负责。各种群体的利益偏好并不相同，比如劳动者希望得到更多的工作机会，并为其劳动力的支出争取更高的价格；而经理则期望扩大企业规模以提高自己的身价。企业组织作为这些社会成员的利益集合体，常常需要在各种利益偏好之间寻求妥协和平衡。妥协的结果常常是谋求某种使各方均感满意的利润。随着企业经营控制权和财产所有权的进一步分离，经理人员在制定企业目标上拥有更大的权力，谋求非利润最大化的行为趋势也就得到了进一步的发展。

2. 销售收入最大化

这是企业行为多目标模式中最常见的模式。这种行为目标假设：当企业的利润达到可以接受的水平时，一些企业将把追求最大的销售收入置于追求更高利润之前，作为企业关心的主要目标，由此将引起不同于利润最大化的产量和价格决策行为。

确立这种假设的主要依据有如下几点。

第一，销售收入是衡量企业绩效和竞争能力的重要尺度。销售收入的大小既反映消费者对企业产品的认可程度，又反映企业在产品市场上的竞争地位，同时也表现了企业的经营规模。所有这些都是象征企业活力的重要标志。

第二，扩大销售收入是经理人员谋求个人利益目标的基础，因为在多数情况下，经理人员的薪水和其他待遇同企业经营规模的关系，比之同利润水平的关系要更为密切。在经理人员起决策主导作用的条件下，追求销售收入最大化就成为现实企业较为常见的目标模式。

当然，追求销售收入最大化仍然要受到特定利润水平的制约，这种利润水平一方面应能使股东满意，另一方面应能有利于企业向外部筹资。

销售收入最大化的行为模式可以用图 3-6 来分析和说明。

从图 3-6 可知，企业的销售总收入、总成本和总利润分别用它们的常规形状曲线 TR、TC 和 π 表示。根据边际分析的概念，当总收入曲线 TR 达到最大值时，过该点的切线与横轴平行，即切线斜率 $\frac{\mathrm{dTR}}{\mathrm{d}Q}=0$，这表明边际收入 MR = 0 为销售收入最大化的条件。前面的分析已证明，利润最大化的条件为 MR = MC，这就表明企业在追求利润最大化和追求销售收入最大化时作出的产量及价格决策是不同的。比如，总利润最大时的产量为 Q_1，销售收入最大时的产量为 Q_3。

下面分三种情况讨论企业的产量和价格决策行为。

(1)假定企业的利润目标是 π_1，企业在达成利润目标 π_1 之后，才允许追求销售收入最大的目标。那么，显然企业的产量不会超过 Q_1。因为即使在产量 Q_1 时，企业能实现的最大利润水平也达不到目标利润 π_1。不过，选择和保持 Q_1 的产量，将使企业最接近实现目标利润 π_1。

(2)假定企业的目标利润是 π_2，企业就有可能既实现利润目标，又实现销售收入目标。企业通过降低价格将可能使销售量增加到 Q_2，销售收入增加到 TR_2，利润也达到 π_2。这时

的 π_2 虽然低于最大可能得到的利润，但是企业这时既实现了利润目标，又能使销售收入水平有所增加。这就是所谓有利润目标制约条件下的销售收入最大化。

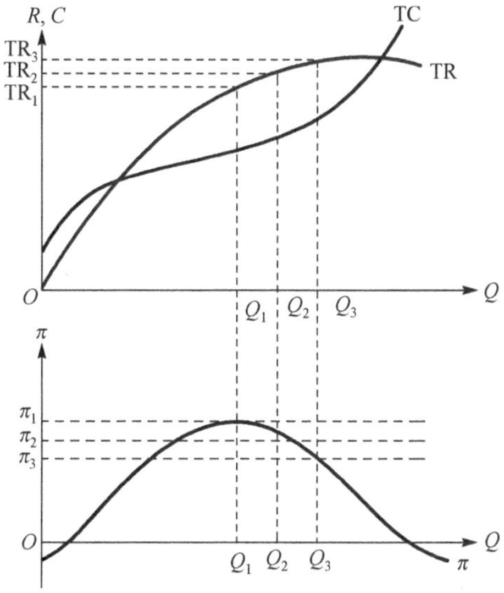

图 3-6　销售收入最大化

（3）假定企业的利润目标要求较低，仅为 π_3，这时企业就可能继续降低价格，使销售量增加到 Q_3，同时销售收入增加到最大值 TR_3。此时企业的实际利润水平可能高于 π_3，它既超过了利润目标，又实现了最大销售收入。尽管它可以继续降价以增加销售量，并可能使实际利润高于或等于 π_3，但企业实际上不会使销售量超过 Q_3，因为销售量超过 Q_3，销售收入将会下降。

由此可见，当销售量低于 Q_1时，降低价格既能增加销售收入又能增加利润，利润目标和销售收入目标是相辅相成的；当销售量在 Q_1和 Q_2之间时，降低价格增加销售量会使销售收入增加，但使利润减少，此时利润目标和销售收入目标相互矛盾；当销售量超过 Q_3时，降低价格增加销售量会使销售收入和利润同时减少。

由上述销售收入最大化行为模式可以得出：当企业谋求在一定利润水平制约下实现销售收入最大的目标时，如果既定的利润水平低于可能得到的最大利润，那么企业的实际产品价格可以比利润最大化目标时的价格定得低，实际产量则可以比保证利润最大化目标时的产量定得高。

3. 市场占有率最大化

市场占有率，是企业某种产品销售量占该种产品全行业市场销售总量的比率。如果以 Q_i 表示 i 企业的销售量，Q 表示市场销售总量，n 表示该行业市场中的企业数量，则 i 企业的市场占有率为：

$$S_i = \frac{Q_i}{Q} = \left(\frac{Q_i}{\sum_{j=1}^{n} Q_j} \right) \tag{3-18}$$

因此，市场占有率最大化的行为模式假设企业为了在同种产品的市场竞争中占据领导者的有利地位，把扩大产品销售量作为其主要的目标。提出这种假设的主要依据有以下三点。

第一，扩大销售量，提高市场占有率，可以有效地排挤竞争者，赢得对本企业产品有利的需求态势。因此，有一定资源实力的企业都愿意做这方面的努力。

第二，市场占有率的最大化可能使企业成为市场上的领导者甚至垄断者，从而拥有决定价格和产量等影响或支配市场的权力。

第三，市场占有率的最大化，有利于企业克服市场不确定性的影响，从而有助于企业实现利润最大化或销售收入最大化的目标。

可见，市场占有率最大化主要是竞争性的目标，它并不产生直接的经济利益，且其目标实施常常受到多种因素的制约。

首先，过分地追求高市场占有率常常导致以过低的价格扩大销售量，这将导致销售收入和利润同时减少。当销售总收入降到总成本以下时，企业的利润变为负值，即出现亏损。显然，以亏损为代价去追求销售量的扩大即市场占有率最大化是不可能持久的。

其次，为了避免在追求市场占有率最大化的同时陷于持续亏损，企业显然必须致力于降低成本。因此，从长期来看，企业要实现市场占有率最大化必须同时谋求成本的极小化。

最后，当企业成功地实现了市场占有率最大化目标，成为支配市场的垄断性企业时，常常受到政府反垄断法规的制约和处罚。这又决定了企业追求的市场占有率最大化有一定的法律界限。

3.2 企业的行为约束

企业的行为受特定目标所引导，而企业目标能够实现则要受到企业内部和外部诸多因素的制约。为了避免决策的盲目性，企业在选择、确定目标的同时，也应该考虑到可能或将要对自身行为产生约束条件的相关因素。因此，约束条件在管理决策中扮演着重要的角色，并与决策目标一起构成了管理中有约束条件的最优化问题。这里主要介绍实际生活中对企业行为构成约束的几种常见情况。

3.2.1 基本约束

不同企业面对不同的约束条件，但对于市场经济中的企业来说，通常会面临三种基本类型的约束，即需求约束、资源约束和预算约束。

1. 需求约束

需求约束是社会消费者或产业用户对某种产品有支付能力的最大购买需求量。显然，这种约束在明确产品品种的前提下规定了特定行业的企业合理的最大产出数量。在这个约束条件的限度范围内，产品的销售量将同产出量保持一致；超出限度，将有一部分产出量无法实现销售，生产将会出现过剩。越是在发达的市场经济社会里，需求对企业生产行为的制约作用就越是明显和有效。因此，企业特别重视对市场需求的研究和分析。

需求约束反映了人们行为的规律性，它本身又是购买者行为动机和行为约束条件等因素综合作用的产物。购买者对特定产品的功能、用途、质量、价格、可替代性等方面的认识和偏好，以及自身的收入预算和消费满足最大化的目标要求等，都将影响需求的约束边界大小或强度。一般来说，需求约束是相对较弱的或有弹性的，企业可以通过改进产品、调整价格、加强广告等经营活动，在一定程度上影响人们的行为，从而在一定范围内改变需求约束的边界或限制力，为实现特定的利润目标或销售目标拓展较大的空间。

2. 资源约束

资源约束是企业生产投入端所拥有的现实物质条件。例如企业生产某种产品所必需的原料、零部件、半成品，拥有特殊生产技能的劳动力，用于完成特定作业的机器设备等。

资源约束反映了物质和技术的必然性，这就使得资源条件对企业行为的约束具有较强的限制力或较高的强度。企业生产不能无中生有，不能在物质条件不具备时凭空生产出产品。在产品方向和技术方式既定的条件下，多种必要资源条件中的一种资源出现相对短缺，就会使企业整个生产陷于停顿。在传统计划经济体制下，由于缺乏要素市场，资源由计划分配，物质资源对生产的约束是企业难以逾越的。而在市场经济条件下，企业内部的资源约束将可能通过企业在要素市场的采购活动而得到缓解或消除。当要素市场的资源供给数量也有限时，资源对生产的约束将从企业扩展到社会。因此，合理配置和利用资源就成为市场运作和企业行为的中心议题。在短期内，企业将可能通过分析资源的可替代性、选择和优化投入要素组合，以实现资源约束下的生产最优化。从长期来看，只有技术进步才能比较有效地突破资源约束的限制。

3. 预算约束

预算约束是指企业为购买各种投入而进行资金偿付的最大能力。与需求约束和资源约束不同，预算约束属于企业的内部约束。

预算约束可以从短期和长期两个方面来认识：从短期或狭义的角度看，预算约束是企业一个会计年度内可支配的全部资金拥有量，包括即期的货币存量、销售收入和借款等各种现金流入量，但一般不包括流动性很差的固定资产存量。从长期或广义的角度看，预算约束则是企业已得和可能得到的全部投资和销售收入。

预算约束的原则是：企业必须用自己的收入来偿付自己的支出。因此，企业在短期中购买生产投入资源的数量要受到其现金流入量的限制；尽管它可以暂时不考虑实际销售收入的限制，但超过实际收入的开支将构成企业的债务。从长期来看，当企业的支出或债务总额超过企业的收入或资产总额时，它将因没有偿债能力而破产。

由此可见，在长期内，预算约束规定着企业生存的边界线，而在短期内，预算约束一方面成为资源约束的重要成因，另一方面又成为迫使企业遵守需求约束，制定合理生产销售计划的强制性因素。因为能购买的投入品数量最终仍要受销售收入的限制，而预期的销售收入或可能的销售数量又要受需求约束的限制，从而迫使企业自觉地在需求约束水平上规定自己的生产计划。

预算约束的强度受特定社会产权关系的强烈影响。在我国传统计划经济体制下的国有企业由于同所有者——国家的产权关系不明晰，通常预算约束都较弱，当其出现亏损或资不抵债时，总会得到外来帮助，包括减免税收、提供补贴或追加贷款等，使之很难出现真正的破产。这种弱化的预算约束不可避免地会导致企业行为的扭曲和变形，比如不关心市场需求、不重视降低成本、盲目投资、忽视经济核算等。随着我国产权制度的改革和完善，企业的预算约束将会逐渐硬化，使企业真正按照独立商品生产者的行为方式来规范自己的活动。

3.2.2 市场竞争

竞争是在市场中活动的企业为了谋求和保护自身利益而表现出的抗争性行为。这些行为可能是进攻性的，也可能是防卫性的；这些行为的产生可能是主动的，也可能是被动的。但在市场经济体制里，每个企业都会为了自己特定的经济目标以相同或不同的方式不断表现这种抗争行为则是必然的。

竞争既然是企业的抗争性行为，必然以另外的企业为抗争对象，因此具有相互影响性。在同一个产品市场上，甲企业的竞争行为可能构成对乙企业的行为制约，而丙企业的行为又可能是对乙企业或甲企业行为的竞争反应。换句话说，竞争既是企业的独立行为，又是限制个别企业独立行为的约束条件。这就是竞争所具有的双重含义。任何个别企业在制定自己的市场行动目标和方案时，都不能不充分考虑其他企业所形成的市场竞争力量对自己行为的约束。

供应商、产品购买者、替代品生产者、潜在进入者和同行业企业的竞争五种因素构成了对参与竞争企业的综合行为约束，并最终决定着企业所能赚取的利润水平。

市场竞争以多种形式展开，可以划分为最基本的两大类型，即价格竞争和非价格竞争。在这两种情况下，企业行为表现出明显不同的特点。

1. 价格竞争

以价格为关注焦点和主要调整手段的竞争，是市场竞争最基本和最普遍的形式。这种竞争形式普遍发展的根本原因在于：价格既是清晰可见、能够充分量化和比较的经济指标，又是可以直接改变竞争各方既定利益格局的可调性变量。

对于购买方来说，价格的变化将直接影响其消费需求的满足程度或者决定其投入组合的开支和生产成本；对于相互竞争的供应方来说，个别企业的价格调整变动将可能在较短时间内吸引更多的购买者，带动销售量的增加，从而带来销售收入和利润的增加。价格基本上是一种经济关系，而不是物质和技术关系，因此它的变化调整相对于产品等物质性因素的变化而言要快捷容易得多。这也是价格竞争普遍发展的原因。尤其是当同种产品难以形成差别时更是如此。

企业在价格竞争中的决策行为大致可以概括为三个层面：

第一，企业根据市场的竞争结构和实力比较，明确自己在价格制定上所具有的实际地位；

第二，在具有价格制定主动权条件下，企业根据市场的需求约束和内部生产过程的成本和预算约束，规划和制定实现利润目标或销售目标的价格方案；

第三，与特定的价格方案或被迫接受的外部市场价格相适应，企业必须规划和制定实现预定目标的最优产量。

因此，价格和产量是企业在纯粹价格竞争中关注的两个主要变量，制定二者的关联决策是企业的基本任务。

2. 非价格竞争

非价格竞争，即以价格之外的其他因素为关注重点和调整手段的竞争，这种竞争形式所涉及的范围和因素极为广泛。而最基本的企业竞争则是产品的差别化，即围绕产品这一物质性因素本身来发展其与竞争对手的差别，以吸引和争取购买者。

企业进行产品差别化可以有不同层次的活动方式，包括通过技术革新、改进产品性能和设计来实现产品差别化；通过提高产品质量水平来实现差别化；通过良好的服务来实现产品的差别化；通过强有力的促销宣传、塑造独特的品牌形象来实现产品的差别化等。

可见，非价格竞争要求企业大量地参与各种物质技术性活动。这些活动的竞争效果通常不如价格变化那样直接迅速，且具有一定的隐蔽性和时滞性，但其效果的影响也更为深远和持久。这一竞争形式拓宽了竞争的领域，避免了众多竞争企业简单地集中在价格方面争斗从而造成两败俱伤的局面。因此，非价格竞争日益得到广泛发展。

企业参与非价格竞争同样是为了实现自己预定的销售目标或利润目标，而且它同样需要投入甚至增加各种资源。因此，企业在规划非价格竞争策略时，同样需要认真分析调整非价格因素可能产生的直接和间接效果，并在资源和预算的约束下比较投入成本和销售效果的效益关系。不过这种分析很难通过较为简单的模型来完成。

3.2.3 政府干预

传统微观经济学通常假设社会的经济活动是自由放任的，企业除了受到市场竞争力量的相互约束外，不会受到政府的任何干预。然而，现实并非如此。在现代任何社会制度的国家里，为了弥补市场失灵产生的影响，政府对经济进行干预都是一种不容忽视的客观存在，因而它也是一种不容忽略的企业行为约束因素。为了简单化地研究问题，来自传统经济学的理论模型几乎都未纳入政府行为因素。然而，充分认识这种约束因素的存在，对于企业决策者将是十分重要的。

1. 政府干预经济的基本动因

在现代社会里，导致政府干预经济的因素是多方面和错综复杂的。不过，从经济学的角度看，最基本的至少有以下 4 个方面的因素。

(1)社会分配的公平性。

公平问题和平均化实际上是两个不同的概念，在经济分析中有很多情况把公平与平均混为一谈，甚至将社会上的贫富差距也视为公平问题。

经济学界将收入分配的标准分为三种①，即：

① 贡献标准——按生产要素的价格，按社会成员的贡献分配国民收入，这实际上体现了按劳分配的原则，能促进经济效益的提高，从理论上讲是公平的，但是会引起分配不平等。

② 按需分配——按社会成员对生活必需品的需要量分配，目的在于保证社会成员最基本的生存需要，这实际上并不意味着每个人的需求量相同。从理论上讲是一种公平的方

① 杨杰. 管理经济学[M]. 长春：吉林大学出版社，2003.

式，但实现起来非常困难，比如生活的必需标准如何确定？如何制止浪费？

③ 平均分配——一种将国民收入平均分配给社会成员的办法，实际上是不计贡献、不考虑个人间不同用量问题的“大锅饭”办法，是一种不考虑经济效益的分配方式。

经济学中讨论分配问题是从要素价值分配出发，社会成员的分配按要素价格即贡献率分配，从理论上讲是可行的和公平的。但这种分配方式注定使素质高、劳动能力强的成员收入远远多于素质差、劳动能力弱的成员，特别是对于先天残疾者或后天失去劳动能力的人，按要素分配时则无收入，从而导致贫富差距拉大，引起社会动荡。社会是社会成员的社会，从这个角度出发，按要素经济价格分配是合理的、公平的，但又会引发分配的严重不平等。

由此可见，市场竞争和企业追求利润最大化的行为，有利于保证社会经济活动的效率，使资源得到有效配置和充分利用，但它们并不保证社会收入分配的公平性。当通过市场进行的分配导致各利益集团收入差距过度拉大时，将会引起某些集团的不满，导致社会矛盾激化和动乱。反过来，又会影响经济活动的效率。因此，政府作为社会管理者，有责任维护社会的稳定，必须兼顾经济效益和分配公平的双重目标，对按市场机制运作的经济活动给予必要的干预。

(2)外部效应。

所谓外部效应，是指一个经济行为者在独立进行自己活动的同时带给其他行为者的某种后果或影响。这种后果或影响可能是有利的，也可能是不利的。有利的称为外部正效应或外部经济性，不利的则称为外部负效应或外部不经济性。例如，一家养蜂场可能使邻近的苹果园得到更好的花粉授精而获得高产，这就是养蜂场带给苹果园的外部正效应。化工企业排放废气到空气中，或排放污水到江河中，导致下游的食品厂生产出无法食用的产品而破产倒闭，而化工企业却不付出代价；消费者使用空调设备、电冰箱等，其氟利昂对环境产生影响，破坏了地球外围的臭氧层，引起温室效应，对人类造成危害，而消费者也不额外付出代价，则产生了外部负效应。

在市场经济体制下，自行其是的企业通常只关注自己的利润、销售或市场目标，并不关心或注意自己行为的外部效应，这就存在着给社会整体或社会其他成员造成危害的可能性。政府为了保证社会整体经济活动的最大效率，减少各种有形或无形的社会损失或社会成本，必须担负起对企业行为外部效应进行干预的重要责任。

此外，在具有外部经济性的情况下，产品的社会效益大于私人效益，实际上是效益溢出，即从私人溢向社会。例如，养蜂场使苹果园高产，却难以从受益方获得补偿。一般来讲，这种溢出使当事人的利益受损，因此，在没有利益补偿的情况下，人们不愿从事对社会有益而对自己利益不大的生产活动，此时也需要政府通过资源配置进行干预。

(3)公共产品。

所谓公共产品，是相对于必须严格经过市场等价交换才能取得消费权的商品而言的。公共产品具有两个显著的特点。

① 消费的非竞争性，即它可以供众多的消费者同时消费，而不会因消费者数目的增多使每个消费者获得的供给减少。例如，无线电视公开播放的节目可以供给任何数目的观众同时观看。

② 产品的非排斥性或非拒绝性，即这种产品几乎不能阻止任何社会成员无偿地消费和使用它。例如，城市的街道每个人都可以免费地使用；某一国内的任何公民都能够享受到本国国防带给他的和平与安全；对环境的治理将使得空气质量得到改善，而无法阻止区域内的任何一个人享受并呼吸清新的空气。

公共产品的特点使得纯粹的市场机制难于对它的生产起到有效的引导作用。随着社会的发展，人们对公共产品的需求不断增长，而市场机制的失灵，则使得公共产品的生产和资源配置须由政府干预才能有效地进行。

(4)有效竞争。

市场经济的效率在于其适度和有效的竞争。竞争不足，特别是出现垄断将会使企业缺乏活力，放弃技术进步和资源的合理配置，造成生产的低效率和社会福利的损失，危害消费者和社会整体的利益。竞争过度或者出现用非正当行为进行竞争，又可能造成生产的盲目性，浪费社会资源，败坏社会风气，加剧社会矛盾。因此，对市场竞争秩序进行管理将是必要的，这种管理只有由代表社会公共利益的政府运用社会赋予的权力来干预才能奏效。

2. 政府干预经济的主要形式

政府对经济活动实行干预大致通过法律法规、政策调节和经济参与三种方式进行。

(1)法律法规。

法律法规是国家用法的形式对社会成员行为进行约束的规范，它是市场经济运行的必要条件。完备的法律法规能从各个方面保证社会成员机会均等地分享市场的效率，维持社会的公平。政府运用法律法规作为干预经济的手段，具有以下几方面的特点。

① 平等性。法律法规排除了不确定因素，条理化地反映了客观规律稳定的必然联系，具有普遍适用性，对绝大多数社会成员都是平等的。

② 强制性。它通过国家权威强制地要求每个社会成员都遵守它。

③ 相对稳定性。法律法规的制定需要经过长期的科学分析和讨论，而一旦建立则在较长时期内具有效力，成为政府调节社会生活的武器。政府用来干预和调节经济的法律法规内容十分广泛，如规范和调整经济主体相互关系的企业法、公司法、合同法；调节经济收入、保证分配公平的各种税法；维护市场竞争秩序的反不正当竞争法、反垄断法等。

(2)政策调节。

政策是政府为管理国家而制定的行为准则，其基本功能在于向社会展示政府的价值观念和行为倾向，以此吸引和动员社会的各种调节手段来实现政府所期望的目标。政府运用政策来干预经济具有几个方面的特点：

① 政策调节的指向通常具有阶段性和倾斜性。政策总是为了实现某一时期的特定目标而出台的，它不像法律法规那样具有较长期的稳定性和规范性。

② 政策操作具有较大的灵活性或弹性，它可以弥补法律条文无法涉及不确定情况的不足。

③ 政策调节的作用具有间接性。它主要靠社会经济杠杆来引导社会成员的行为。

政府用来调节和干预社会经济和企业活动的政策内容构成十分广泛，主要包括产业政策、贸易政策、金融政策、价格政策等。

(3)经济参与。

经济参与指政府不仅作为社会管理者，同时也作为经济行为者直接参与社会经济活动。政府经济参与的主要途径是采购和投资。

政府通常要为自身的机构运作采购办公物资，还要为社会公众采购和供应某些公共产品。政府采购往往构成影响经济的非市场力量。政府投资则是用国家财政收入兴办企业，用国家资产的力量来影响市场均衡，或弥补市场机制的缺陷。政府投资通常集中在公共产品的生产领域，其次则是如电力、煤气、供水等容易形成自然垄断的产业部门，以及对整个经济构成瓶颈的薄弱产业和有利于扩大就业的产业等。在社会主义国家里，政府代表国家运用公共积累进行的投资是影响市场经济运行十分重要的力量。

本章小结

利润在现代市场经济中扮演着十分重要的角色，管理经济学主要关注经济利润，即考虑了机会成本后的利润。企业的总利润等于总收益减去总成本，边际利润等于边际收益减去边际成本。经济学家假定企业的目标是实现利润最大化。而由于种种原因，现实生活中的企业并不总以利润最大化为目标，而会选择股东价值最大化、利润满意化、销售收入最大化或市场占有率最大化为目标。在实现其目标的过程中，企业总是会受到许多条件的约束，而作为基本的约束，企业将面对需求约束、资源约束和预算约束。在竞争市场的企业还将受到竞争对手、客户、供应商、潜在进入者和替代品生产商等多方面的压力，形成了对企业的竞争约束。此外，为了弥补市场失灵，政府也可能采取法律法规、政策调节和经济参与等方式对经济进行干预。

案例分析

谋求企业价值最大化——杜克电力公司的污染许可证交易[①]

美国缅因州和佐治亚州因电厂和其他重工业排放二氧化硫，使该地区酸度明显提高，导致树木死亡、植物脱皮、建筑物和纪念碑的石料腐蚀脱落。为了以最低的成本控制污染，1990 年《清洁空气法案》创造了一个排放二氧化硫的产权市场。由环保署向 467 家企业发放可交易的排污许可证，公用事业公司可进行许可证交易。这样，控制污染成本低的企业将出售许可证，而控制污染成本高的企业则买进许可证。杜克电力公司按当前用高硫煤炭发电方式，估计需 50 000 吨或 15 000 吨以上的排污许可证。环保署出售污染排放权的价格为 131 美元/吨。企业决策者面临三种选择：安装污染控制装置（如烟道除尘器），改用其他燃料（如低硫煤和天然气），按当时市场价格支付由环保署发放的许可证。

对于谋求企业价值最大化的决策者来说，应根据污染许可证相对于控制污染所需设备的寿命周期成本预测做出选择。污染许可证市场的出现，可以帮助企业做出决定。通过购买环保署发放的1 年、2 年或 3 年的未来合同来对污染成本进行套利，这种做法是可能的，这就决定了该时间范围内排放二氧

① 杨杰. 管理经济学[M]. 长春：吉林大学出版社，2003.

化硫副产品的费用。如果许可证价格上升，那么期货合同持有者的合同价值就会上升，于是便能抵消许可证成本的上升；如果许可证价格下降，期货合同持有者的合同价值也相应下降，从而抵消许可证降低了的成本。

这种污染许可证现货和期货市场的设置存在很大弊端，最大的问题就是失去了对控制污染方面技术创新的刺激。由于许可证交易市场的存在，新的控制污染技术的发明者的收益明显减少。从本质上讲，环保署发放的交易许可证降低了控制污染的相对收益，结果获得污染的期权合同要比许可证当前的现货市场更受欢迎。然而，如果要求对期权溢价预先支付，环保当局发放的污染期权允许公司在一定的作用期内以某种“非常价格”选择污染，并确定这种非常价格和许可证的作用期。这种公共政策将可以更好地推动谋求企业价值最大化的管理人员积极开发和采用控制污染的新技术。

思考题

1. 杜克电子公司在当前控制污染成本和排污权价格下进行排污许可证交易，对企业价值有何影响？

2. 排污许可证现货和期货市场设置有什么问题？

3. 在当前我国环境污染严重的情况下，进行排污许可证交易是否可行？为什么？

讨论与练习

1. 简述政府干预的基本动因及干预方式。

2. 试分析哪些主要因素导致了现代经济中的政府干预。

3. 分析利润在市场经济中的作用，说明利润是如何促进市场竞争的。

4. 解释企业以利润最大化为目标时，需要平衡哪些关系方的利益。

5. 已知企业的总成本函数为 $TC = 200 + 3Q + 5Q^2$，企业的总收益函数为 $TR = 93Q$，则企业利润最大化时的产量是多少？这时该公司得到多少利润？

第4章 个人行为

导入案例

美元与睡梦

人们对闲暇的需求以及对其价格反应的隐含意义并不令人感到惊讶。当工资率很高时，我们会试图发现使我们宝贵时间的占用实现最小化的方式。例如，与票贩子打交道，为音乐会入场券或戏票支付很高的价钱，而不是自己排队数小时去购买以票面价格出售的门票；我们会雇用保姆或者是把我们的孩子送到日托中心让别人照看，而不是自己亲自照看孩子；我们会消费许多现成的饮食，并预订比萨饼或是外卖的中式食品，而不是亲自致力于冗长的膳食准备。

我们对时间的配置会对经济激励作出反应。甚至当不存在易得的替代品时也是如此，比如，我们决定睡眠多少小时。睡眠占据了我们较大份额的时间，比其他任何活动都多，包括市场中的工作。男人通常每周睡眠56小时，女人通常每周睡眠56.9小时。虽然大多数人认为，我们睡眠多长时间是由生物学(甚至也许是文化的)因素决定的，但近来的研究表明，从某种程度上讲，睡眠时间可以被看作是我们需要对其配置的一种稀缺资源(时间)的另外一种活动。只要能够达到某种安眠药催眠长度的最低生物学门槛，对睡眠时间的需求似乎就是对经济环境的变化所作出的反应。

尤其是一个人赚取收入的能力与花费在睡眠上的时数之间存在着一种负相关关系。例如，一个人的受教育程度越高，他睡眠的时间就越少。每增加4年的学校正规教育，每周的睡眠时间就会减少1小时。类似地，工资每增加20%，睡眠时间就会减少1%，或是每周减少大约34分钟的睡眠时间。因此，当工资很高时，做梦似乎也很昂贵。

案例来源：Jeff E. Biddle and Daniel S. Hamermesh. Sleep and the Allocation of Time[J]. Journal of Political Economy, 1990(10): 922-943.

- **知识目标**
  - ◆ 了解个人偏好与效用的基本概念
  - ◆ 理解个人预算约束线的基本原理
  - ◆ 掌握个人效用最大化和购买产品的最佳组合条件

- **能力目标**
  - 能说明支配消费者购买行为的规律
  - 能运用相关理论对个人行为的经济性与合理性进行分析

4.1 主观愿望——偏好与效用

人类生存必然伴随着各种各样的需要或欲望，即人们对某种东西想要得到而又没有得到的一种心理状态。正像达尔文发现有机界的发展规律一样，马克思发现了人类历史的发展规律，即历来被纷繁芜杂的意识形态所掩盖着的一个简单事实，人们首先必须吃、喝、住、穿，然后才能从事政治、科学、艺术、宗教，等等”[①]。满足人们对产品和劳务的需求，是人类一切经济活动的出发点，也是一切经济活动的归宿点，因而也就成为经济学研究的首要问题。生产活动的根本目的，正是为了最大限度地满足人们日益增长的物质和文化生活的需要。[②] 因此，以企业经济活动为研究对象的管理经济学也就必然把个人行为作为首要问题进行分析。

4.1.1 偏好

偏好是指消费者按照自己的意愿对可供选择的商品组合进行的排列，实际是潜藏在人们内心的一种情感和倾向，是非直观的。偏好是主观的，也是相对的概念，引起偏好的感性因素多于理性因素。

当面对两种或两种以上的物品时，消费者的偏好使他们能够作出选择。假设现在有物品 A 和物品 B，消费者可能做出以下三种决策的任意一种：偏好 A、偏好 B、对 A 和 B 同样满意。可见，偏好与价格无关，它只是关于人们如何排列不同物品的一个理论概念[③]。常见的影响消费者偏好的因素有习惯、方便和求名(名牌)。

偏好是微观经济学最基本的假设，它具有以下三个特点。

1. 次序性

即消费者可根据各种商品组合所提供的满足程度排列出对各种商品组合偏好的先后次序，如消费者对任意两种商品 A 和 B 的任意两个组合(2A 和 3B)以及(3A 和 2B)进行选择时，消费者可明确说出自己的偏好程度，对前一个组合的偏好大于、小于或等于对后一个组合的偏好，二者必选其一且仅选其一。

2. 传递性

即消费者的偏好是可以传递的，若有 A、B、C 三种物品，如果消费者在 A 和 B 之间更偏好 A，在 B 和 C 之间更偏好 B，那么在 A 和 C 之间他一定更偏好 A。这一假设适用于任意数量的物品及其组合，如果消费者能够排列任意两种物品，那么他就能排列所有可以设想的物品。

---

① 恩格斯. 马克思恩格斯全集第 19 卷. 北京：人民出版社，1963.

② 陈章武. 管理经济学[M]北京：清华大学出版社，2003.

③ 徐玖平，黄云歌. 管理经济学概论[M]. 北京：高等教育出版社，2006.

3. 一致性

即消费者对数量较多的商品组合的偏好要大于对数量较少的商品组合的偏好，如两种商品 A 和 B 的两种组合(3A 和 3B)以及(2A 和 2B)，则对前一个组合的偏好明显大于对后一个组合的偏好。

此外，经济学还假设消费者偏好拥有尽可能多的物品，即在较多的某种物品和较少的同种物品之间，消费者一定偏好前者。在实际生活中，人们可能希望某些物品越少越好，如工作时间。但在经济学的研究中，由于人们的可支配时间有限，通常可用闲暇时间代替工作时间。可见，人们对工作时间的偏好仍可遵循这一假设。

4.1.2 效用

消费者之所以购买产品，是因为产品对他们具有效用。例如，粮食可以充饥，电灯能够照明。所谓效用，就是人们占有、使用、消费商品或劳务而得到的满足①。一个消费者用有限的收入购买商品 A，而不购买商品 B，是因为他认为 A 比 B 对他具有更大的效用。由于消费者的偏好不同，同一商品为不同的消费者提供的效用是不同的。比如有人可以从饮酒中得到乐趣，而不会饮酒的人却反而可能由此感到痛苦。

由于消费者偏好程度的变化，同一商品对同一消费者在不同时间提供的效用也是不同的。当一个人三天未吃饭时给他一个馒头，他会觉得无比香甜；但当他刚吃完大餐，此时再给他一个馒头，他会觉得这是一个负担。由此可见，效用是存在于消费者心目中的一种观念，是一种看不见、摸不着的东西，实质上是一种心理上的满足。

1. 总效用和边际效用

消费者某一时期从消费一定量的商品中得到的全部满足称为总效用，由一个单位消费量的变化而引起的总效用的变化量则称为边际效用。对消费者来说，总效用反映由消费一定量商品产生的满足和消费数量之间的关系，边际效用则反映最后消费的一个单位商品提供的满足程度。

① 总效用

为了对人们如何选择进行具体的分析，经济学家以效用函数来解释人们的偏好。总效用函数表明了总效用和消费品数量之间的关系：

$$\mathrm{TU}=f(X_1,X_2,X_3,\cdots,X_n) \tag{4-1}$$

其中，X_i代表第 i 种物品的数量，TU 代表消费者从消费特定 $X_1,X_2,X_3,\cdots,X_n$ 的物品组合中得到的总效用。

为了分析的方便，一般仅考虑只有两种物品可供选择的情况，此时，式(4-1)可简化为：

$$\mathrm{TU}=f(X,Y) \tag{4-2}$$

或

$$\mathrm{TU}=f(X)+f(Y) \tag{4-3}$$

---

① 李福学. 管理经济学[M]. 北京：高等教育出版社，2007.

式(4-2)和式(4-3)中，X 和 Y 分别代表消费品 X 和 Y 的数量，f 表示函数关系，TU 代表消费者从消费特定 X 和 Y 的物品组合中得到的总效用。

其中，式(4-3)表示总效用为 X 和 Y 两种商品各自效用之和，它意味着 X 的效用与 Y 的效用互不影响，比如，看一场电影带来的效用和吃一顿晚餐所带来的效用互不影响。然而，实际情况并不总是如此，如味精单独使用很难有什么效用，但若将其加入菜中，所带来的总效用则会大大增加，这说明味精和菜的效用是相互影响的。显然，总效用函数以式(4-2)表示更适合。

在实际生活中，虽然人们很难给消费一定数量的物品或物品组合中所得到的效用确定一个具体的数值，但效用函数为分析人们如何选择提供了一个有用的工具。在分析时，只要知道如果一个人在包含 10 单位 A 和 5 单位 B 的组合与另外一个包含 7 单位 A 和 10 单位 B 的组合之间，更偏好前者，就可以得到他从消费前者中所得到的效用一定大于消费后者的。可见，总效用的关键点不在于两个组合的总效用之间到底相差多少，而是在于二者相比较的大小，即：

$$\mathrm{TU}_1 = f(10,5) > \mathrm{TU}_2 = f(7,10) \tag{4-4}$$

② 边际效用

对于效用函数式(4-2)来说，当 Y 保持不变时，就称由于 X 的单位变化而引起 U 的相应变化值为 X 的边际效用，一般用 MU_X 表示 X 的边际效用，则有：

$$\mathrm{MU}_X = \frac{\Delta \mathrm{TU}}{\Delta X} \tag{4-5}$$

若该商品的消费量是无限可分的，总效用函数就是连续函数，在 ΔX 趋于零时，上面的增量形式就成了导数形式，商品 X 的边际效用就成了总效用函数对商品 X 消费变量的一阶偏导数，即：

$$\mathrm{MU}_X = \lim_{\Delta X \to 0} \frac{\Delta \mathrm{TU}}{\Delta X} = \frac{\mathrm{dTU}}{\mathrm{d}X} = \frac{\partial \mathrm{TU}(X,Y)}{\partial X} \tag{4-6}$$

同理可得，当 X 保持不变时，由于 Y 的单位变化而引起 U 的相应变化值称为 Y 的边际效用，用 MU_Y 表示，有：

$$\mathrm{MU}_Y = \frac{\partial \mathrm{TU}(X,Y)}{\partial Y} \tag{4-7}$$

一般来讲，当增加商品消费时，会引起总效用的增加；减少商品消费时，会引起总效用的减少。但这是否意味着消费者对某种商品连续消费的数量越多，获得的满足即总效用就越大呢？下面以表 4-1 为例进行分析。

在表 4-1 中，总效用与边际效用两列中的数字，表示消费者从消费不同数量的面包中所获得的满足程度。从表中可以看出，当消费者消费第一个面包时，边际效用最大，当消费到第 5 个时，其边际效用降为 0，消费前 5 个面包的总效用是 30。因此，边际效用为 0 的这一点又称为饱和点，过了这一点，消费者的总效用开始下降。

通过以上分析可以得到：虽然一个消费者的需求从整体上来说是无限的，但对于某一种具体商品在一定时间内的需求则是有限的。随着商品消费量的增加，其边际效用是递减的，即存在边际效用递减规律，当消费者对某种商品的消费达到一定数量时，再增加消费，不仅不会从中得到满足和享受，反而会引起烦恼和痛苦。

表 4-1　某消费者消费面包的效用

面包的消费量	总效用	边际效用	面包的消费量	总效用	边际效用
0	0	0	5	30	0
1	10	10	6	29	-1
2	19	9	7	26	-3
3	26	7	8	21	-5
4	30	4			

2. 边际效用递减规律

人们在实际生活中，往往有这样的感受——当其他商品的消费量保持不变时，不断增加某种商品的消费量 X。在 X 很小的时候，人们获得的满足感的增加幅度(MU_X)很大，但当 X 增加到一定数量后，满足感的增加幅度就会逐渐下降。如一个人在非常饥饿的时候，对于食物的欲望非常强烈，那时食物的边际效用就相当大；若他不太饿的时候，食物的边际效用就要小一些；如果在他很饱的时候，食物的边际效用就可能为零，甚至为负数。

由此可知，在一定的时间内，边际效用的大小与消费数量的多少成反向变动关系，随着消费数量的增加，满足程度继续增加，消费的欲望就会减少，边际效用就会下降。但由于人们的欲望具有再生性和反复性，因此，边际效用也就具有了时间性，即过一段时间后，边际效用又会提高。

在消费者行为理论中，边际效用是一个非常重要的概念。从以上论述可知，边际效用有一个明显的变化趋势，即在一定时间内，当消费者连续追加同一种商品的消费时，他从商品消费增量中获得的边际效用或总效用的增量具有递减的趋势。边际效用的上述重要特征被称为边际效用递减规律，即有：

$$\frac{dMU_X}{dX} = \frac{\partial^2 TU(X,Y)}{\partial X^2} < 0 \tag{4-8}$$

例

假设某商品的总效用函数为 $TU = 14x - x^2$，求消费者的最佳消费量是多少？

解：边际效用为总效用函数的一阶导数，有

$$MU = \frac{dTU}{dx} = 14 - 2x$$

令 $MU = 0$，可以得到 $x = 7$，即当消费者消费 7 个单位的商品时，总效用最大，此时，TU 的值为 49，达到极大值。

一个正常消费者的合理消费，一般在边际效用为零时，就会自动停止。否则，边际效用出现负数，会导致总效用降低。上题中总效用与边际效用之间的关系如图 4-1 所示。

为什么边际效用会递减呢？一方面是生理与心理上的原因：消费一种物品的数量越多，生理上得到的满足或心理上对重复刺激的反应就递减了。另一方面是若一种物品有几种用途，当只有一个物品时，他一定会用来满足最重要的用途，再多一个再用于次要的用途，因此，后一个单位的效用一定会小于前一个单位的效用。这时，边际效用递减就出现了。

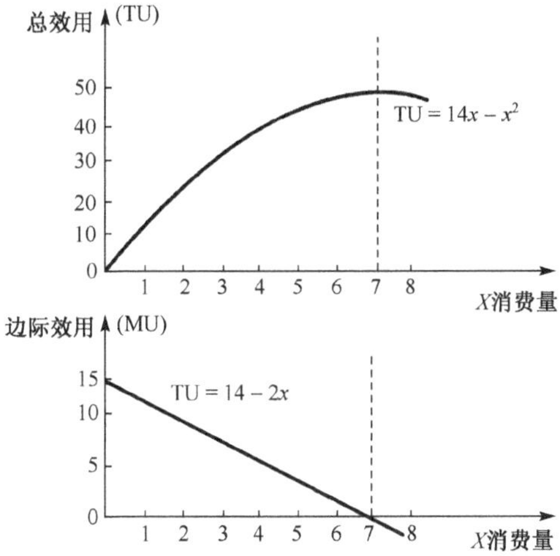

图 4-1　总效用与边际效用之间的关系

4.1.3　无差异曲线

无差异曲线是指在消费者偏好不变的情况下，给消费者带来同等满足程度或相同效用的两种商品的各种不同组合的轨迹。由于“无差异”即“效用相等”的意思，因此，无差异曲线又称为等效用曲线。如图 4-2 所示，横轴表示商品 X 的消费量，纵轴表示商品 Y 的消费量，则给偏好既定的某消费者带来相同满足程度的 X 和 Y 两种商品组合点的连线 u 即为无差异曲线。

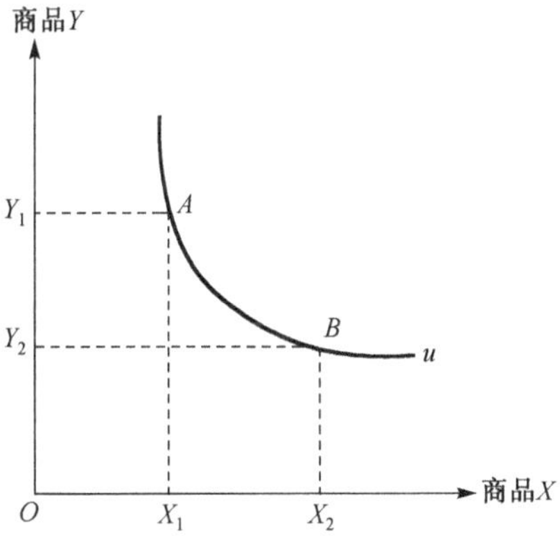

图 4-2　无差异曲线

图中曲线上的任意一点均表示商品 X 和商品 Y 的一种组合，且这些组合对消费者而言具有相同的偏好程度，其效用水平是无差异的。如曲线上 A 点的组合为 X_1 单位的 X 商品和 Y_1 单位的 Y 商品，B 点的组合为 X_2 单位的 X 商品和 Y_2 单位的 Y 商品。而 A 和 B 两种组合对消费者的满足程度或效用水平相同，均为 u。

1. 无差异曲线的特征

大多数无差异曲线具有共同的曲线形状，这是由无差异曲线所代表的消费者偏好所决定的。无差异曲线具有以下四大典型特征：

① 离原点越远的无差异曲线代表的满意程度越高。

由于通常假定效用函数是连续的，因此，在同一坐标平面上的任何两条无差异曲线之间，可以有无数条无差异曲线，即可以绘制出无数条无差异曲线，从而构成无差异曲线群，每一条无差异曲线都代表着一种满足程度或效用水平。所有这些无差异曲线之间的相互关系是：离原点越远的无差异曲线代表的效用水平越高，离原点越近的无差异曲线代表的效用水平越低。

如图 4-3 所示的无差异曲线群中，有三条无差异曲线 u_1、u_2 和 u_3，其代表效用水平从高到低依次为 $u_3 > u_2 > u_1$。由于无差异曲线的形成原因在于 X 和 Y 两种商品的数量可无限增减，因此，无差异曲线离原点越远，表明商品数量增多，由此带来的效用水平就越高，所代表的消费者的满足程度也就越高。

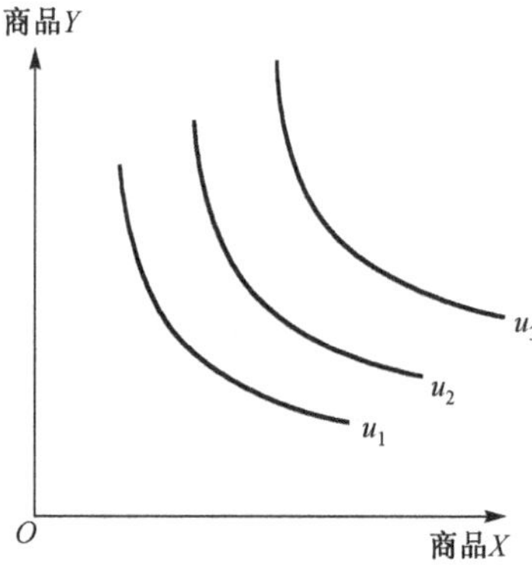

图 4-3　无差异曲线群

如前所述，在较高的无差异曲线和较低的无差异曲线之间，为了实现个人的效用最大化，人们更偏好前者，即由于更偏好较多的物品量，人们会选择离原点更远的无差异曲线。

② 无差异曲线永不相交。

若两条无差异曲线相交，那么多量的商品与少量的商品给消费者带来的满足就是相同的，这显然与多量的商品比少量的商品能给消费者带来更大满意度的假设相矛盾。

如图 4-4 所示，若 u_1 和 u_2 两条无差异曲线相交于 A 点，根据无差异曲线的定义，由无差异曲线 u_1 可得，A、C 两点的效用水平是相等的，同样，由无差异曲线 u_2 可得，A、B 两点的效用水平是相等的。根据偏好传递性的假定，必定有 B 和 C 两点的效用水平是相等的。但通过观察和比较图 4-4 中 B 和 C 这两点的商品组合可以发现，C 组合中商品 X 和商品 Y 的数量均都多于 B 组合，于是，根据偏好的一致性假定，必定有 C 点的效用水平大于 B 点的效用水平。于是，矛盾产生了——该消费者在认为 B 点和 C 点无差异的同时，又认为 C 点要优于 B 点，这就违背了偏好的次序性假定。由此可证明：对于任何一个消费者来说，两条无差异曲线不可能相交。

③ 无差异曲线的斜率为负数。

假定每个商品都被限定为多了比少了好，那么无差异曲线一定是一条向右下方倾斜的线，斜率为负数，即为了对消费者产生同样的满足程度（总效用保持不变），减少商品

X 的消费($dX<0$)，必须增加商品 Y 的消费($dY>0$)，固有 $\frac{dY}{dX}<0$。因此，无差异曲线的斜率为负。

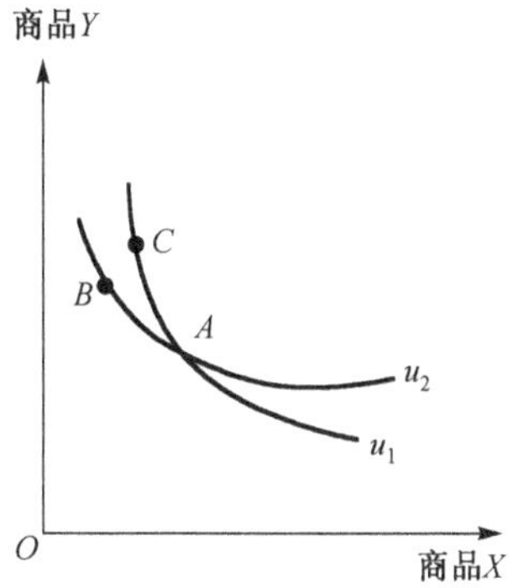

图 4-4　相交的无差异曲线

④ 无差异曲线凸向原点。

无差异曲线不仅向右下方倾斜，而且还是以凸向原点的形状向右下方倾斜的，即无差异曲线上任一点的切线斜率的绝对值是递减的。这是由于为了使效用保持不变，当商品 X 的消费量上升时，消费者愿意为消费同等数量的 X 而放弃的 Y 的数量将逐渐下降。如图 4-5 所示。

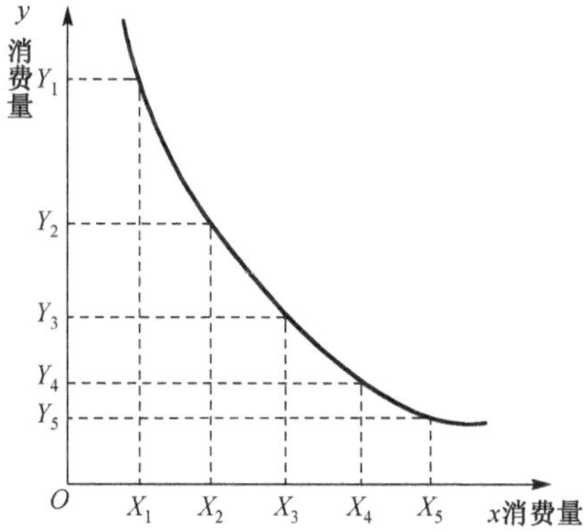

图 4-5　无差异曲线凸向原点

假设横轴上的 $OX_1=X_1X_2=X_2X_3=X_3X_4=X_4X_5=1$ 单位 X 商品的消费量，从商品组合(X_1,Y_1)开始，沿着无差异曲线向下移动。刚开始消费者愿意放弃 Y_1Y_2 单位的 Y 商品来换取一个单位的 X 商品(较少的 X 可以替代较多的 Y)。但当他得到的 X 越来越多的时候，一个单位的 X 商品可以替代的 Y 商品数量将会越来越少。可以看出，沿着无差异曲线各点的交换比率是不断下降的。

边际效用递减规律可以解释这种情况。

对任意的无差异曲线，有效用函数 $TU=f(X,Y)$，对其求全微分，由于 TU 为常量，得到：

$$\frac{\partial TU}{\partial X}dX + \frac{\partial TU}{\partial Y}dY = 0 \tag{4-9}$$

则无差异曲线的斜率为：

$$\frac{dY}{dX} = -\frac{\frac{\partial TU}{\partial X}}{\frac{\partial TU}{\partial Y}} = -\frac{MU_X}{MU_Y} \tag{4-10}$$

假设消费者从曲线的最左侧开始，不断地增加商品 X 的消费量，则 X 的边际效用 MU_X 递减，而 Y 的边际效用 MU_Y 递增，因此，$\frac{MU_X}{MU_Y}$ 在 X 替代 Y 的整个过程中递减，而无差异曲线的斜率 $\frac{dY}{dX}$ 递增，由此可见，无差异曲线凸向原点。

2. 边际替代率

从无差异曲线的特征可知，消费者为了保持同等满足程度，每增加一单位某种商品的消费量，就必须放弃另一种商品的消费量，换句话说，他是在用一种物品替代另一种物品，即边际替代率(Marginal Rate of Substitution，MRS)。MRS 表示消费者为了保持总效用不变，在商品组合中用一种商品替代另一种商品的比率，或是在得到一个单位的 X 时所必须放弃的 Y 的数量。

在图 4-2 中，消费者的两种商品 X 和 Y 的组合由 A 点移至 B 点，商品 X 的消费量增加了 $\Delta X = X_2 - X_1$，商品 Y 的消费量减少了 $\Delta Y = Y_1 - Y_2$，则 X 对 Y 的边际替代率为：

$$MRS = \frac{\Delta Y}{\Delta X} \tag{4-11}$$

需要注意的是，根据边际替代率的定义，MRS 应为正值，而 ΔX 和 ΔY 总是一个为正一个为负，因此，式(4-11)应修改为：

$$MRS = -\frac{\Delta Y}{\Delta X} \tag{4-12}$$

当商品的变化量非常小，即 ΔX 趋近于零时，MRS 可由无差异曲线的斜率来近似地表示，即有：

$$MRS = -\lim_{\Delta X \to 0}\frac{\Delta Y}{\Delta X} = -\frac{dY}{dX} \tag{4-13}$$

由式(4-10)可得：

$$MRS = -\frac{dY}{dX} = \frac{MU_X}{MU_Y} \tag{4-14}$$

式(4-14)揭示了边际替代率与边际效用之间的关系：边际替代率可以解释为商品 X 的边际效用与商品 Y 的边际效用的比值。根据边际效用递减规律，消费者在用 X 替代 Y 的过程中，随着 X 消费量的增加，其单位增量所能提供的效用即 MU_X 递减；另一方面，随着 Y 消费量的减少，其单位增量所能提供的效用即 MU_Y 递增。因此，MRS 也将递减，这就是管理经济学中的边际替代率递减规律，这也印证了无差异曲线凸向原点的特征。

4.2 客观条件——预算约束线

由无差异曲线的特征可知，个人行为主体所选择的无差异曲线越是远离原点，其获得的满足感越大，即效用越高。但事实上，行为主体不能随意选择无差异曲线是因为他们会受到收入和商品价格的约束或限制，即预算的约束。

4.2.1 预算约束线

预算约束线是指在消费者收入和商品价格一定的情况下，消费者所能购买到两种商品的最大可能组合的轨迹。因此，预算约束线又称为等支出线或消费可能线，表示在固定收入和物品价格的情况下，消费者消费全部收入所能够得到的物品组合，表明了对消费者可以支付的物品组合的限制。

为了简化事实，假设一个消费者只购买两种物品，即可乐和比萨饼。当他的月收入为 1 000 元时，其收入制约了该消费者对于可乐和比萨饼的消费量。假设他将全部收入都用于购买可乐和比萨饼，一瓶可乐的价格是 4 元，而一个比萨饼的价格是 20 元。

表 4-2 显示了该消费者可以购买的可乐和比萨饼的多种组合。第一行表示，如果消费者把全部收入都用于购买比萨饼，他一个月可以吃 50 个比萨饼，但这样他就不能购买可乐；最后一行则表示，如果消费者把全部收入都用于购买可乐，他一个月可以喝 250 瓶可乐，但这样他就不能购买比萨饼。以此类推，表中的每一行均表示了消费者的一种可能的消费组合，而每种消费组合的花费均为 1 000 元。

表 4-2 某消费者的消费组合

可乐数(瓶)	比萨饼数(个)	可乐支出(元)	比萨饼支出(元)	总支出(元)
0	50	0	1 000	1 000
50	40	200	800	1 000
100	30	400	600	1 000
150	20	600	400	1 000
200	10	800	200	1 000
250	0	1 000	0	1 000

若用横轴代表消费者消费比萨饼的数量，纵轴代表消费可乐的数量，图 4-6 画出了该消费者在现有收入下可以选择的消费组合。

图 4-6 中标出了三个点，在 *A* 点，消费者不买可乐，消费 50 个比萨饼；在 *B* 点，消费者不买比萨饼，消费 250 瓶可乐；在 *C* 点，消费者购买 25 个比萨饼和 125 瓶可乐。*C* 点正好是线段 *AB* 的中点，在这一点上，消费者在可乐和比萨饼上的支出相同，均为 500 元。当然，这只是消费者可以选择的可乐和比萨饼的众多组合中的三种。线段 *AB* 上所有各点都是可能的，且消费者将所有收入都用于购买这两种商品。同时，线段 *AB* 左下方的各点也是可能的，原点与 *AB* 之间的三角形区域（不包括线段 *AB*）表明消费者能够实现两种商品的组合，且消费者的收入还有剩余。此时，线段 *AB* 就是该消费者的预算约束线。

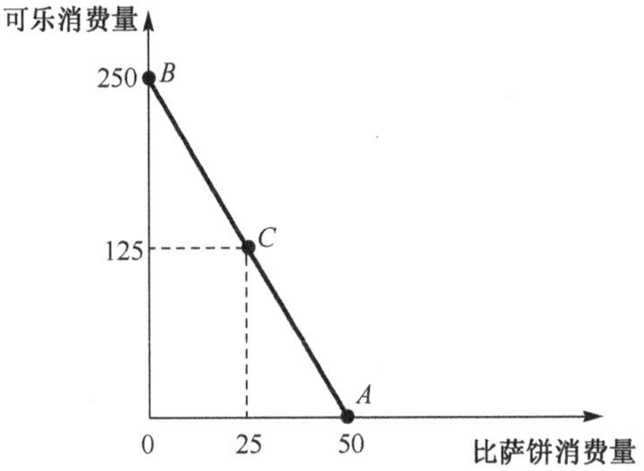

图 4-6　消费者的消费组合和约束线

可见，假设消费者仅购买 X 和 Y 两种商品，预算约束线的斜率 $\Delta Y/\Delta X$ 表示增加一个单位的商品 X 所不得不放弃商品 Y 的消费量，该线表示的仍然是 X 和 Y 之间的替代关系，它指明了由于预算约束的问题，消费者所不得不做出的选择。

若用 P_X 和 P_Y 分别表示商品 X 和 Y 的价格，I 表示消费者的收入（全部花在购买 X 和 Y 两种商品上），则消费者收入和预算约束线上的物品组合之间的关系可以表示为：

$$P_X \cdot X + P_Y \cdot Y = I \qquad (4\text{-}15)$$

式(4-15)又可以改写为：

$$Y = \frac{I}{P_Y} - \frac{P_X}{P_Y} \cdot X \qquad (4\text{-}16)$$

式(4-16)中，I/P_Y 表示消费者不购买任何 X 时所能够得到的 Y 的消费量，即图 4-7 中预算约束线的截距；P_X/P_Y 等于两种商品的相对价格，反映了市场提供给消费者的选择——一个单位的 X 换 P_X/P_Y 个单位的 Y，即图 4-7 中预算约束线斜率（$-P_X/P_Y$）的绝对值。

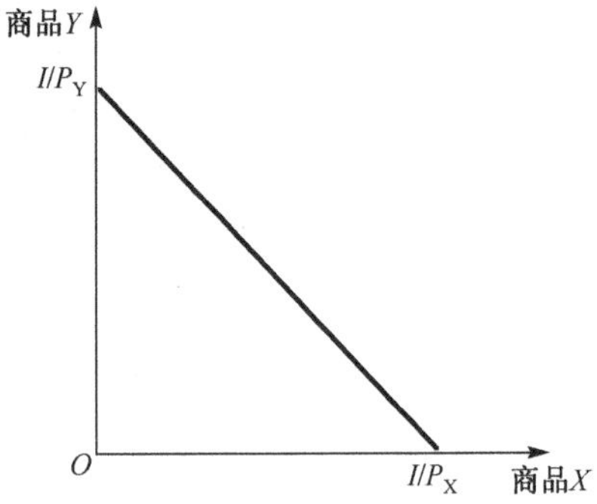

图 4-7　预算约束线

4.2.2　收入和价格影响下的预算约束线

由式(4-16)可知，随着消费者收入和商品价格的变化，消费者的预算约束线也会发生相应的变化。

1. 收入影响下的预算约束线

假设商品的价格保持不变，即 P_X 和 P_Y 的值不变，仅消费者的收入 I 变动，若消费者的收入从初始收入 I_1 增加到 I_2，则消费者购买商品 X 的最大量从 I_1/P_X 增加到 I_2/P_X；购买商品 Y 的最大量则从 I_1/P_Y 增加到 I_2/P_Y。

由于预算约束线的斜率为 $-P_X/P_Y$，因此，当商品的价格保持不变时，消费者收入增加并不会影响预算约束线的斜率，只会使得消费者的预算约束线发生平移。由于在更高的收入水平上，消费者有能力购买更多的商品 X 和 Y，因此，消费者收入增加，预算约束线向右平移，如图 4-8 所示。

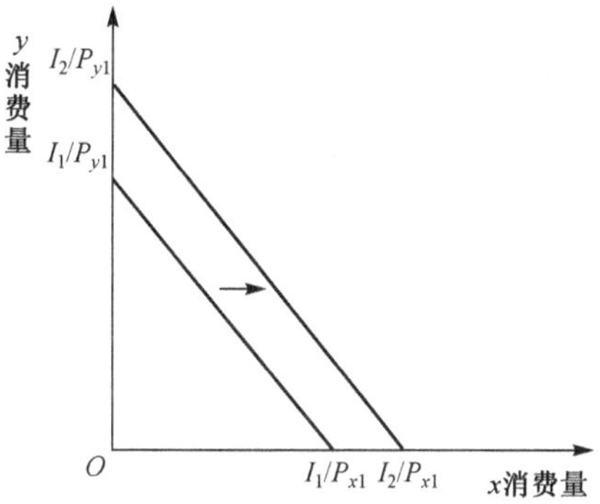

图 4-8　收入增加导致的预算约束线向右平移

同样，当消费者的收入减少，在更低的收入水平上，消费者只能购买较少的商品 X 和 Y，因此，预算约束线将向左平移。

2. 价格影响下的预算约束线

假设消费者的收入 I 固定，且商品 Y 的价格 P_Y 保持不变，仅商品 X 的价格 P_X 发生了变化。

由于预算约束线的斜率为 $-P_X/P_Y$，因此，当商品 X 的价格从 P_{X1} 降低到 P_{X2} 时，将改变预算约束线的斜率。同时，由于消费者的收入和商品 Y 的价格均未发生改变，因此，预算约束线的截距 I/P_Y 并没有改变。但由于商品 X 价格的下降，消费者能够购买到更多的 X，即购买 X 的最大量由原来的 I/P_{X1} 增加到了 I/P_{X2}，预算约束线斜率的绝对值由 P_{X1}/P_Y 减少到了 P_{X2}/P_Y，即倾斜度更小了，此时，预算约束线随着商品 X 价格的降低，以其与 Y 轴的交点为端点发生了逆时针旋转，如图 4-9 所示。

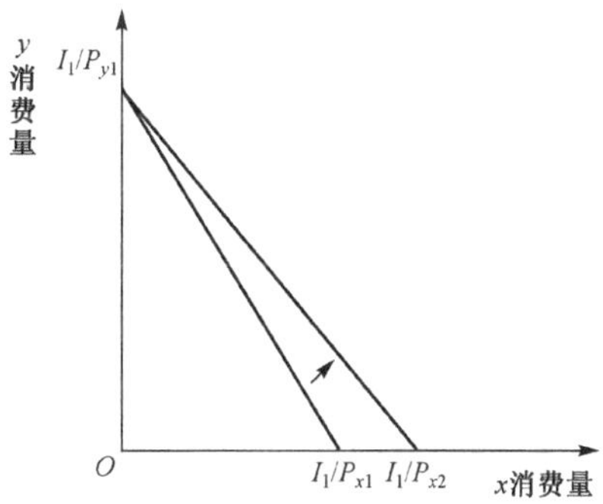

图 4-9　价格降低导致的预算约束线逆时针转动

同理可知，在消费者的收入 I 固定，且商品 Y 的价格 P_Y保持不变的情况下，商品 X 的价格增加，将导致预算约束线以其与 Y 轴的交点为端点顺时针旋转。

4.3　主体均衡——效用最大化

无差异曲线代表消费者偏好既定条件下想要达到的满意程度，即主观的满足水平；而预算约束线则表示消费者在现有收入和物品价格水平下能够达到的满意程度，即客观的满足水平。由此可知，消费者在追求尽可能大的满足程度的过程中，必然要受到其预算的约束。因此，只有将二者结合起来，才能分析消费者应该做出怎样的最优决策。

4.3.1 消费者的最优选择

消费者的目标是选择能使他的效用最优的消费组合。如果不存在货币收入的限制，消费者就可以任意选择各种物品组合。但是，货币收入的限制意味着消费者只能在满足预算约束的物品组合中进行选择，即选择他有能力支付的物品组合。根据前面的分析可知，图 4-10 中 $\Delta \frac{I_1}{P_{Y1}} O \frac{I_1}{P_{X1}}$ 为消费者的预算空间，在该空间内的商品组合，消费者不但能够实现，还有货币的剩余。而购买位于预算约束线上的商品组合，则正好用完全部收入。对于预算空间以外的商品组合，是消费者无法实现的消费情况。

图 4-10 表明，所有商品 X 和 Y 的组合中，C 点是最能满足消费者需要的组合点，在这一点上，消费者可以购买到 X_1 单位的商品 X 和 Y_1 单位的商品 Y。

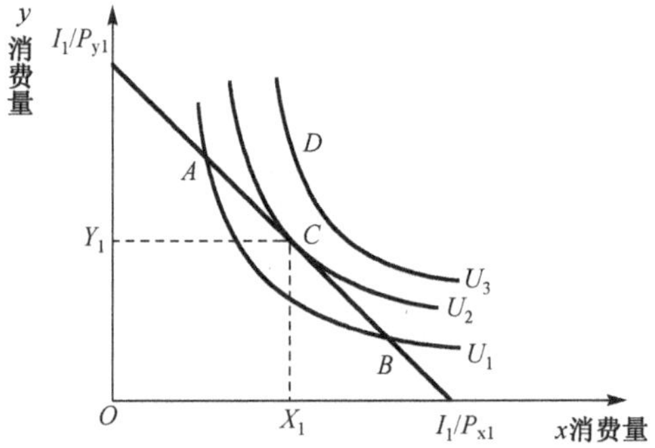

图 4-10　消费者购买商品的最优选择

每个消费者都有自己的一组无差异曲线，根据无差异曲线的特点，离原点越远的无差异曲线代表的满足感越大。由于无差异曲线凸向原点的性质，消费者的该组无差异曲线可以分为三类。

一类如图中的 U_3，它们和预算约束线不相交，即超出了消费者的预算空间，无法实现那样的满足程度。

一类如图中的 U_1，它们和预算约束线相交且有两个交点 A 和 B。在 A 点，消费者可以沿着 U_1 增加一点商品 X 的消费并减少一点商品 Y 的消费，仍然能保持原有的满足程度，但货币会有剩余，这意味着消费者还可以追求更大的满足。同样，在 B 点，消费者可以沿着 U_1 减少一点商品 X 的消费并增加一点商品 Y 的消费，同样能保持原有的满足程度，但货币也会有剩余，消费者还可以追求更大的满足。可见，这类情况下消费者没有实现最优的选择。

因此，只有在无差异曲线和预算约束线相切，即第三种情况，如图 4-10 中的 U_2，二者仅有一个交点，即切点 C 所代表的商品组合(X_1，Y_1)才是消费者的最优选择，此时，C 点的商品组合代表了消费者均衡——消费者一旦做出这个选择，就不会再转向别的能够支付的物品组合。

从图 4-10 中可以看出，消费者均衡的一个重要特征是在效用最优时，无差异曲线与预算约束线相切，即无差异曲线的斜率刚好等于预算约束线的斜率。由于无差异曲线斜率的绝对值为MRS，预算约束线的斜率是两种商品的相对价格，因此，在消费者均衡C点处，有：

$$\mathrm{MRS}=\frac{\mathrm{MU}_X}{\mathrm{MU}_Y}=\frac{P_X}{P_Y} \tag{4-17}$$

式(4-17)表明，消费者均衡的条件是两种商品的边际效用之比等于这两种商品的价格之比，即消费者愿意用一种物品交换另一种物品的比率等于市场愿意用一种物品交换另一种物品的比率。

从以上分析可知，市场价格反映了消费者对物品的边际评价。消费者在进行消费决策时，会根据市场给定的两种物品的相对价格，选择使他的边际替代率等于商品相对价格的最优点，即消费者的均衡点。在均衡点，消费者对两种商品的评价(MRS)等于市场的评价(相对价格)。

4.3.2 消费者选择的变动

前面关于消费者最优决策的研究是建立在商品价格和消费者收入不变的假定之上的，若仍假定消费者的偏好次序不变，但商品的价格发生变动，或消费者的收入发生变动，则消费者的最优选择点，即均衡点也会随之发生变动。那么此时，消费者又将做出怎样的选择呢?

1. 收入变动对消费者选择的影响

在消费者偏好和两种商品X和Y的价格P_X和P_Y均保持不变的情况下，假设消费者收入增加了，此时，消费者能够支付更多的两种商品，预算约束线向右平移，消费者的预算约束被扩大，能够获得更高的无差异曲线，如图4-11所示。

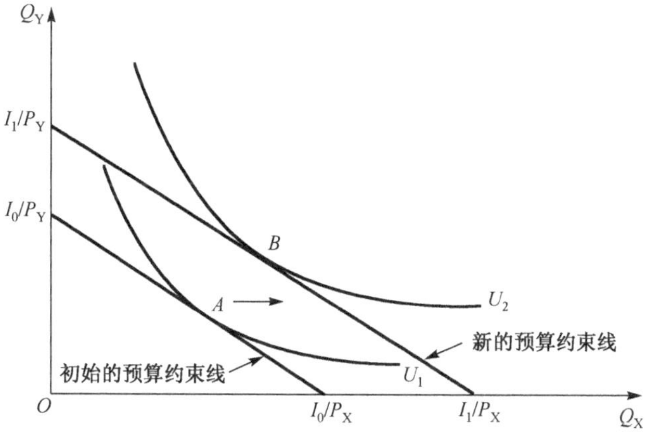

图4-11 收入增加导致正常物品的消费量增加

假设消费者最初位于均衡点A处，当消费者的收入从I_0增加到I_1时，随着他的预算约束线向右平移，消费者现在可以获得一个比以前更高的效用水平。现在这个消费者发现，如果他选择图中B点，就能够提高自己的效用水平。此时，经过B点的无差异曲线U_2与新的预算约束线相切。

需要注意的是，在图4-11中，消费者选择消费更多的X和更多的Y，这符合实际生活中的大部分情况。若消费者收入的增加(下降)将导致对商品 X 的消费量增加(减少),就称 X 为正常物品,如出租车、高档汽车。在图 4-11 中,由于消费者收入的增加,他对商品 X 和 Y 的消费量都增加了,可见,该消费者将商品 X 和 Y 均视为正常物品。相反,若消费者收入的增加(下降)会使得其对商品 X 的消费量减少(增加),就称 X 为低档物品①,如公共汽车。

图 4-12 中,在初始收入水平上,消费者选择点 A 可以获得最优效用。当他的收入增加后,在更高的预算约束线上,消费者选择点 B 以使得其效用最优。

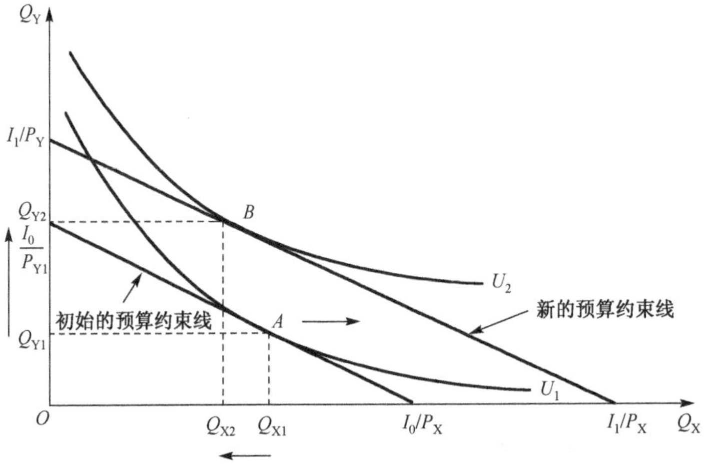

图 4-12　收入增加导致低档物品的消费量减少

从图 4-12 中可以看出,消费者收入增加导致消费者多买商品 Y 而少买商品 X。根据对正常物品和低档物品的定义,由于在 B 点消费者所消费的商品 Y 比在 A 点的多,商品 Y 是正常物品;而由于消费者在 B 点所消费的商品 X 比在 A 点的少,他将商品 X 视作低档物品。

2. 价格变动对消费者选择的影响

为了研究商品价格变动对消费者选择的影响,假设消费者的收入不变,仅商品 X 的价格由原来的 P_{X0} 下降到 P_{X1},这会使得预算约束线围绕点 A 逆时针旋转,如图 4-13 所示。

若消费者最初位于均衡位置 B 点,当商品 X 的价格下降到 P_{X1},他可以选择的商品组合就增多了。在这种情况下,消费者有机会获得更高的效用。在图中就表现为消费者的均衡点由 B 变为新的 C 点。

当价格变动后,要准确地判断消费者新的均衡点位于新的预算约束线上的什么位置,取决于无差异曲线,即商品 X 和 Y 之间的关系。

若商品 X 的价格上升(下降)导致商品 Y 的消费量增加(减少),则称商品 X 与 Y 互为替代品。如咖啡和茶,对某些人来说都可以用来提神,即用途相近,能够满足相同的欲望。因此,当咖啡的价格上升时,他们可能会更多地购买茶,而少买咖啡。在图 4-13 中,X 价格的下降导致消费者均衡点从 B 转向 C,消费者选择了更少的商品 Y。此时,商品 X 和 Y 互为替代品。

① 徐玖平,黄云歌. 管理经济学概论[M]. 北京:高等教育出版社,2006.

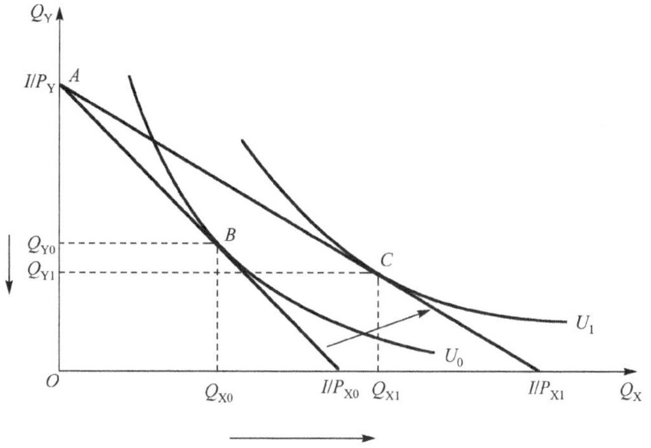

图 4-13　商品 X 价格下降导致替代品 Y 的消费量减少

若商品 X 的价格上升(下降)导致商品 Y 的消费量减少(增加)，则称商品 X 与 Y 互为互补品。如打印机和打印纸对一位使用者来说都是非常必要的，是必须同时使用的物品，当其中一种商品的价格上升时，另一种商品的需求将下降。因此，当打印机的价格降低时，消费者可能会增加打印纸的购买量。在图 4-14 中，X 价格的下降导致消费者均衡点从 A 转向 B，消费者选择了更多的商品 Y。此时，商品 X 和 Y 互为互补品。

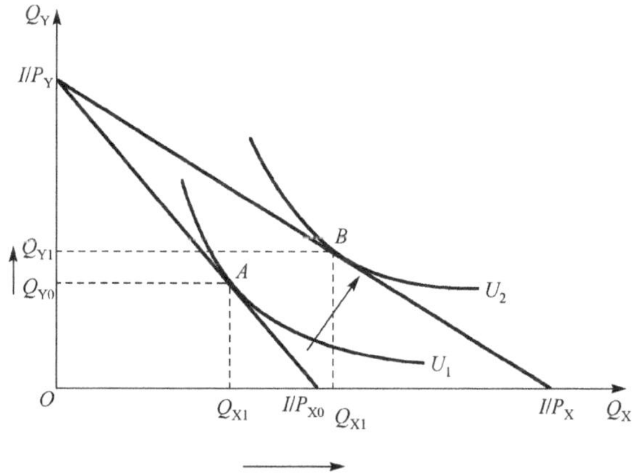

图 4-14　商品 X 价格下降导致互补品 Y 的消费量增加

对管理者来说，关键是要注意价格变动给消费者发出的信号：消费者对两种商品的评价(用边际替代率表示)不再等于市场的评价(用相对价格表示)。这将影响到消费者的行为。价格变动可能是由公司内部新的价格策略而引起，也可能是由于竞争对手或其他行业的企业对价格进行调整而导致。最终，价格变动改变了消费者对这两种物品的评价，进而改变其在均衡处所购买的商品组合。①

① 徐玖平，黄云歌. 管理经济学概论[M]. 北京：高等教育出版社，2006.

3. 收入效应与替代效应①

这里，我们将前面对商品价格变动和消费者收入变动的分析结合起来，以更好地理解价格变化对消费者行为的影响。

如图 4-15 所示，直线 *AB* 为消费者初始的预算约束线，其与无差异曲线 I_0 相切，此时消费者位于均衡点 *C*。如果商品 *X* 的价格下降，导致预算约束线围绕点 *A* 逆时针旋转，新的预算约束线为 *AD*。

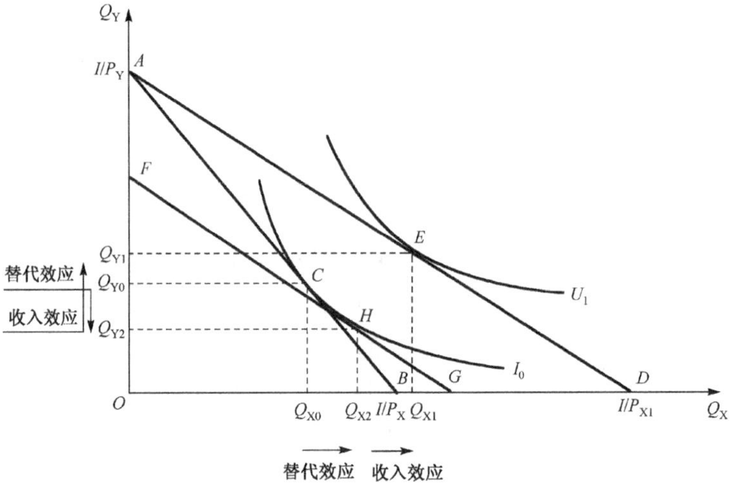

图 4-15　替代效应与收入效应

在这一变化过程中，需要注意的是：

1. 当价格下降后，消费者可以达到一条更高的无差异曲线，因此，消费者所得到的"实际收入"增加了，他现在可以选择更多的商品 *X* 和 *Y* 的组合，从而获得更大的效用。

2. 商品 *X* 价格的下降将导致预算约束线变得平缓，这就意味着两种商品的相对价格（市场替代率）变得更低。

在图 4-15 中，这两个因素导致消费者从最初的均衡点 *C* 移动到了一个新的均衡点 *E*。

这里，为了更好地理解价格变动的影响，我们将这两个因素的作用分离开来。

首先，假设在商品 *X* 的价格下降后，消费者面临的预算约束线为 *FG*。这条预算约束线的斜率表示价格变动后的相对价格（市场替代率），与初始的无差异曲线 I_0 相切于 *H* 点。即消费者将选择均衡点 *H*，此时，MRS 等于新的相对价格。在这个均衡点，消费者所消费的商品 *X* 的数量比在最初的均衡点 *C* 处要多。沿着同一条无差异曲线 U_1，从点 *C* 到点 *H* 的移动所引起的消费变动就称为替代效应，它反映了消费者对相对价格的变动作出的反应。

在图 4-15 中，对商品 *X* 来说，替代效应就是 Q_{X0} 与 Q_{X2} 之间的距离；对商品 *Y* 来说，替代效应则是 Q_{Y0} 与 Q_{Y2} 之间的距离。由于消费者仍在同一条无差异曲线上，所以从点 *C* 到 *H* 的移动只是反映了更低的相对价格 P_X/P_Y 而不是消费者"实际收入"的变化。

① 徐玖平，黄云歌. 管理经济学概论[M]. 北京：高等教育出版社，2006.

当商品 X 的价格下降时，消费者实际上并不会面对预算约束线 FG，而是面对预算约束线 AD。由于 FG 与 AD 的斜率相同，因此，预算约束线从 FG 移动到 AD 只是反映了价格下降后消费者"实际收入"的增加。在这一前提下，从假设的均衡点 H 到具有相同边际替代率的实际均衡点 E 的移动所引起的消费变动就称为收入效应。

在图 4-15 中，对商品 X 来说，收入效应就是 Q_{X2} 与 Q_{X1} 之间的距离；对商品 Y 来说，收入效应则是 Q_{Y2} 与 Q_{Y1} 之间的距离。由于图中的商品 X 和 Y 均为正常物品，因此，"实际收入"的增加导致对 X 和 Y 的需求量均增加。

综上所述，价格变动所带来的总效应由替代效应和收入效应两部分组成。替代效应是沿着同一条无差异曲线的移动所引起的消费变动，反映了相对价格（P_X/P_Y）的变化对消费者行为的影响；收入效应是在不同的无差异曲线间移动所引起的消费变动，反映了消费者"实际收入"的变化对消费者行为的影响。当某种商品的价格变动后，其需求量变化的方向和数量就取决于这两种效应的总和。

本章小结

企业的目标是利润最大化，因此，管理者必须理解关于个人行为的基本理论，即人们如何做出选择。偏好是指消费者按照自己的意愿对可供选择的商品组合进行的排列，效用则是衡量人们从消费某种商品组合中所获得的满足。对消费者来说，总效用反映由消费一定量商品产生的满足和消费数量之间的关系，边际效用则反映最后消费的一个单位商品提供的满足程度。边际效用递减规律指出，随着总消费量的增加，相同数量的某种商品给消费者带来的效用将下降。无差异曲线是在消费者偏好不变的情况，给消费者带来同等满足程度或相同效用的两种商品的各种不同组合的轨迹。边际替代率(MRS)则表示消费者为了保持总效用不变，在商品组合中用一种商品替代另一种商品的比率。消费者虽然总是追求更高的无差异曲线，但会受到收入和商品价格的约束或限制，即存在预算约束线。消费者收入的变化使预算约束线发生水平移动，商品价格的变化则将改变预算约束线的斜率。为了实现效用最优，消费者必须选择无差异曲线与预算约束线相切的均衡点所代表的商品组合。此时，边际替代率等于相对价格。收入变动对消费者选择的影响区分了正常物品和低档物品；价格变动对消费者选择的影响则区分了替代品和互补品。由于收入水平变动导致收入效应，商品价格变动导致替代效应，因此，二者的综合作用将使消费者改变他们的消费行为，进行重新选择。

案例分析

风险与收益的替代①

某投资者有 100 万元，他有意投资于国债和普通股票。如果全部投资于国债，他将得到 5%的回报，没有任何风险。如果全部投资于普通股票，则预计会得到 10%的回报，但有相当的风险。如果一半投资于国债，一半投资于普通股票，预计会得到 7.5%的回报，但是有一些风险。图 4-16 中的线 RT 表示了 100 万元在两类证券间所有

① 周勤. 管理经济学(第二版)[M]. 北京：北京师范大学出版社，2008.

可能的分配产生的期望收益与风险程度的关系。

投资者为了得到的期望收益而需承担的风险多少上是有区别的。投资者的无差异曲线如图4-16所示。

思考题

1. 为什么这些无差异曲线是向右上方倾斜，而不是像本章中其他的无差异曲线向右下方倾斜？

2. 消费者将如何在国债和普通股票之间分配这100万元？

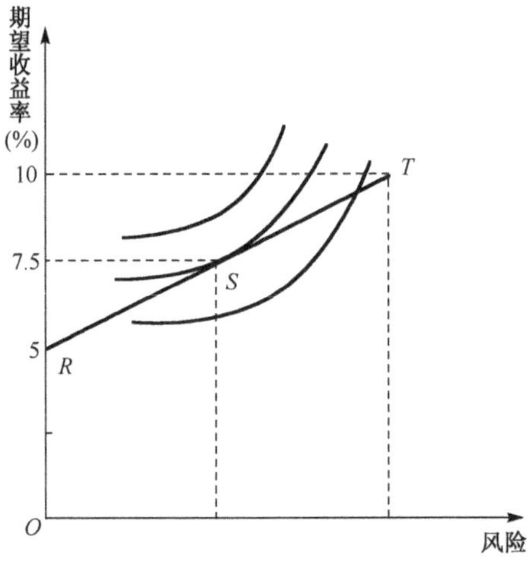

图4-16　消费者的投资风险收益

讨论与练习

1. 简述偏好的概念和特点。

2. 说明总效用和边际效用之间的关系。

3. 解释什么是无差异曲线，说明其基本特征。

4. 解释为什么无差异曲线不能相交。

5. 结合自己的亲身经历，谈谈生活中的效用递减规律。

6. 解释为什么边际替代率恒为负数。

7. 假设某商品的总效用函数为 $TU = 35 - 180x - 5x^2$，则消费者的最佳消费量是多少？

8. 假设小张的每月收入为2 000元，并且他只将收入花在食物和娱乐(看电影)上。假设食物的单位价格为20元，电影票的单位价格为40元，请画出小张的预算约束线。若商品价格不变，小张的月收入增加到4000元，他的预算约束线将如何变化？若小张的月收入不变，电影票的单位价格上涨到50元，他的预算约束线又将如何变化？

第3篇 供求机制

市场这只“看不见的手”能够自发运转，依靠的是市场中众多买方和卖方共同作用的结果。众多买方构成了市场中的需求行为，而众多卖方构成了市场中的供给行为，需求和供给的相互作用通过市场中的价格机制引导市场的运行。本篇主要分析市场中买方的需求行为、卖方的供给行为以及在两者共同作用下的市场均衡行为。

第5章 需求分析

导入案例

奥运经济

奥运经济是指奥运会举办前后一定时期内，所发生的与奥运会举办有联系的，具有经济效果或经济价值的各类活动。奥运会的总体效果和影响力是奥运经济发展的重要基础。从以往举办城市的历史实践来看，奥运经济是注意力经济，会由于注意力资源的相对集中而给举办城市带来阶段性加速发展；奥运经济是品牌经济，通过良好的运作通常能造就一批知名产品和企业品牌；奥运经济是借势经济，将对举办城市的经济、社会发展产生强大的推动力量，产生类似加速器或催化剂的作用。奥运经济可以分为直接经济和间接经济两大部分，直接奥运经济是为举办奥运会和围绕开发奥运资源而进行的经济活动；间接奥运经济是指除直接奥运经济外，在奥运会举办的全过程中，能够引起举办城市与国家的经济、社会指标发生改变的活动。

从一般规律看，奥运经济会对旅游、商业、地产、建筑、交通、体育、科技信息等领域产生较大影响。①旅游业：奥运会的稀缺性使得旅游业成为奥运经济的支柱产业。②商业：2002 年到 2007 年间，由奥运会直接投资拉动社会消费品零售额合计为 539 亿元，北京的商场在奥运期间也迎来消费的高峰。③地产业：奥运对北京房地产的最大机遇是它对北京整个城市做了重新规划。随之而来的基础设施投资将使得交通、商业环境等得到极大的改善，房地产市场的价值将得到有效的提升。④建筑业：据测算，奥运能使北京建筑业总产值在 2003 年至 2008 年内累计达到 5 000 亿元人民币，为建筑业提供 8 万个就业岗位。⑤交通运输业：为迎接奥运，北京在城市交通方面的投资达到 900 亿元人民币，从 2004 年至 2008 年的 4 年内，建设了一批重点交通项目。⑥科技产业：根据北京市工业规划，电子信息产业是北京工业发展的重中之重，而电子信息产业的重点是加速支持数字电视、移动通信、IC 卡及电子识别及计算机等行业的快速发展。⑦文化体育产业：奥运期间，大量的新闻、评论、广告等将极大地刺激文化产业的发展。根据奥运经济报告提供的数据，2008 年北京奥运会对北京文化产业的拉动力，平均每年的增长幅度约为 0.8%。

资料来源：百度百科. 奥运经济[EB/OL]. http://baike.baidu.com/view/984761.htm? fr = aladdin

- **知识目标**
  - 掌握需求及需求量的基本概念
  - 理解需求及需求量的变动及其影响因素
  - 掌握需求弹性的基本概念及计算
- **能力目标**
  - 能分析需求及需求量变动的相关内容
  - 能运用需求弹性的知识分析现实案例

5.1 需求分析的相关因素

对企业产品的需求是决定企业盈利水平最重要的因素。一个企业，无论生产过程多么有效，如果生产出来的产品缺乏社会需求，迟早是经营不下去的。在现代市场营销环境下，需求导向观念至关重要。美国著名市场营销学家菲利普·科特勒以一个深刻的例子说明了这一点。一家办公用具公司生产的一种文具柜十分坚固耐用，但销路却不佳。决策者抱怨说："我们的文具柜这样结实，从楼上抛下去也坏不了，为什么买的人很少?"公司的一位雇员不无讽刺地答道："问题在于，没有一个顾客买文具柜是为了从楼上摔下去。"

在企业的经营决策与计划活动中，对需求的把握是个关键。企业各方面的经营管理决策，都要受产品需求情况的影响。因此，我们首先要对需求进行分析。

5.1.1 需求和需求量

需求和需要是不同的。需求是指消费者愿意并有能力购买商品的愿望，也就是说，能够构成市场需求的是那部分想买又买得起的消费群体。比如，你想要豪车，想住豪宅，想吃大餐……这只是需要，而不是需求。对于企业或市场而言，更关心的是那部分想买又有支付能力的群体。

商品的需求是指消费者在一定时期内，在各种可能的价格水平下，愿意而且能够购买的商品。作为商品的需求，必须同时具备两个条件：①消费者对于一种商品要有购买的意愿；②消费者具有购买这种商品的能力。例如，现在许多人想购买汽车，但并不是每个人都有这种购买能力。当一个人想购买汽车却无力购买时，那就仅仅是一种欲望而已，不能构成对此商品的需求；同样，如果一个人虽有购买汽车的能力但却无购买的欲望，也不能构成对该商品的需求。只有消费者同时具备了购买商品(或劳务)的欲望和支付商品的能力两个条件，才称得上需求。

商品的需求量是指在一定时期内，在一定条件下，消费者愿意购买并能够买得起的该种商品的数量。在这里，"一定时期"通常是指一年，"一定条件"指影响需求量的要素(如价格、消费者收入以及消费者偏好等)既定不变。需求量是消费者愿意或打算购买的数量，而不是指消费者实际上购买的数量，即：需求量不一定等于实际购买量。例如，某人想购买某种商品，也有购买该商品的能力，但市场上这种商品供不应求，从而使消费者的需求得不到满足。这时，消费者的购买量就会小于需求量。这种情况在短缺经济中表现得比较明显。

可见，需求不是某一个确定的数量，而是各种不同价格下的需求量的集合，它描述的是需求量与价格之间的关系，而需求量是一个确定的数量。需求量与需求之间的关系是个别与整体的关系。当其他条件相同时，一种物品价格上升(下降)，其需求量减少(增加)，这就是我们常说的需求定理。

5.1.2　需求的影响因素

首先，我们需要区分两个概念：需求量的变动和需求变动。需求量变动是指由于某种物品的价格变动而引起的需求量在需求曲线上的移动。需求变动是指除价格外的其他因素变动而引起的需求量的变动。那么除了价格以外，还有哪些因素影响需求变动呢？以下是影响需求变动的几个主要因素。

1. 消费者收入

对于正常品，消费者收入提高，购买能力增强，对商品的需求量相应地增加；反之，就会减少。但是，对于低档商品(劣质品)，消费者收入增加后，商品需求量却随之减少。

2. 相关商品价格

相关商品包括互补品和替代品。互补品涨价，本商品的需求量减少，互补品降价，本商品的需求量增加。替代品涨价，本商品的需求量增加，替代品降价，本商品的需求量减少。

3. 消费者的消费偏好

消费偏好是影响需求量的又一个重要因素。例如，中国市场对咖啡的需求量小于欧美等国。这是因为消费习惯不同而产生的需求量差异。当然，人们的消费习惯不是固定不变的，随着交往的增多，各地的消费习惯会发生变化，需求结构也将随之改变。

4. 对价格的预期

价格预期对需求量的影响很大，同时也最不稳定。消费者如果对价格看涨，就会增加即期的需求量；如果看跌，就会减少即期的需求量。

5. 潜在消费者的数量

显然，潜在消费者数量越多，需求的变动也就越大。

6. 其他

如战争、自然灾害、气候、宗教及社会运动等对需求量也有一定的影响。

5.1.3　需求量的变动与需求的变动

需求量的变动是指其他条件不变的情况下，商品本身价格变化所引起的需求量的变化。这种需求量的变化在需求曲线上表现为“沿曲线上的点移动”(点移动)。如图 5-1 所示，在需求曲线 D_1 上，价格从 P_1 减小到 P_2，导致需求量由 Q_{11} 增加到 Q_{12}，表现为在需求曲线上由 A 点移动到 B 点，即需求量的变动；反之，若价格出 P_2 上升到 P_1，导致需求量从 Q_{12} 减少到 Q_{11}，表现为在需求曲线上由 B 点移动到 A 点。

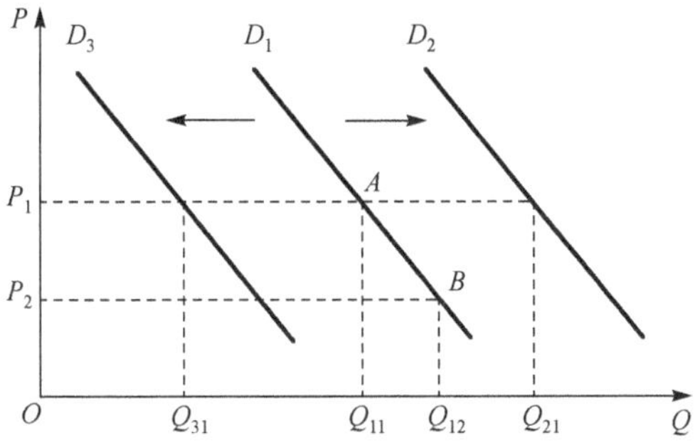

图 5-1 需求量的变动与需求的变动

与需求量的变动相对应的是需求的变动。所谓需求的变动是指由于商品本身价格以外的因素发生变化而引起的整个需求关系的变化。这意味着消费者在每一种价格水平上所愿意并且有能力购买的商品数量都与原来的不一样。在需求曲线图形上，表现为整个需求曲线的位移，即代之以新的需求曲线，形成"需求曲线的线移动"(线移动)。如图 5-1 所示，需求曲线由于某种因素(不是价格)向右由 D_1 移动到 D_2，则在同一价格水平 P_1 下，需求量由 Q_{11} 增加为 Q_{21}；反之，若需求曲线由于某种因素(不是价格)向左由 D_1 移动到 D_3，则在同一价格水平 P_1 下，需求量由 Q_{11} 减少为 Q_{31}。

可见，在同一条需求曲线上，点向上方移动是需求量减少，点向下方移动是需求量增加；需求曲线向左方移动是需求减少，需求曲线向右方移动是需求增加。

5.2 需求函数和需求曲线

5.2.1 需求函数

如果把影响需求的各种因素作为自变量，把需求作为因变量，则可以用函数关系来表示"影响需求的因素与需求之间的关系"，这种函数称为"需求函数"。数学表示式为：

$$Q_d = f(P_x, P_y, I, T, E, \cdots) \tag{5-1}$$

式中：Q_d 为对某商品的需求；P_x 为该商品的价格；P_y 为其相关商品的价格；I 为消费者的收入水平；T 为消费者的偏好；E 为消费者对未来的预期。

如果需求量 Q_d 是价格、收入以及其他变量的线性函数，那么该需求是线性的，其表达式为

$$Q_d = C + \partial_{P_x} P_x + \partial_{P_y} P_y + \partial_I I + \partial_T T + \partial_E E \tag{5-2}$$

当商品价格上升时，需求量减少，因此，P_x 的系数 $\partial_{P_x} < 0$。∂_{P_y} 的正负取决于相关物品是替代品还是互补品。∂_I 的正负取决于该商品是正常品还是劣质品。∂_E 的正负取决于消费者是看涨还是看跌。

需求函数是需求与影响需求的诸因素之间多维关系的数学描述。这些因素可归纳为价格因素和非价格因素两类。在这里，由于一种商品的价格是决定需求的最基本的因素，所

以我们假定其他因素保持不变，只考虑商品本身的价格对该商品的需求量的影响，并以 P 代表价格，则基本需求函数为：

$$Q_d = f(P) \tag{5-3}$$

例如，某台灯生产厂，假设其台灯的需求函数是

$$Q = 1\,800 - 20P + 0.6I - 50P_y$$

为了得出需求函数 $Q_d = f(P)$，变量 I 和 P_y 必须要确定不变，即取定值。假设消费者的收入 $I = 20\,000$ 元，相关商品的价格 $P_y = 250$ 元，代入上式中，得到：

$$Q = 1\,800 - 20P + 0.6 \times 20\,000 - 50 \times 250 = 1\,300 - 20P$$

这样，需求函数就表示为线性方程 $Q = 1\,300 - 20P$。

5.2.2 需求表和需求曲线

基本需求函数描述了一种商品的需求量和价格之间的一一对应的关系，它是在保持除价格外的其他所有因素不变的条件下得出的。这种函数关系可以分别用商品的需求表和需求曲线来加以表示。

某商品的需求表是用表格形式列出需求量与价格之间的关系。以上述例子的需求函数为例，台灯需求表如表 5-1 所示。

表 5-1 某台灯的需求量

价格-数量组合	A	B	C	D	E	F	G
价格（元/台）	65	60	50	40	30	20	10
需求量（台）	0	100	300	500	700	900	1100

从表 5-1 可以清楚地看到台灯价格和需求量之间的函数关系。以表 5-1 中对应的价格和需求的数据为坐标画图，并把这些点用直线连接起来，得到图 5-2。它就是与需求函数 $Q = 1300 - 20P$ 相对应的需求曲线。这条需求曲线完全满足关于需求函数的定义。

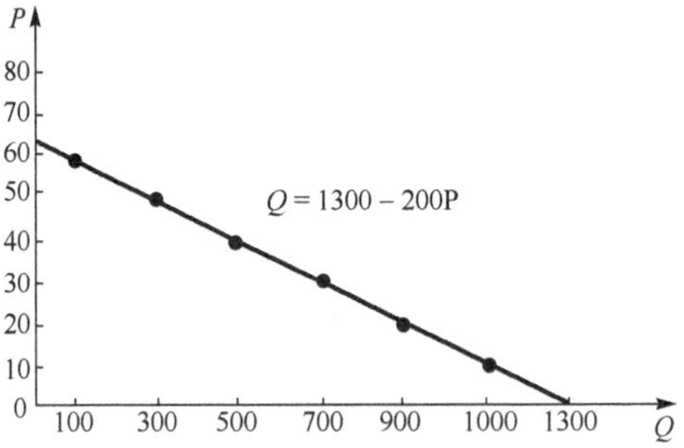

图 5-2 某台灯的需求曲线

从图 5-2 可以看出，需求曲线是表示商品价格和需求量之间的函数关系的几何图形。曲线上的各点反映了台灯的价格与需求量之间的关系。例如，当价格为 40 元/台时，需求量为 500 台。

需求曲线向右下方倾斜，斜率为负。价格和需求量之间的关系可以是线性关系，也可以是非线性关系。当二者之间存在线性关系时，需求曲线是一条向右下方倾斜的直线，直

线上任意一点的斜率都相等，图 5-2 的需求曲线便是如此。而当二者之间存在非线性关系时，需求曲线是一条向右下方倾斜的曲线，曲线上各点的斜率是不同的，图 5-3 就是一般意义上的需求曲线。

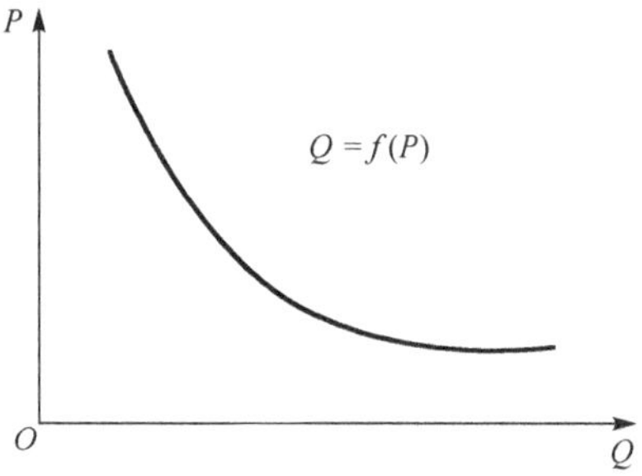

图 5-3　一般意义的需求曲线

需求曲线还可以分为个人需求曲线和市场需求曲线。个人需求曲线表示单个消费者愿意购买某种产品的数量与其价格之间的关系。市场需求曲线表示市场上全体消费者愿意购买某种产品的总数与其价格之间的关系。市场需求曲线可由市场中众多个人需求曲线横向相加求得。如果市场只有两个消费者，则个人需求曲线与市场需求曲线的关系如图 5-4 所示。

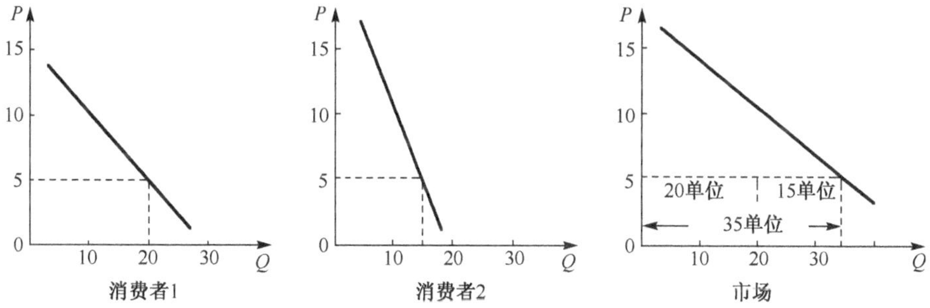

图 5-4　个人需求曲线和市场需求曲线

5.3 需求弹性

5.3.1 需求的价格弹性

1. 需求价格弹性定义

需求价格弹性是指价格变动所引起的需求量变动的比率，即需求量变动对价格变动反应的敏感程度。如果以 E_P表示需求的价格弹性系数；Q 和 ΔQ 分别表示需求量和需求量的变动量；P 和 ΔP 分别表示价格和价格的变动量。那么，根据定义，我们可以得到：

$$E_P = \frac{\Delta Q/Q}{\Delta P/P} = \frac{\Delta Q}{\Delta P} \cdot \frac{P}{Q} \tag{5-4}$$

式中：$\Delta Q = Q_2 - Q_1$；$\Delta P = P_2 - P_1$。

由需求定理可知，在一般情况下商品需求量与价格呈反向变动关系。当价格提高时，需求量减少，即价格的变动为正值时，需求量的变动为负值；同理，当价格的变动为负值时，需求量的变动为正值。所以，需求价格弹性系数通常为负值。但在实际运用时，为了方便起见，一般都用绝对值比较弹性的大小。

2. 需求价格弹性的计算方法

在具体应用中，需求价格弹性的计算方法有两种：点弹性和弧弹性。两种方法有着不同的计算公式，也有着不同的适用范围。

(1)点弹性。

所谓点弹性，就是指计算需求曲线上某一点的弹性。此时上式中的 ΔQ 和 ΔP 都极微小，接近于零，如图 5-5 所示。

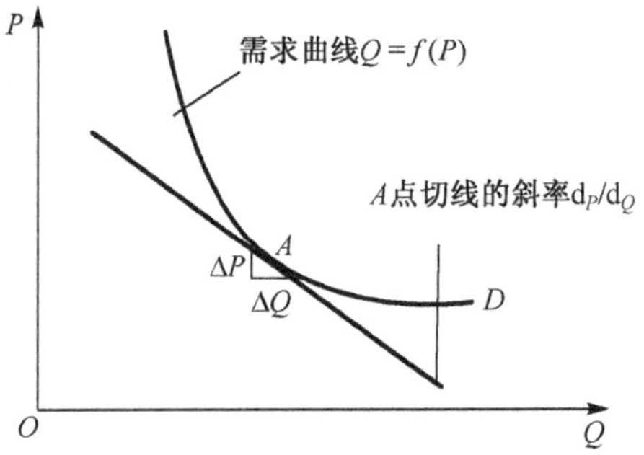

图 5-5　价格点弹性示意图

点价格弹性的计算公式为：

$$E_P = \lim_{\Delta P \to 0} \frac{\Delta Q}{\Delta P} \cdot \frac{P}{Q} = \frac{dQ}{dP} \cdot \frac{P}{Q} \tag{5-5}$$

(2)弧弹性。

要计算需求曲线的点弹性，其前提是需求曲线的方程已知。但是如果我们不知道需求曲线的方程，而只知道该需求曲线上面两点的坐标，则我们可以计算这两点之间的平均弹性，即弧价格弹性，如图 5-6 所示。

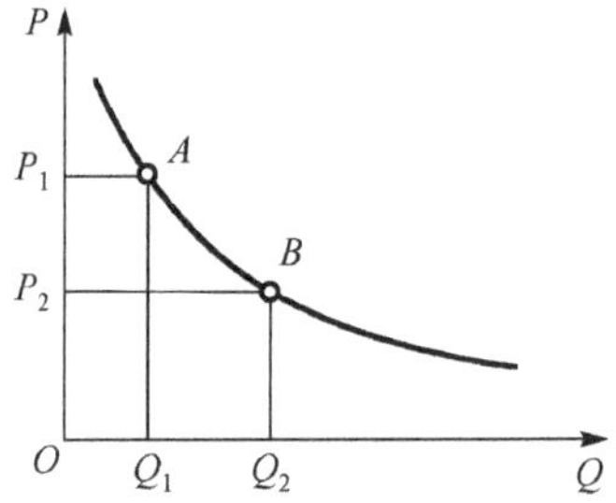

图 5-6　价格弧弹性示意图

其计算公式如下：

$$E_P = \frac{\Delta Q/Q}{\Delta P/P} = \frac{(Q_2 - Q_1)/\frac{Q_2 + Q_1}{2}}{(P_2 - P_1)/\frac{P_2 + P_1}{2}} = \frac{Q_2 - Q_1}{P_2 - P_1} \times \frac{P_2 + P_1}{Q_2 + Q_1} \quad (5\text{-}6)$$

3. 需求价格弹性的类型

根据弹性系数的大小，一般把价格弹性分为五类：需求富有弹性、单位弹性、缺乏弹性、完全弹性和完全无弹性。如图 5-7 所示。

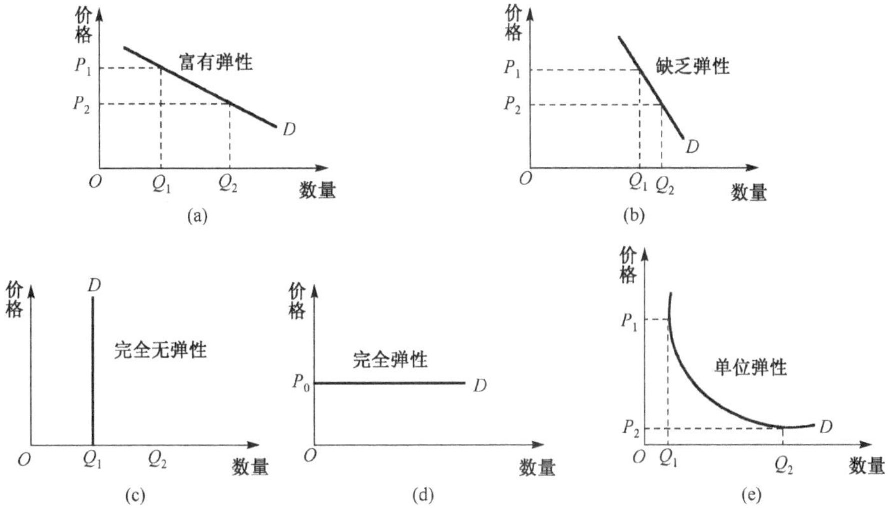

图 5-7　弹性不同的需求曲线

(1)富有弹性：图(a)中是一条较平坦的需求曲线，其斜率较小将带来需求量反方向的较大变动。

(2)缺乏弹性：图(b)中是一条较陡峭的需求曲线，其斜率较大引起需求量反方向的较小变化。

(3)完全无弹性：图(c)中是一条垂直于横轴的需求曲线，其斜率为∞，它称为完全无弹性需求曲线。即无论价格怎样变动，需求量是固定不变的。

(4)完全弹性：图(d)中是一条平行于横轴的需求曲线，其斜率为 0，它称为完全有弹性需求曲线。即稍一提价，就会使原本无穷大的需求量一下子减少为 0。

(5)单位弹性：图(e)中的需求曲线是一种特殊情况，它是直角双曲线，各点的斜率是不同的，但它的对称性决定了各点上的需求弹性均为 1，称为单位弹性需求曲线，即价格变动百分比与需求量变动百分比是相同的。

从图(a)、(b)、(e)中可以看出：弹性大小与需求曲线的倾斜程度，即斜率，有很大的关系，弹性的大小与需求曲线斜率的大小是反方向变化的。但是要注意，不是反比例。

需要指出的是，(c)、(d)两图中的曲线所表示的是两种极端的情况，在实际经济生活中是不存在的，但却有类似的情况。如销售必需品的垄断企业(像自来水公司、煤气公司等)具有较小弹性的需求曲线，我们可以把它们近似地看作完全无弹性需求；而竞争激烈、经营完全无差别商品的企业，则往往面临着类似完全弹性需求的情况。

4. 价格弹性的影响因素

一种商品价格弹性的大小是由许多因素影响和决定的。这些因素主要有有如下几个。

(1)替代品的数目和相近程度。

如果有相近的替代品存在，此商品的需求价格弹性就较大；反之，该商品的需求价格弹性就较小。

(2)购买支出占消费者总收入的比重。

一种商品的价格弹性与其价格占消费者总收入的比重高低有直接关系。例如，对于像肥皂、牙膏等商品，由于购买它们的支出只占消费者总支出的很小比重，所以，一般来讲，这类商品是缺乏弹性的。但对于像彩色电视机、电冰箱等高档商品，因为购买它们的支出占消费者总收入的比重很大，所以价格变化对于消费者的购买影响较大，其价格弹性就比较高。

(3)商品对人们生活的必需程度。

一般来说，生活必需品是缺乏弹性的，而奢侈品是富有弹性的。

(4)时间跨度。

长期的需求弹性往往比短期大。这是因为，时间长，消费者就可以有较多机会来调整自己以适应价格的变化。例如，当汽油价格上升时，在短期内，汽油的需求量只略为减少。但是随着时间的推移，人们可以改变自己的偏好，或者利用新技术制造出更省汽油的汽车。在长期来看，汽油的需求量会大幅度减少。

5.3.2 需求的收入弹性

消费者对某种商品需求量的大小，除了价格因素外，还取决于收入水平的高低。对于正常品来说，收入水平提高，会使需求量增加；收入水平降低，会使需求量减少。收入弹性分析是揭示上述关系的有效工具。

1. 收入弹性的概念

需求的收入弹性是指某种商品需求量的相对变动与消费者收入相对变动的比率。其公式为：

$$E_I = \frac{\Delta Q/Q}{\Delta I/I} = \frac{\Delta Q}{\Delta I} \cdot \frac{I}{Q} \tag{5-7}$$

式中：$\Delta Q = Q_2 - Q_1$；$\Delta I = I_2 - I_1$。

2. 收入弹性的计算方法

需求收入弹性与价格弹性一样，其计算方法有两种：点弹性和弧弹性。两种方法有着不同的计算公式，也有着不同的适用范围。

(1)点弹性。

点弹性是衡量需求曲线上某一个点上需求量对收入水平变动的反应程度，其计算公式如下：

$$E_I = \lim_{\Delta I \to 0} \frac{\Delta Q}{\Delta I} \cdot \frac{I}{Q} = \frac{dQ}{dI} \cdot \frac{I}{Q} \tag{5-8}$$

(2)弧弹性。

弧弹性是计算两个收入水平之间收入弹性的一种方法，计算公式如下：

$$E_I = \frac{\Delta Q/Q}{\Delta I/I} = \frac{(Q_2 - Q_1)/\frac{Q_2 + Q_1}{2}}{(I_2 - I_1)/\frac{I_2 + I_1}{2}} = \frac{Q_2 - Q_1}{I_2 - I_1} \times \frac{I_2 + I_1}{Q_2 + Q_1} \tag{5-9}$$

3. 需求收入弹性的分类

一般来说，当消费者收入增加时，会增加对商品的需求量。当某种商品的需求量随着消费者收入增加而增加，即需求量与收入呈同向变动时，称这类商品为正常商品，正常商品的需求收入弹性为正值。但也有一些商品，消费者的收入提高之后，需求量反而减少，从而使其需求收入弹性为负值，这种商品称为劣质品。

根据需求收入弹性的大小可将商品分为五类：

(1)富有收入弹性商品($E_I > 1$)。

这类商品是指消费者收入增加时，消费者对该商品的需求量迅速增加，需求增加的百分比要大于收入增加的百分比。高档消费品和耐用消费品大部属于这一类商品。例如，高档的家用电器、室内装修、外出旅游等，在消费者收入增加时，需求量会更大程度地增加。

(2)缺乏收入弹性商品($0 < E_I < 1$)。

缺乏收入弹性的商品是指当消费者收入发生变动时，对该商品的需求量会发生同方向的变动，但变动的百分比要小于收入变动的百分比。日常生活的一般必需品就属于这一类商品。如食用油，当消费者收入增加时，食用油的消费量会有所增加，增加的百分比要小于收入增加的百分比。

(3)收入无弹性商品($E_I = 0$)。

这类商品较特殊，在消费者的收入变化后，这类商品的消费量完全没有变化。也就是说消费者对这类商品的需求量是基本固定的。食盐被认为是一种收入无弹性商品。

(4)单位收入弹性商品($E_I = 1$)。

这类商品是指当消费者收入变动某一百分比时，需求量也恰好变动相同百分比。统计表明衣服是一种较为接近单位收入弹性的商品。

(5)负收入弹性商品($E_I < 0$)。

在日常生活中，还有一类商品在消费者收入增加后，需求量反而减少，需求收入弹性为负，这类商品属于低档消费品或劣质品。例如肥肉、公共交通等在人们收入提高之后，需求量普遍减少。

需要说明的是，劣质品、必需品、高档品等概念是动态的、相对的概念。随着收入水平的提高，有些曾被视作高档品的商品可能现在已是必需品了，今后也许会成为低档品。

5.3.3 需求的交叉弹性

1. 需求的交叉弹性的概念

我们知道，一种产品的需求量会受到相关产品价格变动的影响。比如说猪肉的价格上涨，人们就可能更多地购买牛肉(如果牛肉的价格没有上涨的话)，而减少对猪肉的消费。这里牛肉的需求量就受到了相关产品猪肉价格变动的影响。因此，我们可以引出需求交叉弹性的概念。需求交叉弹性是需求的交叉价格弹性的简称，它是指相关的两种商品中，一种商品的价格变动所引起的另一种商品的需求量变动的比率，即一种商品的需求量变动对另一种商品价格变动反应的敏感程度。

如果用 x 和 y 分别代表两种商品，用 E_{xy} 代表商品 x 的需求量对商品 y 价格变动的反应程度(即 x 商品的交叉弹性系数用 E_{xy} 来表示)，则需求交叉弹性的计算公式为：

$$E_{xy}=\frac{\Delta Q_x/Q_x}{\Delta P_y/P_y}=\frac{\Delta Q_x}{\Delta P_y}\cdot\frac{P_y}{Q_x} \tag{5-10}$$

式中：$\Delta Q_x=Q_{x_2}-Q_{x_1}$；$\Delta P_y=P_{y_2}-P_{y_1}$。

2. 需求价格弹性的计算方法

同前面两种弹性一样，需求交叉弹性也有两种具体的计算方法，即点弹性和弧弹性。

点交叉弹性计算公式为：

$$E_{xy}=\lim_{\Delta P\to 0}\frac{\Delta Q_x}{\Delta P_y}\cdot\frac{P_y}{Q_x}=\frac{\mathrm{d}Q_x}{\mathrm{d}P_y}\cdot\frac{P_y}{Q_x} \tag{5-11}$$

弧交叉弹性计算公式为：

$$E_{xy}=\frac{\Delta Q_x/Q_x}{\Delta P_y/P_y}=\frac{(Q_{x_2}-Q_{x_1})/\frac{Q_{x_2}+Q_{x_1}}{2}}{(P_{y_2}-P_{y_1})/\frac{P_{y_2}+P_{y_1}}{2}}=\frac{Q_{x_2}-Q_{x_1}}{P_{y_2}-P_{y_1}}\times\frac{P_{y_2}+P_{y_1}}{Q_{x_2}+Q_{x_1}} \tag{5-12}$$

3. 需求交叉弹性的分类

根据需求交叉弹性系数值的不同，可将其分为三类，并据此来判断商品相关性的特性。

(1) $E_{xy}>0$。这表示随着 y 商品的价格提高 x 商品的需求量将增加。这样的两种商品互为替代品，即两种商品有相似的作用，可以在一定程度上互相替代。交叉弹性系数越大，替代性就越强。

(2) $E_{xy}<0$。这表示随着 y 商品的价格提高 x 商品的需求量反而下降。这样的两种商品称为互补品，即两种搭配着使用的商品。也就是说，将这两种商品搭配在一起使用，才能更好地发挥各自的功效，比如钢笔和墨水、汽车和汽油等。如果说钢笔的价格上升导致其需求量的下降，那么墨水的需求量也随之有一定程度的下降。交叉弹性系数越大(绝对值)，互补性就越强。

(3) $E_{xy}=0$。这时候 y 商品的价格变动对 x 商品的需求量不会造成任何影响。在这种情况下，x 和 y 既不是替代品，也不是互补品，二者之间没有任何关系。比如面包和化妆品等。

要注意的是，需求交叉弹性的数值并不一定是对称的，即 E_{xy} 不一定等于 E_{yx}。

本章小结

在市场经济体制下，企业面临的最重要的外部环境是市场。在本章中，我们主要分析了市场需求的规律，目的是为了让读者懂得市场需求运行的规律，以便更好地掌握市场需求的变化，正确进行企业决策。毕竟，企业成败的关键在于它通过满足消费者的需求获得销售收入的能力。企业管理者必须十分了解市场需求，使得自己的管理决策能够随时适应市场的变化。

案例分析

门票涨价景区遇尴尬

在一片反对旅游景区门票涨价声中，国家发展和改革委员会近日下发通知，要求进一步规范游览参观点门票价格管理。有关负责人指出，各地要坚持既有利于增加社会效益、环境效益，又兼顾补偿服务成本和资源价值的原则，保持门票价格在合理水平上的基本稳定。

现实中，门票率先涨价的景区遭遇了人们预想中的尴尬：游客"用脚投票""到此不游"，门票涨价收益减少。有学者指出，"涨"与"不涨"实际上反映出管理者有一个什么样的发展观的问题。

一、少林寺：游客"望景却步"

在少林寺和社会各界的反对下，嵩山少林景区门票涨价从五一黄金周前推迟到黄金周后。5月10日是门票涨价第一天，往日爆满的停车场一下子显得空旷了许多，几十辆电瓶车懒散地停在路边待客。景区内稀疏的游客与几天前黄金周时摩肩接踵的场面形成强烈反差。停车场一名工作人员介绍，有不少开小汽车来的游人，一得知门票涨价，就立即开车掉头走了。

两位来自洛阳的游客告诉记者，他们同车30余人一路颠簸，到门口一看票价涨到100元，大家车都没下，就转而去游览中岳庙等别的景点了，全车只有他们两个人下车买票游览少林景区。

下午5点记者离开景区时，景区全天接待游客不足1500人。与五一黄金周期间的日均近3万人对比相差悬殊，与门票涨价前的5月9日相比，也少了一半。据景区售票处统计，调价后的第一周总共接待游客近1.6万人，日均2200人，比涨价前的5月9日减少了近1/3。

少林景区的旅游者，散客占七成，旅游团队占三成。此次门票涨价针对的是散客，对预订门票的国内旅游团队，要到6月份才实行新的门票价格，国际旅游团队则要延迟到8月份才执行新票价。因此，这次涨价后的游客减少量，还未到"谷底"。一位导游说，涨价以后，有的景点变成了过路点，游客停留时间缩短，与之相关的住宿、交通服务、餐饮等环节的利润也都大大减少。

二、"算盘"应该怎么打

涨价"算盘"到底拨得合算不合算？"涨"与"不涨"的对比非常鲜明，也耐人寻味。

贵州等省份明确表示不"跟风"涨价，游客自然把"选票"投给了这些地方。据贵州省假日办最新统计：五一黄金周期间全省共计接待海内外游客306万余人，比上年同期增长近40%。仅前四天，贵阳火车站每天就至少迎来80个旅游团，是去年同期的两倍，形成了贵州旅游"井喷"现象。

同样，"免费西湖"不但没有拉杭州旅游收入的"后腿"，反而成了杭州旅游优化环境的一张"名片"，给餐饮、住宿、商贸、交通等相关行业带来了巨大商机。西湖免票前的2002年，杭州旅游总收入为294亿元，而到了2004年，这个数字已突破了400亿元。杭州市假日办的统计数据显示，今年五一杭州市各景区景点共接待游客527.5万人次，同比增长16.6%。

世界遗产问题研究专家谢凝高教授认

为，一些名胜景区近期竞相涨价，反映了地方政府和景区管理者对景区功能的偏颇认识，这是一个应该有什么样的发展观的问题。他说：“不理性地涨价，可能会导致客源流失，进而影响到住宿、餐饮、娱乐、购物等整个消费链条，最终影响到地方经济发展。对消费者而言，当你的收费超过其心理承受力之时，再好的地方他也会说‘不’。”

北京大学景观设计研究院李迪华老师认为，旅游业关联度极高，在西方发达国家的成熟旅游市场中，门票收入的分量越来越低，相关的吃、住、行、娱、购、游等消费比重不断上升，我国则正好相反。目前我国正处在旅游市场的培育阶段，过高的门票将迫使游客“用脚投票”，最终影响整个旅游产业的健康发展。北京交通大学旅游系教授、日本国际观光学会会员德村志成认为：“旅游资源是公共资源，经营者只是受委托管理，现在缺乏相应的权力约束，他们享受了景区这个稀缺资源的垄断收益。这就造成许多景区的发展思路，不是‘可持续’的，而是经济至上，急功近利的，认为门票收得越多越好，涨得越快越好。”

分析思考题：

1. 为何有些景区涨价之后利润反而减少？

2. 阐述免费经济学背后的原理。

资料来源：陈芳，郭久辉，姚玉洁. 门票涨价景区遇尴尬游客“用脚投票”到此不游[EB/OL]. http://news.sina.com.cn/c/2005-05-18/03585915065s.shtml

讨论与练习

1. 某产品在三个地区中每个地区的需求曲线如下：

地区 1：$Q_1=307-5P$

地区 2：$Q_2=204-3P$

地区 3：$Q_3=500-9P$

求三个地区总的需求曲线。

2. 苹果和橙子是替代品。如果今年冬天寒冷的天气使橙子减产，你认为这将对下列市场产生什么影响：

(1) 橙子。

(2) 苹果。

(3) 橙汁。

3. 对 DVD 机的需求函数估计如下：$Q_X=134-1.07P_Y+46P_Z-2.1P_X-5I$

式中的 Q_X 代表 DVD 机的需求量，P_Y 表示 DVD 碟的价格，P_Z 是电影票价，P_X 是 DVD 机的价格，I 代表收入。那么，

(1) DVD 机是正常品还是劣质品？

(2) 电影是 DVD 机的替代品还是互补品？

4. 某公司的产品需求函数估计为：$Q_X=7880-4P_X-2P_Y+P_Z-0.1I$。相关的价格与收入数据如下：$P_X=10$，$P_Y=15$，$P_Z=50$，$I=40\ 000$。

(1) 物品 X 的替代品是哪种物品？哪种物品是 X 的互补品？

(2) 物品 X 是劣质品还是正常品？

(3) X 的需求量是多少？

(4) 根据上面的信息，划出 X 的需求曲线。

(5) 如果收入 I 下降到 30 000，需求曲线将如何变化？

5. 你认为下列各种商品中哪一种最缺乏价格弹性？为什么？

(1) 汽车。

(2) 轿车。

(3)奔驰轿车。

6. 假定某企业生产的 A 牌微波炉的年需求函数如下：

$$Q_A = 43\ 500 - 35P_A + 20P_B + 4.3I + 0.03K - 320P_E$$

其中：Q_A 是 A 牌微波炉的年需求量；

P_A 是 A 牌微波炉的价格；

P_B 是竞争产品 B 牌微波炉的价格；

I 是年平均家庭可支配收入；

K 是公司在该品牌微波炉上花的年广告费；

P_E 是每百度电的电费。

假定 $P_B = 1\ 700$ 元，$I = 7\ 000$ 元，$K = 100$ 万元，$P_E = 40$ 元。

试求 $P_A = 1\ 500$ 元，$Q_A = 72\ 300$ 台处的点价格弹性。

7. (1)假定某企业的需求曲线方程为：$Q = 30 - 5P$。求 $P = 2$，$Q = 20$ 处的点价格弹性。

(2)假定在某企业的需求曲线上，当 $P = 2$ 时，$Q = 20$；当 $P = 5$ 时，$Q = 5$。求价格在 2 元到 5 元之间的弧价格弹性。

8. 某企业生产和销售一种按摩器，它的需求曲线方程是：$Q = 400 - 2P$；其中 Q 为日销售量(台)，P 为价格(元)。问：

(1)假定该企业计划每日销售按摩器 180 件，价格应是多少？

(2)画出按摩器的需求曲线、边际收入曲线和总收入曲线。

(3)求出按摩器价格 $P = 120$ 元时的点价格弹性。

9. 某产品的需求方程为：$P = 20 - 2Q$

(1)写出该产品的总收入、平均收入和边际收入方程。

(2)平均收入和价格是什么关系？

(3)平均收入曲线的斜率与边际收入曲线的斜率之间有什么关系？

10. 某纺织公司估计市场对化纤布的需求与居民收入之间的关系函数 $Q = 100 + 0.2I$ 来表示。这里，Q 为需求量，I 为每一人口的收入。

(1)求收入水平分别在 2 000 元、3 000 元、4 000 元、5 000 元、6 000 元时的需求量。

(2)求收入水平在 4 000 元和 6 000 元时的点收入弹性。

(3)求收入范围在 2 000 - 3 000 元之间和 5 000 - 6 000 元之间时的弧收入弹性。

11. 假定某企业产品 X 的需求函数为：

$$Q_X = 34 - 8P_X + 20P_Y + 0.04I$$

式中，P_X 为产品本身的价格，P_Y 为相关产品的价格，I 为居民收入。

问：当 $P_X = 10$ 元，$P_Y = 20$ 元，$I = 5\ 000$ 元时，

(1)产品 X 的价格弹性是多少？

(2)产品 X 的交叉弹性(产品 Y 的价格变动对产品 X 需求量的影响)是多少？两种产品是互补还是可互相替代？

(3)产品 X 的收入弹性是多少？X 是正常货还是低档货？

12. 对某公司的 X 产品的需求如下：

$$Q_X = 12 - 3P_X + 4P_Y$$

假设 X 产品的售价为每单位 3 元，而 Y 产品的售价为每单位 1.5 元。

(1)在给定价格下，计算产品 X 与 Y 之间的需求交叉价格弹性(产品 Y 的价格变动对产品 X 需求量的影响)。

(2)产品 X 与 Y 是替代品还是互补品？

(3)在给定价格下，产品 X 的需求价格弹性是多少？

第6章 供给分析

导入案例

农民因菜价贱卖不出自毁万亩蔬菜

自2013年3月上旬以来，在湖南省蔬菜基地之一的汉寿县围堤湖，农民将自种的近万亩白菜、包菜耕除。围堤湖位于汉寿县城北约2公里处，种植蔬菜5万多亩，其中白菜有3万多亩。记者看到，3台旋耕机正在紧张作业，成片鲜嫩的白菜被耕掉。一名拖拉机手告诉记者，围堤湖约三分之一的菜地已被耕掉，面积有1万多亩。对此，汉寿县蔬菜办侯主任称，保守估计毁菜6 000亩以上，经济损失达2 000万元。据记者了解，围堤湖蔬菜采取"订单"模式，由流通大户订购包销，每亩白菜订购价为1500－2000元，先付50%的订金，卖完再结清。近段菜不好卖，流通大户拒付剩下的50%收购款，菜农被迫降价销售。菜价贱卖不出，菜农欲哭无泪，不得已毁菜赶农时，抢种下一茬瓜菜。现在围堤湖白菜几分钱1斤也无人收购。一些流通户告诉记者，长沙市场白菜批发价约6毛钱1公斤，而他们请人工割菜、装卸，加上运费、进场费等，需卖8毛钱1公斤才能保本。卖得多就亏得多，耕掉还能减少损失。据省农业厅有关负责人介绍，今年春节后升温快，蔬菜长得快，各地白菜集中上市，造成价格低、销售难。此外，围堤湖还长期存在生产、流通的结构性问题。一是生产无序，盲目扩种。围堤湖菜农把握市场能力弱，去年行情好赚了钱，今年就扩种白菜面积1倍以上，估计增产5 000万公斤，而销售却跟不上。二是品种单一，竞争力差。围堤湖冬季只种"老三样"——白菜、包菜和莴笋，夏季只种南瓜和冬瓜。今春白菜更是集中在晚熟品种，无法错峰上市。夏季的瓜菜也如此，去年8月就曾出现30元买1亩南瓜的惨况。三是流通不畅，缺乏直销渠道。销售高峰时，围堤湖每天有600台次车辆运菜外销，通过长沙、广州等地批发市场销售，各级流通主体层层收费加价，"卖菜难"一直未缓解。遇上各地蔬菜扎堆上市，问题更严重。在当地设中转市场，建立直销网络，是菜农和流通户的一致呼声。在湖南省蔬菜主产区，围堤湖现象并非唯一。如临湘市今春也有100多亩包菜被耕掉，浏阳、君山等地近两年也发生过大面积毁菜事件。对此，湖南省农业部门有关负责人认为，湖南省不宜再大规模扩建蔬菜基地，而应"稳面积、提质量、活流通"，尽快建一个全国联网的生产、销售信息网，解决信息不畅、盲目生产问题；同时大力推进城市直销店等直销模式，加快实现“农超对接”，既缓解菜贱伤农问题，也缓解城市居民吃菜贵难题。

资料来源：谭登. 湖南日报 2013 年 4 月 2 日.

- **知识目标**
  - 掌握供给及供给量的基本概念
  - 理解供给、供给量的变动及其影响因素
  - 掌握供给弹性的基本概念及计算
- **能力目标**
  - 能分析供给及供给量变动的相关内容
  - 能运用供给弹性的知识分析现实案例

6.1 供给与供给量

6.1.1 供给与供给量的概念

供给是指企业在一定时期内，在每一价格水平上愿意而且能够提供的商品量。供给也是供给欲望与供给能力的统一。供给能力既可以是当期新生产出来的产品，也可以是存货。应该指出的是，供给不同于某一价格水平或特定价格意义上的供给量，它反映的是价格与企业的供给量这两个变量之间的组合关系。

与需求相同，供给也可分为个别供给和市场供给。个别供给是指单个企业对某种商品的供给。市场供给是指该商品市场中所有供给的总和，即每一可能售价相对应的每个企业供给量的总和。

在其他条件不变的情况下，某商品的供给量与价格之间呈同方向变动，即供给量随着商品本身价格的上升而增加，随着商品本身价格的下降而减少。

6.1.2 供给与供给量的变动

供给变化与供给量变化的差别和需求变化与需求量变化的差别相类似。供给量变化是指在其他供给影响因素都不变的情况下，价格变化所导致的供给量的变化，表现为供给曲线不变，但随着价格的变化，供给量会沿着供给曲线发生移动，如图 6-1、图 6-2 所示。

在图 6-2 中，当供给价格为 P_0时，与其相对应的供给曲线 S 上的点是 A，供给量为 Q_0；价格上涨至 P_1时，反映在供给曲线 S 上为 A 点沿供给曲线上升至 B 点，供给量增加到 Q_1；当供给价格由 P_0降至 P_2时，它在供给曲线 S 上的对应点由 A 下降至 C，于是供给量减少为 Q_2。这是供给量的变化，即供给量沿供给曲线的运动。

供给变化意味着非价格影响因素发生了变化，表现为整个供给曲线发生了位移，如图 6-3 所示。

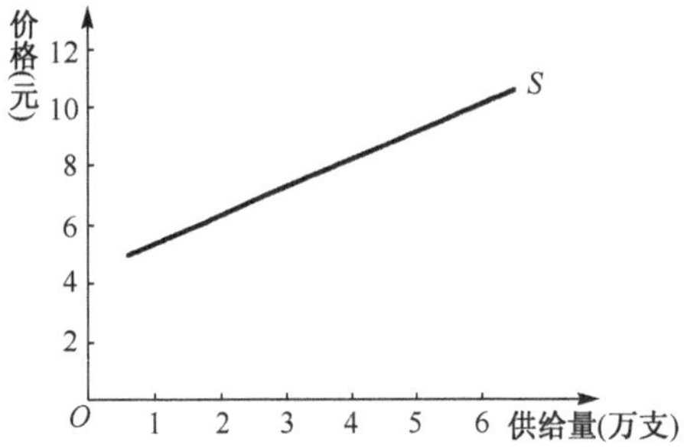

图 6-1　供给曲线

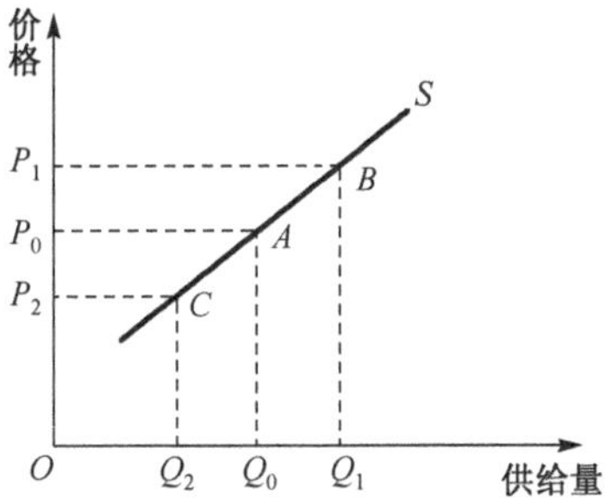

图 6-2　供给量变化

在图 6-3 中，供给曲线为 S_0，价格为 P_0时，供给量为 Q_0。现假定产品成本上升了，在原价格水平下，生产者的收益必然减少，从而使得生产者将产量减到 Q_1。在每个价格点上都发生这样的变化，便推动供给曲线向左上方平行移动至 S_1；如果生产成本不是上升而是下降了，那么在原价格水平下，生产者会得到更多的收益，他就会将产量由 Q_0增加到 Q_2。在每个价格点上都发生这样的变化，便推动供给曲线向右下方平行移动至 S_2。总体来说，供给曲线向右下方平移，表明市场总供给的增加，向左上方平移，表明市场总供给的减少。

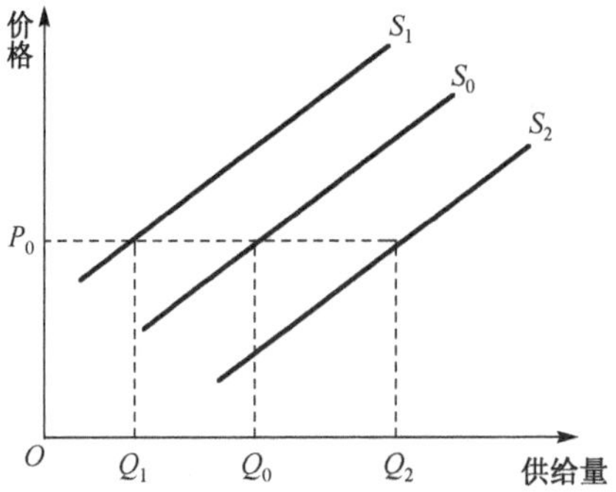

图 6-3　供给变化

6.2　供给的影响因素

影响商品供给量的因素很多，其中主要因素包括以下几个。

1. 商品自身的价格

在影响一种产品供给的因素中，产品本身的价格常常是最重要的。一般情况下，在其他条件不变的情况下，商品价格提高后，其供给量就会随之增加。这是由于价格提高后，原有的生产者更有利可图，会进一步扩大生产，同时又会吸引新的企业加入到这个行业里来投资生产，使得企业和行业的供给量有所增加。反之，商品价格下降，供给量会随之减少。

2. 生产的成本

在商品自身价格不变的情况下，生产成本上升，企业利润就会减少，从而减少商品的供给量。反之，生产成本下降，企业利润就会增加，从而企业会增加商品的供给量。

3. 生产技术水平

生产技术水平的提高一般会导致要素使用效率的提高，从而使得生产成本降低，企业利润增加，这就会使商品供给量增加。

4. 生产者对未来的预期

如果生产者预期商品价格要上涨，生产者在制订生产计划时就会增加产量供给；如果生产者预期商品价格要下降，生产者在制订生产计划时就会减少产量供给。

5. 厂商数量

市场供给还取决于生产者的数量。当有新的企业进入某个行业时，在每个特定价格处的市场供给量将会增加。这表现为供给曲线的向右移动。

以上是影响供给量的主要因素。此外，其他诸如自然条件、政府政策等因素，也会影响商品的供给。

6.3 供给函数

如果把影响供给的各种因素作为自变量，把供给作为因变量，则可以用函数关系来表达影响供给的因素与供给之间的关系，这种函数便称为供给函数。记为：

$$Q_s = f(P_x, C, T, E, N\cdots) \tag{6-1}$$

式中：Q_s代表某种商品的供给；P_x代表该商品的价格；C代表商品的生产成本；T代表技术水平；E代表企业对未来的预期，N代表厂商数量。

如果供给量Q_s是价格、成本以及其他变量的线性函数，那么该需求是线性的，其表达式为

$$Q_s = H + \partial_{P_x}P_x + \partial_C C + \partial_T T + \partial_E E + \partial_N N \tag{6-2}$$

当商品价格上升时，供给量增加，因此，P_x的系数$\partial_{P_x} > 0$。当生产成本增加时，供给量减少，因此$\partial_C < 0$。∂_T的正负取决于技术水平的提高。∂_E的正负取决于厂商是看涨还是看跌。∂_N的正负取决于厂商的数量。

同需求一样，价格也是决定一种商品供给的最基本的因素。我们假定其他条件不变，只研究某种商品的供给与其价格之间的关系，则基本供给函数可记作：

$$Q_s = f(P) \tag{6-3}$$

6.4 供给的价格弹性

6.4.1 供给的价格弹性概念及其计算方法

供给弹性也分为三种类型，即供给的价格弹性、供给的收入弹性和供给的交叉弹性。为简化起见，本书只介绍供给的价格弹性。

同需求一样，供给与价格之间也存在着函数关系，对价格的不同变化，供给量的反应

程度是不一样的。供给量对价格变化的反应程度，就是供给价格弹性。它由供给量变动的相对量与价格变动的相对量之比求得，即供给量变动的百分比除以价格变动的百分比。其计算公式为：

$$E_{s_p} = \frac{\Delta Q_s / Q_s}{\Delta P / P} = \frac{\Delta Q_s}{\Delta P} \cdot \frac{P}{Q_s} \tag{6-4}$$

式中：E_{s_p}——供给的价格弹性；

Q_s——供给量；

ΔQ_s——供给增量；

P——价格；

Δp——价格增量。

上述公式中字母的经济含义与需求的价格弹性大致相同，不过在这里，Q_s 代表的是供给量。价格与供给量之间是正向变动的，因此，供给弹性值是正值。

供给弹性的计算公式也分为点弹性与弧弹性两种。

点弹设计算公式是：

$$E_{s_p} = \frac{dQ_s}{dP} \cdot \frac{P}{Q_s} \tag{6-5}$$

弧弹性计算公式是：

$$E_{s_p} = \frac{Q_{s_2} - Q_{s_1}}{P_2 - P_1} \times \frac{P_2 + P_1}{Q_{s_2} + Q_{s_1}} \tag{6-6}$$

6.4.2 供给弹性的影响因素

影响供给弹性的因素主要有包括如下几点。

1. 商品生产的难易程度

一般说来，在一定时期内，容易生产的产品，其供给量变化速度快，因而供给弹性就大；较难生产的产品，其供给量变化速度慢，因而供给的弹性较小。例如，轻工业产品的供给弹性大，重工业产品的供给弹性小。因此，供给弹性的大小与商品生产的难易程度成反向变化。

2. 生产规模的大小和规模变动的难易程度

一般来说，生产规模大的企业，其生产规模受设计生产能力和专业化设备的制约，较难变动或调整周期较长，因而其供给弹性小；而生产规模较小的企业，应变能力强，生产规模较易变动或调整周期较短，因而其供给弹性较大。例如，一个食品厂的供给弹性要比一个飞机制造厂的供给弹性大。所以，生产规模大，资本密集型的企业，供给弹性较小；生产规模小，劳动密集型的企业，供给弹性大。

3. 调整生产所需时间的长短

当产品价格上涨后，生产者要增加产量，生产出足够的产品来满足市场需求，需要有一段调整生产的时间，即价格变动后，供给量对它的反应有一个时滞。对同一产品生产来讲，供给弹性的大小是随着时间的变化而变化的，时间越短，供给弹性越小，时间越长，供给弹性越大。

本章小结

供求理论在管理经济学中占有十分重要的地位，它揭示了以市场为媒介的生产者与消费者之间的联系及其变化规律。市场机制集中反映了供求关系与价格变化相互影响、相互作用的对立统一关系。供求理论是企业正确认识价格杠杆的作用、实现市场导向、进行管理决策的基本依据，是企业实现资源优化配置的方向标、出发点。

在本章中，我们主要分析了市场供给的规律，市场经济中的供给是由企业提供的，企业提供产品和服务是为了获得利润。因此企业在市场上提供的产品和服务的数量要受到企业生产成本和产品价格的影响。本章通过分析供给的一般原理，帮助管理者更好地掌握市场变化规律，提高决策水平。

案例分析

全球知名商业地产服务和投资公司成都写字楼空置率过高

世邦魏理仕发布《2012 年成都房地产市场回顾》，其中关于写字楼的一项指标引起业界高度关注。报告显示，成都写字楼“空置率”在 2012 年底被推高至 34.6%，这被认为是越过了国内所有一、二线城市同类物业空置率的警戒线，并被全国媒体相继转载报道。报告称：成都全年写字楼市场累计新增约为 98 万平方米，在巨大的新增供应的压力下，虽然净吸纳量保持较高水平，但成都优质写字楼空置率仍被推升至34.6%，较 2011 年增加8.8 个百分点。

早前包括世邦魏理仕在内的国际五大行，基于当时所掌握的未来几年的新开工量和新增供应量，就发出过类似的预警。所以我们看到，从 2010 年开始，过去几年间成都写字楼空置率一直呈逐年递增的趋势，直到 2012 年底飙升至全国、全行业这一指标之最。

空置率 34.6%意味着什么？相当于成都 1/3 写字楼闲置。它相当于目前天府新区一带所有建成的写字楼全部形同虚设，无人入驻。我们知道一线城市写字楼空置率一般在 10%以下，二线城市平均值维持在 20%左右，成都的水平已经或接近它们的倍数，全国仅有天津与成都水平相当。

冰冻三尺非一日之寒。关于写字楼空置率高起，在成都并非这一两年的事情，可以简单归结于：前几年写字楼开工量巨大，100 多座城市综合体配写字楼几乎是规定动作；拍卖用地的商业部分配比很高(60%)，其中写字楼又占到相当比重；天府新区特别是大源金融商务区近年来巨量写字楼兴建开工加入到市场供应……这些被视为客观原因。

世邦魏理仕在报告中称：“高品质写字楼的入市使得全年平均租金较 2011 年底上涨 2.0%至每月每平方米 100.5 元。中心商务区的高品质写字楼仍保持低空置率高租金，但是由于受到天府新区的区域租金下滑的影响，整体市场租金在第四季度按季微降 0.7%。顶级写字楼市场，虽然有新入市项目，但其租金报价也相当高，使顶级写字楼 2012 年平均租金上涨 3.9 个百分点至每月每平方米 178.8 元。”不难看出，一些只租不售、产权单一的顶级写字楼，呈现出“租金不降反升，空置率不升反降”的局面；相反，大量已出售的、产权分散的普通写字楼呈现出“租金递减、空置率走高”的态势。据此可以得出结论：大量中低端产品拖了成都写字楼市场的后腿，拖低了租金水平，拉高了空置率。最近业界反复引用的一个段子是：“以新世纪环球中心为例，其平均租金大致在40元/平方米·月。而一家中介机构销售人员向记者介绍，甚至出现10～20元/平方米·月的极端超低租金，这与成都市写字楼平均100元/平方米·月的价格形成巨大反差。”事实上，这不无道理。目前成都写字楼总存量(保有量)达370万平方米，天府新区就占到了31%，处于成都市四大商务区最低，而空置率为39%，高于成都市平均水平。从某种程度上而言，天府新区相当于成都写字楼市场高空置率、低租金现象的最大“肇事者”。到2015年，天府新区的新增供应量将占到51%，区域存量将占到41%。也就是说，在相当长一段时间内天府新区还将扮演这样的角色。

2012年新增供应量是98万平方米，2013年新增供应预期将超过100万平方米，在其他关键因素没有大幅变动的前提下，很显然，2013年的未来几个季度乃至全年，租金水平将承受一定的压力，而空置率将继续攀升。写字楼供给过剩主要表现在结构性过剩和阶段性过剩两方面，具体而言：①结构性过剩，表现在写字楼这一物业形态内部，也就是说普通甲、乙级写字楼占比明显过剩，因为它们大多为分散产权，当遇上需求超过1000平方米这样的大租客时，在议价、装修这样的具体问题上很难满足租户的具体需求，不具竞争力，大宗租客流失，直接造成高基数的空置率。所以顶级写字楼的占比(开发量、供应量)应当适度增加，从而引导市场需求；②阶段性过剩，是指市场预期向好但短期内供过于求。就写字楼的特性而言，阶段性供应量远远大于吸纳量是十分正常的，也就是说吸纳需要一段时间，并不代表市场基本面不乐观。以天府新区为例，如此巨量的写字楼供应，不可能在一年内被吸纳，在3～5年被逐渐吸纳也实属正常。以成都的城市化进程前景，和商务办公物业的愿景，目前34.6%的空置率仅仅是阶段性过剩的表征。

业内人士表示：其实成都市场上，未来企业对于写字楼的租赁需求依然强劲，供应大并不是问题，真正的危险在于，目前在售及在建写字楼，大多产品形式单一。如何在写字楼产品上，根据市场需求进行创新，避免同质化，才是当下最该解决的关键问题。

据仲量联行报告显示，2013年二季度，三栋甲级写字楼建成入市，总建筑面积高达266 339平方米，同比上涨223%，环比上涨226%。至此，成都写字楼的总体量已突破百万大关，达到106.47万平方米。至二季度末，成都甲级写字楼空置率由一季度的23.1%升至37.6%，平均有效租金拉低至117.5元。业界关于成都特别是城南片区，写字楼过剩问题的讨论从未停止，普遍观点是整个市场消化需要一定过程，而其中产品不够创新的写字楼，很可能在修建过程中就被淘汰。同样面对强大的库存压力，北京上海的情况却有不同。戴德梁行最新报告指出，截至二季度末，北京甲级写字楼市场存量稳定在620万平方米。北京甲级写字楼平均租金达到每月每平方米288.55元，同比2011年飙升了近50%，空置率则持续下降到2.45%。

为何上海北京写字楼市场库存惊人，租金却屡创新高？仲量联行成都商业部总监张裕鹏表示：“首先北京上海的市场成熟度跟成都有所不同。成都正处于快速发展阶段，第二季度租金微跌，空置率上涨，是由于大量供应入市冲淡市场。如果除开新入市项目，成都甲级写字楼的租金是上涨的，同时空置率也在下降。”他表示，未来2～3年的市场都会处于供应井喷状态，短期内品质较低、缺乏区域优势且呈同质化的产品表现将会持续受压。

作为大西南桥头堡城市的成都，写字楼市场前景如何？仲量联行成都商业部总监张裕鹏表示，随着成都经济的持续向好、国际金融中心及优质产品的入市，预计未来跨国公司及大型国企对于高品质的写字楼的租赁需求将持续增强。或许能够在万千写字楼中保持微笑的，则是那些高品质、产品有特色有创新的项目。例如，仁恒置地目前在成都的租金应该是最高，却租不应求。原因有多重：地段、单一业权还有其高品质及稀缺性。正是因为仁恒置地的高品质，实际上给入驻企业一个硬性标准和规定，保证了入驻企业的竞争力。

还有一些节能创新产品，成都国际科技节能大厦就成为首个以创新概念来获得业界看好的项目。它是国内首次拟设置新能源电动汽车充电桩的写字楼。在汽车行业中，新能源汽车概念正在普及。开发成都国际科技节能大厦的成都中节能环保发展股份有限公司正是看到了汽车行业这一趋势，设置了充电桩，为未来新能源汽车的应用提供基础支持。整体而言，它集成了国内外先进的节能建筑和新能源应用技术，最大限度做到了节能、节地、节水、节材和环保。

华润则为客户提供了定制服务。华润大厦有一个苹果成都旗舰店，在招商的时候，苹果提出结构上，店堂内不能有一根柱子。华润根据其需求做了结构上的改造，算是为客户做了创新。

有资深业内人士称，节能概念在成都商务地产领域，成都国际节能科技大厦是首个吃螃蟹者。此外，在节能产品上，成都来福士广场，也因多项“抠门”设计方案，获得由美国绿色建筑委员会颁发的“绿色建筑（LEED）预认证金奖”。仲量联行成都商业部总监张裕鹏表示，虽然节能环保的产品，在短期内的影响不会太明显，但是从长远看，节能环保是保证中长期产品竞争力的重要因素。

资料来源：赖黎明，华西都市报，2013 年 2 月 1 日

分析思考题

1. 成都写字楼供给过剩，空置率过高的原因是什么？

2. 为了缓解该问题，可以采取哪些有效措施？

讨论与练习

1. 如果其他因素保持不变，当以下事件发生时，某物品的供给可能发生什么变化？

(1) 该物品的价格上涨了

(2) 发明了一项新技术，该技术能使物品的生产成本显著下降

(3) 某项主要投入品的价格上涨了

(4) 生产者预计该物品的价格将在未来一年内上涨

2. 某公司的供给函数估计为：$Q=60+5P-12P_I+10F$。其中 Q 为供给量，P 为价格，P_I 为某关键品的价格，F 为生产同类产品的企业数量。

(1) 解释 P、P_I、F 在供给函数中的意义

(2) 当 $P_I=90$ 和 $F=20$ 时，画出供给曲线

(3) 当价格分别为 300 和 500 时，供给量分别应为多少

3. 比较下列的各对物品，你认为谁的供给弹性更大？为什么？

(1) 市中心的住房与郊区的住房

(2) 唐朝的唐三彩与现状某瓷器厂的彩瓷工艺品

(3) 石油的短期供给与长期供给

4. 某电视机厂的供给函数为：$Q=5P-6\,000$

(1) 当 $P=1\,000$ 时，该厂的供给价格弹性为多少？

(2) 当 $P=1\,200$ 时，该厂的供给价格弹性为多少？

(3) 当 $P=1\,500$ 时，该厂的供给价格弹性为多少？

第7章 市场均衡分析

导入案例

引例—供求矛盾凸显 劳动力市场陷“两难”迷局

2014年春节过后，各省招聘会相继开场。一边是招聘会上人头攒动，求职者众；一边是企业抱怨“粥多僧少”，不停喊“渴”，劳动力市场的这种迷局让人有点看不懂。山东省劳动就业办公室最新出炉数据显示，总体来看，今年1月全省人力资源市场供求双方整体依然保持平稳，人力资源需求大于供给，与去年同期相比，企业需求明显增加，求职人员有所减少。

具体而言，1月份进入各级公共人力资源市场的用人单位对人力资源的总需求(即需求人数)为16.9万人，同比增加20.82%；市场总供给(即求职人数)为10.9万人，同比减少2.3%；企业用工缺口6万人，同比增加112.05%。求人倍率是劳动力市场需求人数与求职人数之比，它表明劳动力市场每个岗位需求所对应的求职人数，如果求人倍率大于1，说明人才供不应求，反之，则说明职位供过于求。从求人倍率来看，山东省全省为1.7，除德州、菏泽两市求人倍率小于1外，各市均大于1，人力资源供不应求。其中，济南、威海、枣庄和东营四市求人倍率较高，分别为4.48、2.49、2.09和2.05。

为预防缺工，大部分企业春节前已经开始紧锣密鼓地招兵买马，为生产扩张作准备。为招聘到满意员工，企业工资普遍上调10%以上，并承诺签订劳动合同、缴纳社会保险、提供培训和带薪休假等待遇，用工更加规范。

之所以会出现招工和就业两难并存，一方面，在供需对接上，企业对技能型人才需求增加，但供给相对不足，1月份用人单位对技能型人才的需求占需求总量的56%，并主要集中在中级以上专业技术人员，然而，具有中级以上技能的求职者所占求职人员总量比例仅为12.2%，而另一方面，很多求职者又找不到工作。与此同时，劳动者求职的期望值也在提高，劳动者的心态发生了很大变化，这在新生代农民工身上表现尤为明显，不仅要求薪酬待遇，还看重工作环境、保险缴纳等，而一些劳动条件差，用人不规范的小微企业难以留人，劳动力市场流动性强，由此出现当前企业“频繁招工”而劳动者“频繁求职”并存的现象。

资料来源：大众日报，2014年2月13日

● **知识目标**

- 掌握市场均衡、均衡价格、均衡数量基本概念
- 掌握价格上限、价格下限的基本概念及其对均衡市场的影响
- 理解征税对市场的影响
- 掌握需求、供给的变动对均衡市场的影响
- 理解生产者剩余、消费者剩余的基本概念及计算

● **能力目标**

- 能分析市场均衡的形成及变动
- 能根据需求和供给的变动判断市场均衡的变动
- 能利用市场均衡的知识分析现实案例
- 能利用生产者剩余、消费者剩余的知识分析现实案例

7.1 市场均衡

7.1.1 市场均衡的形成

所谓市场均衡是指在影响需求和供给的其他因素都不变的条件下，市场上的商品价格达到这样一种水平，即消费者愿意购买的数量等于生产者愿意供给的数量。在这种状态下，买者与卖者都不再希望改变价格与买卖的数量。市场处于均衡状态时的价格称为均衡价格，与均衡价格相对应的成交数量称为均衡交易量（或均衡产量、均衡销量）。均衡价格有时也被称为市场出清价格。如图 7-1 所示。

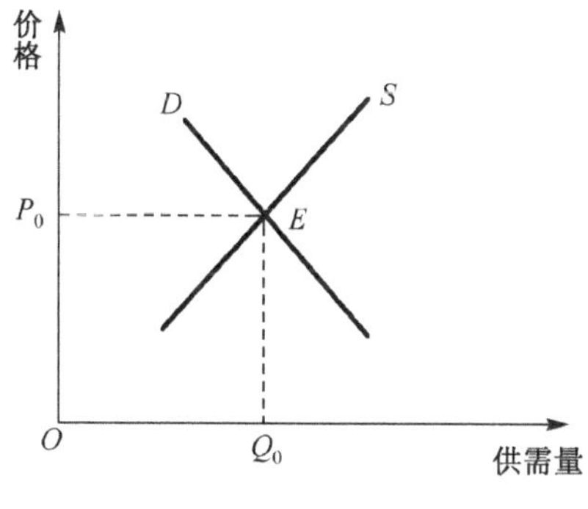

图 7-1 供需均衡

在图 7-1 中，纵轴为价格，横轴为供给、需求数量，D 为需求曲线，S 为供给曲线，E 为均衡点。E 恰好是曲线 D 与 S 相交之点，其对应的价格 P_0 为均衡价格（供给价格等于需求价格），对应的数量 Q_0 为均衡数量（供给量等于需求量）。

用函数形式将市场均衡状态表示为

$$Q_d = Q_s \tag{7-1}$$

均衡价格是通过市场供给的自发调节而形成的。当市场价格背离均衡价格时，需求与供给曲线位置没有变，也就是说市场上的供需均衡点没有改变，所以市场机制就会自发地

发挥作用，促使市场价格恢复到均衡状态。表 7-1 可用来说明均衡价格，进而说明市场均衡的形成过程。

表 7-1 表明，当价格高于 5 时，市场供给量大于需求量，由于卖者（生产者）之间的竞争，价格会下跌。当价格低于 5 时，市场需求量大于供给量，由于买者（消费者）之间的竞争，价格会上涨。只有当价格等于 5 时，供给量与需求量相一致，市场供需之间才达到了平衡。此时的 5 便是均衡价格，对应的供需量 7 为均衡数量。不言而喻，这种均衡的形成，是以生产者和消费者内部的充分竞争为必要条件的。

均衡的稳定机制还可以通过图形进行分析。先看一下当市场价格高于均衡价格时的情况，见图 7-2。在图 7-2 中，P_0为均衡价格，Q_0为均衡数量，E 为均衡点。此时，市场的供需之间是平衡的。现假定，市场价格变为 P_1，在这一价格水平上供给量为 Q_2，需求量为 Q_1，供给大于需求，即 $Q_2 > Q_1$，市场上的商品出现过剩（$Q_2 - Q_1 > 0$）。于是，价格就会下跌。随着价格的下跌，市场供给量会逐渐减少，需求量则会逐渐增加，即供给量沿供给曲线 S 由 G 点向左下方运动，需求量沿需求曲线 D 由 F 点向右下方运动。当价格跌到P_0时，供给量恰好减少到 Q_0，需求量也增加到 Q_0，即由 G 点和 F 点分别运动到 E 点，此时市场的供给量与需求量相等，从而达到市场均衡。

表 7-1　均衡价格的形成过程

供　给　量	价　　格	需　求　量
10	8	4
9	7	5
8	6	6
7	5	7
6	4	8
5	3	9
4	2	10

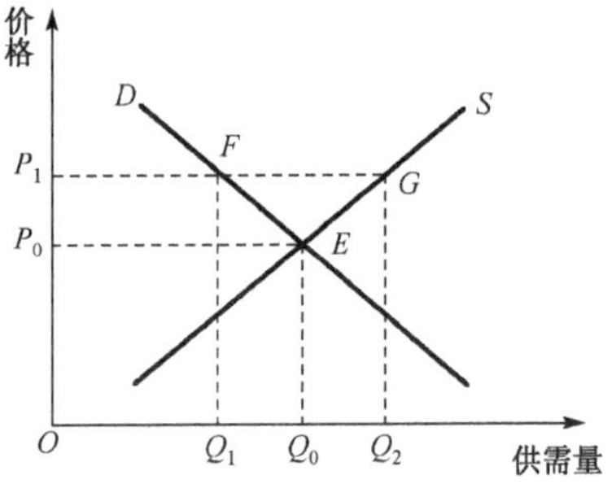

图 7-2　市场均衡的形成（a）

再考察市场价格低于均衡价格的情况，如图 7-3 所示。

在图 7-3 中，假定市场价格为 P_1，此时的市场需求量为 Q_1，供给量为 Q_2。因 $Q_1 > Q_2$，市场上的商品供不应求（$Q_1 - Q_2 > 0$），于是价格上涨。随着价格上涨，市场供给量逐渐增加，需求量逐渐减少，供给量沿供给曲线 S 由 K 点向右上方运动，需求量沿需求曲线 D 由 H 点向左上方运动。当价格上涨到P_0时，供给量增加到 Q_0，需求量减少到 Q_0，K、H、E 三点重合，从而达到市场均衡。

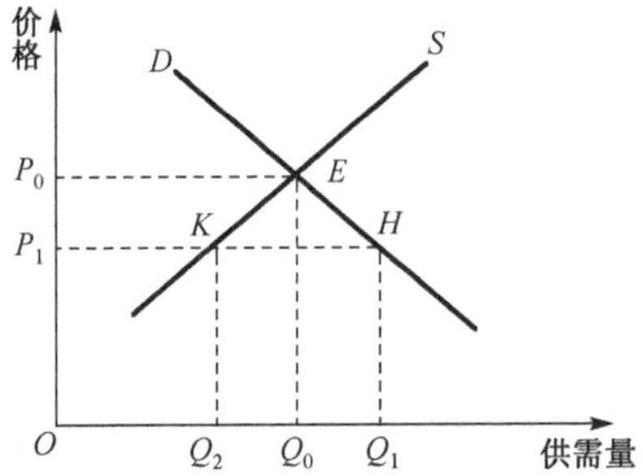

图 7-3　市场均衡的形成（b）

7.1.2 价格上限和价格下限

当需求量小于供给量时的市场状态称剩余，即当 $Q_d < Q_s$ 时有剩余(超额供给)；需求量大于供给量时的市场状态称为短缺(超额需求)，即当$Q_d > Q_s$时有短缺，也可以用价格来定义剩余和短缺。若实际价格高于均衡价格，就会出现剩余，若实际价格低于均衡价格，就会出现短缺。

价格上限，政府为了限制某些物品的价格，而在一个市场上所允许收取的最高价格，往往是在战争或出现重大自然灾害时对居民生活必需品规定最高限价。这多为在战时采用的价格政策。战争期间，军费开支增大，大量资源由民用转为军用，民用品供不应求，有些消费品(如糖、肉、奶、蛋等)如不控制，物价就会上涨，这会影响全体国民的士气。因此，政府为了保障人民的基本生活水平，就对一些基本消费品规定最高价格。如图7-4所示。

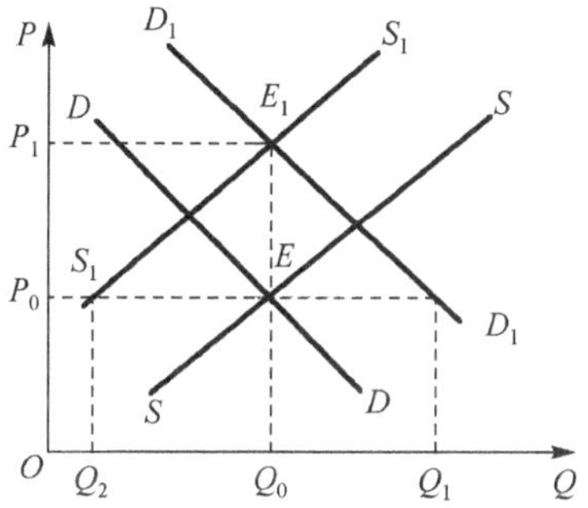

图 7-4 政府规定的价格上限

如图7-4 所示，现假定 P_0为平时价格，Q_0为平时的交易量。战争爆发后，一方面由于大量资源转为军用，民用品成本提高，供给线由 S 移向 S_1；另一方面，国民预计消费品生产将出现不足的情况，大量购买，需求线由 D 移向 D_1，这样价格由 P_0上涨到 P_1，又出现了新均衡点 E_1，这种听任物价自发上涨不利于鼓舞国民士气，因而假定政府限定最高价格为 P_0，这样会出现 Q_1与 Q_2之间的供应差额 Q_2Q_1。

由于存在市场上的供应缺额，导致了商品短缺。商品短缺可能在市场上引起一系列反常现象，如排队、走后门、搭配次货、黑市交易等。为了避免上述现象发生，保证商品在社会成员之间的公平分配，政府往往要实行配给制，凭票供应。

价格下限，政府为了扶植某一行业的发展或某一产品的生产，对一个市场规定的所必须支付的最低价格。在这方面比较典型的例子是美国政府长期实行的“支持价格”政策。第二次世界大战之后，由于农业技术的进步，美国农产品产量大幅度增加，但是农产品的需求却增长缓慢，结果造成了农产品市场价格的大幅度下跌，严重影响了美国农场主的经济利益和生产积极性。为了避免“谷贱伤农”，保障农场主的合法收益，政府经常为某些谷物规定最低限度的“支持价格”。如图 7-5 所示。

如图7-5 所示，假定某种谷物市场在正常情况下，供给曲线为 SS，需求曲线为 DD，均衡点为 E，均衡价格为 P_0，均衡交易量为 Q_0。政府认为均衡价格水平太低，应当规定最低价格，假定为 P_1。这样，由于“最低价格”高于均衡价格水平，这样就会刺激供给量增加到 Q_2，同时，抑制需求量到 Q_1。供给量大于需求量的部分为 Q_1Q_2，这就是说，如果规定最低价格为 OP_1，就会造成农产品过剩，其数量为 Q_1Q_2。

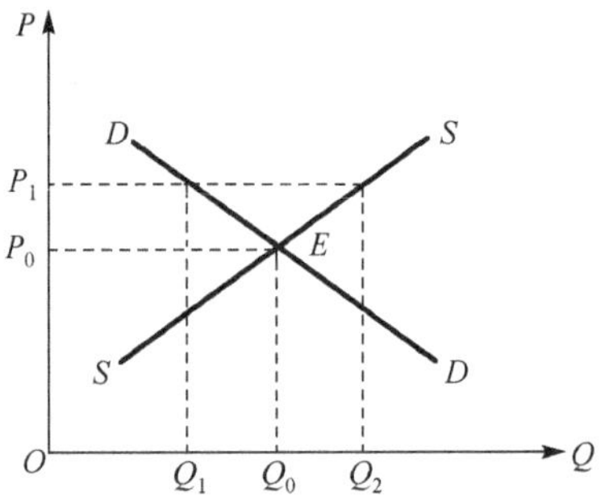

图 7-5　政府规定的价格下限

对于农产品过剩问题，政府必须考虑对策加以解决。在美国，通常采用三种办法解决：通过限制农民的耕地面积来限制农产品的产量；加强科学研究工作，扩大农产品的用途，以刺激需求；由政府收购，储存起来供将来使用或出口。

7.1.3　征税对均衡的影响

先假定某产品原来的供给曲线为 S，需求曲线为 D，均衡价格为 P_0。如图 7-6 所示。

现在假定政府对这种产品征税，办法是按单位产品征一定量的税。显然，这种征税对需求曲线不会有影响，因为税是由销售者或者是由生产者付给国家的，购买者对于价格中是否包括税金并不关心，他们只是关心价格的高低。价格如果提高了，需求量就会减少，反之，需求量就增加。所以，征税对需求曲线没有影响。

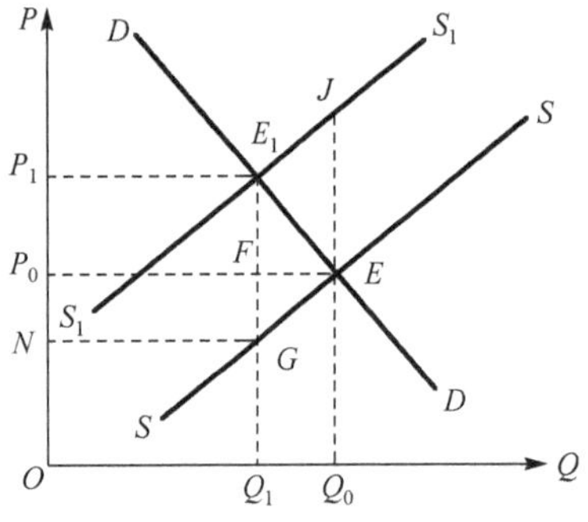

图 7-6　征税对价格和销量的影响

但征税对供给曲线有影响。不征税时，生产者生产 Q_0 量的产品，相应的价格是 P_0。现在征了税，假定单位产品的税额是 JE，那么，价格必须是 $JE + EQ_0 = JQ_0$ 时，生产者才能净收到原来的价格数 P_0，才愿意生产 Q_0 数量的产品。同样，在征税前，生产 Q_1 数量的产品的相应的价格是 Q_1G，征税后（假定税额是 E_1G），价格必须提高到 $E_1G + Q_1G = E_1Q_1$，生产者才愿意生产 Q_1 数量的产品。把 E_1J 等点连接起来就是征税后新的供给线 S_1。可见，由于政府征税，供给曲线就会向左上方平行移动（从 S 移到 S_1 的位置）。原供给曲线 S 与新供给曲线 S_1 之间的距离（不是指垂直距离）$JE = E_1G =$ 单位产品的税额。

所以，征税后，由于供给曲线发生位移（需求曲线不变），均衡点由 E 移到了 E_1，产品价格由 P_0 提高到了 P_1，供给量、需求量（均衡量）由 Q_0 减少到 Q_1。这样，由于征税，使产品价格提高了，而销售量减少了。那么，税金由谁负担呢？从图中可以看出，消费者负担 E_1F 部分即 $E_1F = E_1Q_1 - E_1Q_0$；生产者负担 FG 部分，即 $FG = EQ_0 - GQ_1$。

7.2 均衡的变动

前面分析表明，当市场价格高于均衡价格时，市场上就会存在超额供给，也即产品过剩，但我们经常发现菜市场中菜价连续上涨时，摊主们的蔬菜不但不存在卖不出去的现象，反而有大批顾客络绎不绝地前来购买。同样，当发生禽流感时，鸡蛋价格大幅下降，但也没有出现人们排队购买鸡蛋的现象。在前些年，我国开始增加普通高等院校收费标准，学费从原来的200多元上涨20倍至4000元，我们也没有看到哪个高等院校教室空置，学校关门，教师下岗。这些现象是否说明均衡价格理论有错误呢？

答案是否定的。前面我们的分析是在考虑影响需求和供给的其他因素不变的情况下进行的，即需求曲线和供给曲线固定不变，只是分析商品本身价格变动对供求的影响。但是，当影响需求和供给的其他因素发生变化时，就会造成需求曲线和供给曲线本身的移动，这时在市场的调节下将形成新的均衡。下面我们分三种情况讨论。

7.2.1 供给不变，需求发生变动

如前所述，需求变动是由于影响需求的非价格因素变动所引起的。这种变动在几何图形上表现为整条需求曲线的移动。假定供给曲线不变，我们可以用图7-7来分析新的均衡价格和均衡产量。

如图7-7所示，需求曲线D_0与供给曲线S相交于E_0点，形成了均衡价格P_0和均衡产量Q_0。当需求由于某种因素作用增加时，需求曲线向右移动，形成一条新的需求曲线D_1，与原来供给曲线相交形成新的均衡点E_1。我们可以发现与原来的均衡点相比，均衡价格和均衡产量均提高了。新的均衡价格为P_1，均衡产量为Q_1；反之，当需求曲线向左移动，则新的均衡价格和均衡产量均会下降。因此，当供给不变时，均衡价格和均衡产量的变动方向与需求的变动方向一致。

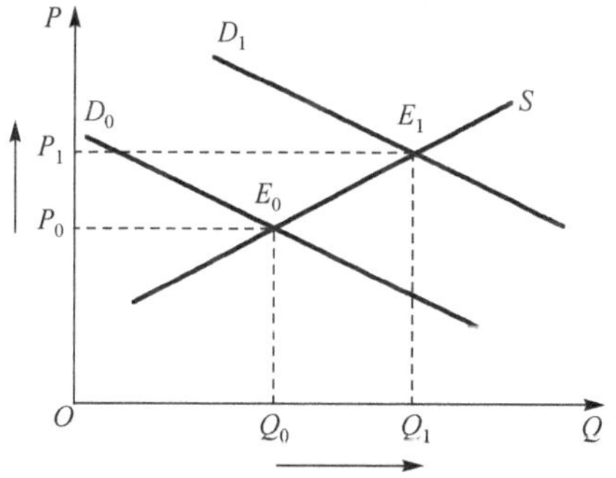

图7-7 需求变动对均衡的影响

7.2.2 需求不变，供给发生变动

同样，供给变动是由于影响供给的非价格因素变动所引起的，这种变动在几何图形上表现为整条供给曲线的移动。假定需求曲线不变，我们可以用图7-8来分析新的均衡价格和均衡产量。

如图7-8所示，需求曲线D与供给曲线S_0相交于E_0点，形成了均衡价格P_0和均衡产量Q_0。当供给由于某种因素作用增加时，供给曲线向右移动，形成一条新的供给曲线S_1，与原来的需求曲线D相交形成新的均衡点E_1。我们发现与原来的均衡点相比，均衡价格下降到了P_1，均衡产量上升到了Q_1；反之，如果供给曲线向左移动，则新的均衡价格上升，新的均衡产量下降。因此，当需求不变时，均衡价格与供给变动方向相反；均衡产量与供给变动方向一致。

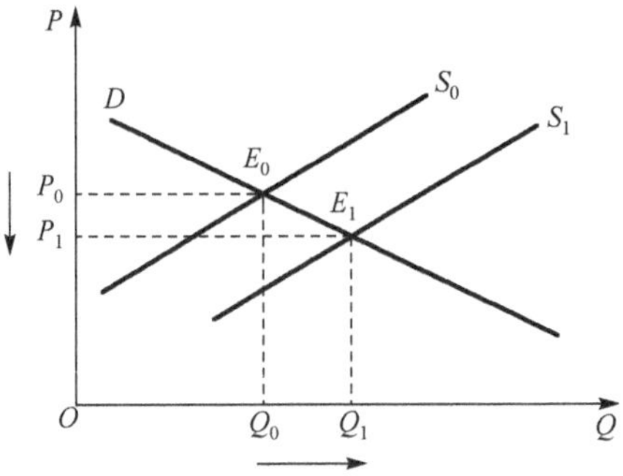

图 7-8　供给变动对均衡的影响

7.2.3　需求与供给同时发生变动

当需求和供给同时发生变动时，均衡价格和均衡产量的变动就相对比较复杂，需求和供给变动方向和程度的差异都会对均衡产生不同影响。

现假定需求和供给出于各种因素的影响同时增加，如图 7-9 所示，需求曲线由 D_0移动到 D_1，供给曲线由 S_0移动到 S_1，均衡点随之由 E_0移动到 E_1。根据前面的分析我们知道，当需求和供给同时增加后，均衡产量一定也随之增加，即由 Q_0增加到 Q_1。但是均衡价格的变化却不能肯定。因为需求增加导致均衡价格上升，而供给增加导致均衡价格下降。那么二者同时增加所导致均衡价格如何变动将取决于二者增加的程度。如果需求增加的程度大于供给增加的程度，则均衡价格将上升，即出图中的 P_0上升到 P_1；反之，则均衡价格下降。注意，如果需求和供给增加的程度相同，那么均衡价格将保持不变。所以，在需求和供给同时增加的情况下，均衡产量一定上升，而均衡价格则不能确定，可能上升、下降或不变。

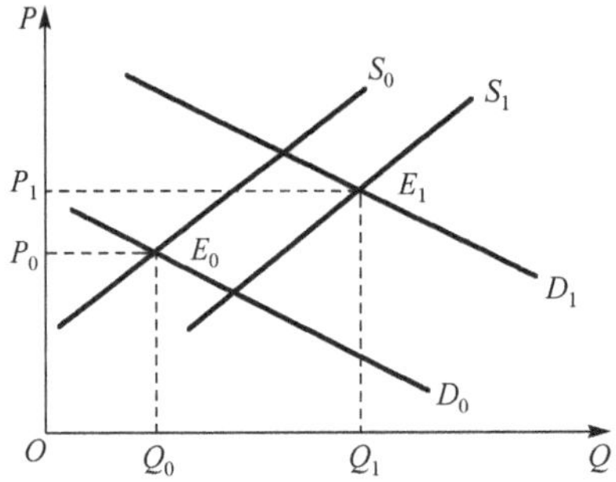

图 7-9　需求与供给同时增加对均衡的影响

同样道理，如果需求和供给同时减少，均衡产量将一定减少，而均衡价格则不能确定。

现假定需求和供给出于各种原因发生了相反方向的变动，我们讨论需求增加、供给减少的情况。如图 7-10 所示，需求曲线由 D_0移动到 D_1，供给曲线由 S_0移动到 S_1，均衡点随之由 E_0移动到 E_1。根据前面的分析我们知道，当需求增加、供给减少时，均衡价格一定上升，即从图中的 P_0上升到 P_1；但是均衡产量我们却无法确定，因为需求增加时，导致均衡产量增加，但是供给减少会导致均衡产量减少。这时候均衡产量就要取决于二者变动的程度。如果需求增加的程度大于供给减少的程度，则均衡产量就会增加，即由 Q_0增加到 Q_1；

反之，则均衡产量减少。注意，如果需求增加的程度和供给减少的程度相同，则均衡产量不发生变化。所以，在需求增加、供给减少的情况下，均衡价格一定上升，但均衡产量的变动不能确定，可能上升、下降或不变。

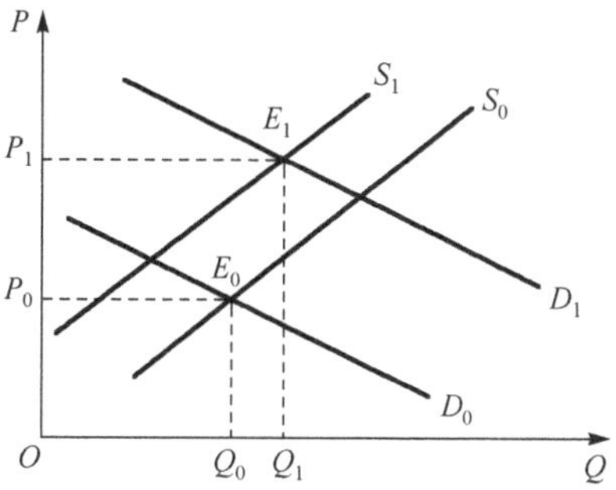

图 7-10　需求增加、供给减少对均衡的影响

同样道理，如果需求减少、供给增加，则均衡价格必然下降，均衡产量不能确定，可能增加、减少或不变。

综上所述，我们将需求变动和供给变动对均衡的影响归纳为表 7-2。

表 7-2　需求和供给变动对均衡的影响

需　求	供　给	均衡价格	均衡产量
增加	不变	上升	增加
减少	不变	下降	减少
不变	增加	下降	增加
不变	减少	上升	减少
增加	增加	不定	增加
减少	减少	不定	减少
增加	减少	上升	不定
减少	增加	下降	不定

7.3 社会福利

7.3.1 消费者剩余

消费者愿支付一定货币购买产品或劳务是为了得到效用，只有认为获得的效用超过实际付出的代价，才会购买。这个超出消费者实际支付代价的效用叫做消费者剩余。例如：我们在购买某一商品时为获得其效用愿意支付一定的费用，而实际购买时按市场价格支付，当实际支付的费用低于消费者愿意支付的费用时，就会感到合算、便宜，形成消费者剩余。消费者支付的目的是获得最大的总效用，因此，他支出的每单位商品或劳务的价格取决所获得效用的大小。而消费者的实际支付取决于市场上的供给与需求。

例如，某机械厂急需钢材但供应紧张，为保证生产，愿以每吨 1 800 元买 100 吨以解燃眉之急，而实际按市场价格每吨 1 400 元成交，消费者剩余为每吨 400 元；再购买第二个 100 吨时，厂方愿以每吨 1 600 元购买，在实际支付每吨 1 400 元的情况下，消费者剩余每吨 200 元；当购买第三个 100 吨时，厂方愿支付每吨 1 400 元，在实际支付每吨 1 400 元时，无消费者剩余。这样厂方购买 300 吨钢材的消费者剩余为：

$$100 \times (1\,800 - 1\,400) + 100 \times (1\,600 - 1\,400) + 100 \times (1\,400 - 1\,400) = 60\,000(\text{元})$$

由图 7-11 可知，消费者剩余在数值上等于图中阴影部分面积。如果购买量是连续变量，则图 7-11 中各直方图端点形成一条连续的曲线，即需求曲线。一般情况下，消费者剩余是如图 7-12 所示的阴影面积，图中 P' 为实际支付价格，曲线 DD_1 为需求曲线。

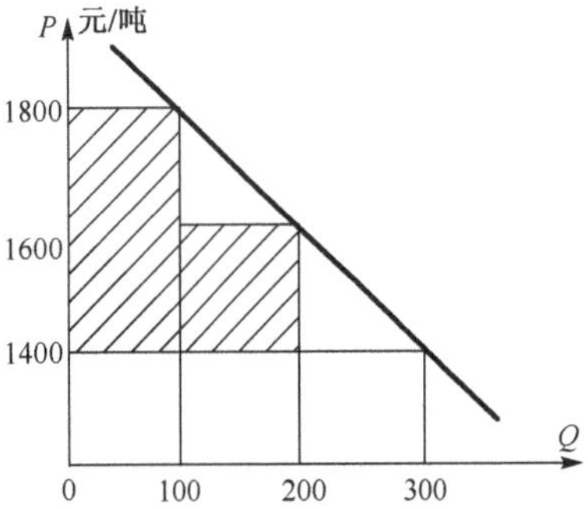

图 7-11　消费者剩余

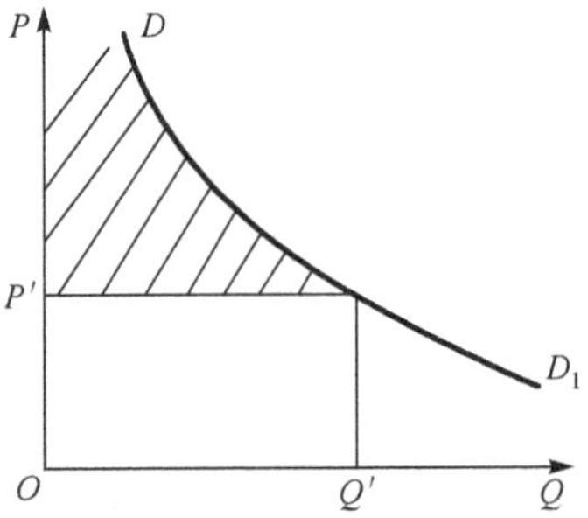

图 7-12　购买量为连续变量时的消费者剩余

7.3.2　生产者剩余

生产者剩余与消费者剩余是类似的，但它是从生产者角度进行的衡量，它是指生产者从其商品销售中所得的减去所付出的部分。

图 7-13 中，S 为市场供给曲线。供给曲线反映的是，对应于任何一个价格，生产者所愿意销售的商品的数量。例如，当市场价格为 10 元的时候，可能有生产者 A 愿意生产并销售这种商品；当市场价格为 20 元的时候，则有生产者 B 愿意提供这种商品；……当市场价格为 50 元的时候，又有生产者 C 愿意提供这种商品。然而，市场的均衡价格是统一的，因此，在市场按统一价格 50 元进行交易的时候，生产者 A 和生产者 B 分别获得 40 元和 30 元的生产者剩余，而生产者 C 则没有任何剩余。

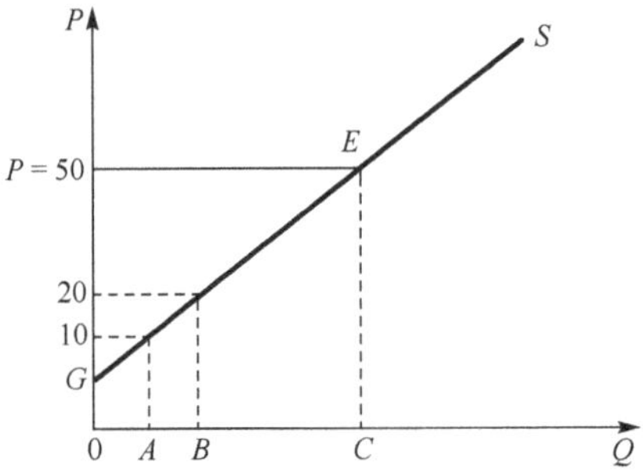

图 7-13 供给曲线与生产者剩余

就生产者作为一个总体来看，生产者剩余应等于所有单个生产者剩余之和。在图 7-13 中，也就是供给曲线与市场价格水平线之间的面积，即三角形 *GEP* 的面积。为方便起见，我们把生产者剩余记为 PS。

本章小结

本章所介绍的内容在管理经济学中占据十分重要的地位。因为掌握市场需求变化规律是在社会主义市场经济条件下，企业管理决策的基本前提和出发点。在完全竞争市场条件下，需求曲线与供给曲线决定市场的均衡价格和均衡交易量。需求—供给分析法通过供给和需求曲线分析供需双方及其影响因素和价格之间的关系，寻求供需均衡点的变化趋势。

为了深入了解价格波动对资源配置的影响，本章主要介绍了均衡的形成、均衡的变动以及社会福利。市场运行机制实质上是需求法则和供给法则由对立转化为统一的过程。供需均衡，“用户满意，企业嫌钱”是企业资源配置合理性的重要标准。市场供求关系变化是永恒的，因此，了解均衡趋势是企业资源配置体现市场导向的要求。

案例分析

高铁与民航的竞争

进入“十二五”以来，高速铁路的建设和投入运营在方便人们出行以及加快地区间物流发展的同时，也给民航业带来了不小的震动。在新开通高铁运行的一些大中城市，航空运输均受到了明显影响，高铁与航空抢客源的现象日趋明朗，民航业面临前所未有的竞争格局和发展困境，从某种意义上讲，高铁与民航业的竞争在日趋白热化。

一、我国高速铁路的发展现状

所谓高铁，通常是指最高运行速度在 200 公里/小时以上的铁路。我国高速铁路的发展规划是 2004 年经国务院批准的《中长期铁路网规划》确定的。《规划》提出，到 2020 年，全国铁路营业里程达到 10 万公里，建设客运专线 1.2 万公里以上。2008 年，国务院根据我国综合交通体系建设的需要，对《中长期铁路网规划》进行了调整，确定到 2020 年，全国铁路营业里程达到 12 万公里以上，建设客运专线 1.6 万公里以上。到 2012 年，我国铁路营业里程将达到 11 万公里以上，其中新建高铁将达到 1.3 万公里。目前，我国在建铁路的规模累计里程数达 3 万公里，投资约 2 万亿元。

关于高铁的技术标准，目前在《中长期铁路规划》当中已经有了明确的定位。我国铁路目前的快速客运网主要有 3 个部分组成：第一部分是“四纵四横”高速铁路客运网，主要是沿着既有的干线修建的，技术标准相对高一些，运行速度大部分达到 350 公里/小时，也有部分地段是 250 公里/小时。第二部分是跨区际的快速通道或者叫高速铁路，比如：贵州—广州、南宁—广州、江西—福建等，这些跨区域的高铁的速度一般定位在 250 公里/小时。第三部分是围绕环渤海、长三角、珠三角等一些城市密集的地区构筑的城市轨道交通，其速度一般定位在 200 ~ 250 公里/小时，其中上海—南京、北京—天津等线路的速度达到 350 公里/小时，但是大部分是 200 ~250 公里/小时。

二、高铁运输与航空运输的竞争力对比分析

高铁运输与航空运输在方便性、经济

性、舒适性、安全性和时间性等方面都存在着差异，但一般而言，影响旅客出行方式选择的核心因素主要是便捷性和经济性，具体体现为旅行时间和运价。对于商务出行的旅客来说，他们更注重旅行时间因素。具体而言，可以从路程、时间和定价等方面对高铁与航空运输的竞争力进行比较。

（1）行程距离

民航飞机飞行速度一般为 800 ~900 公里/小时，最低飞行速度为 320 公里/小时。高铁列车目前最高运行速度为 350 公里/小时，最低运行速度为 160 公里/小时。由此可见，对于800 公里以内的短程运输线路来说，铁路运输方式无论是从价格上还是密度上都具有明显的竞争优势；对于 800 ~1200 公里的中短程运输线路来说，高铁投入运营后对民航也将产生较大的影响。例如，中国民航 800 公里以下航程的市场规模占国内航空市场的 32%，在这 1/3 的短航线上，如果加上机场的等候时间和地面交通时间，民航在速度上没有优势，基本上难以与高铁竞争。800 ~1200 公里航程的市场规模占国内航空市场的 30%，在这个市场上民航的速度稍占优势，但考虑到民航服务容易出现各种异常情况，高铁仍具有较强的竞争力。对于 1200 公里以上的远程运输线路来说，民航运输相比高铁运输具有明显的优势。

（2）行程票价

“火车一提速，飞机就降价。”这是航空公司内部流传的一句话，也生动地说明了航空业在国内高铁快速发展之时面临的困境。民航经过改革已经实现较高程度的市场化运营，航空公司票价可以根据市场的变化进行较为灵活的变动，以吸引客源。以京沪高铁为例，乘飞机从上海到北京需要 1 个多小时，再加上城市两头市区至机场花费的时间，相对于京沪高铁的 5 个小时，航空运输没有太大的优势，此外，如果京沪高铁的站点能够很方便地接轨诸如地铁等其他交通方式，也将会令其在竞争中获得不少加分。由于火车的消费群体通常对于价格比较敏感，因此价格将是决定竞争力最重要的因素。京沪高铁如果定价较为适中，的确会吸引一部分对价格比较敏感的旅游客源，但是对于公务出行的旅客来说，无论是从身份的体现还是享受服务的标准，航空业还是更具有竞争优势的。因此，通过实施灵活的市场政策，航空运输的利润可能会降低，但是仍具备盈利并与高铁竞争的实力。

（3）行程服务

航空公司有一套完善的客票销售服务系统，现有多种销售渠道，旅客自己可以在航空公司官方网站、机票代理、航空公司直属售票处或通过电话购票，享受送票上门的服务。客票销售后，旅客还可以通过手机、电脑网络接收与客票有关的天气情况、航班动态、出行须知、航班准点率等信息，登机前可以在机场自助值机柜台或用自己的手机、电脑自助办理登机牌、选择座位。飞机票的退票手续费根据退票时间不同按规定比例征收。高铁以“乘坐铁路火车、享受航空服务”为目标，高铁给自身的服务质量予以很高的定位，但高铁列车的客票销售基本沿用火车票销售模式，因此，相对来说，高铁列车的客票销售渠道和销售服务体系没有航空机票销售渠道的多样成熟，没有航空机票销售服务体系完善。

民航业的机上服务基本进入了成熟阶段，相对于刚刚发展起来的高铁乘车服务来说占有很大的优势。一般来讲，空乘人员更加热情、细心、周到和礼貌，经过了严格职业训练、精通各国语言的空乘，默默地用自己的美丽青春为旅客的旅程提供贴心服务，其标准的送餐姿势、淡淡的笑容、良好的仪态、规范的操作不仅给搭乘飞机的旅客留下深刻印象，也给其他运输行业树立了良好的榜样。在提供餐饮服务方面，飞机会免费提供小点心、小食品和多样化的饮料，正餐时间提供相应正餐服务，头等舱的餐饮提供的档次更高，这些免费餐饮由空乘人员亲手奉上，而高铁的此类服务只有纯净水是免费的，其他餐饮则是付费的。

(4)行程安全

航空运输行业在安全保障方面投入了大量人力物力，有自己的一套机制健全、信息畅通、运行高效、保障有力的空中运行管理、空管设备管理、气象服务体系，有一支经过专业训练、态度认真严肃的机场安检和值机队伍来持续保障安全，据统计，从 2006—2009 年全球飞机事故死亡率为三百万分之一。

三、民航应对高铁发展的主要措施

我国高铁的快速发展对民航运输的影响无法回避。但是面对竞争，只要民航进行积极应对、主动调整、采取正确的措施，就一定能在中国经济快速发展大潮中迎来新一轮的快速发展期，主要可以采取以下 5 方面的措施。

(1)实行“空铁联运”，实现协同双赢。

尽管航空和高铁在旅客运输市场上正在形成新的竞争格局，但同时也要看到，由于二者在运输功能上有着不同的特点，如果能充分利用各自优势，寻找和建立新的竞争合作格局，就能够实现双赢。

“空铁联运”就是将高铁的地面快速运行、多站点、区位优势与民航的空中快速运行、直达性、机场区位劣势结合起来，通过速度互补、区位互补、客源互补、线路互补，将地面交通网与空中交通网有效连接起来，形成“地—空”立体交通网络。例如，海南航空公司宣布，从 2011 年 5 月 16 日起，选乘海航北京进出港的国内国际航班旅客，可同时预定北京始发至全国各地的火车票。“空铁联运，无缝服务”，该公司推出的这项新业务，成为高铁时代来临后不少民航公司可供选择的合作途径。

(2)改善地面流程，节约机场时间。

航空运输的旅客需要提前较长时间到机场换登机牌、行李托运、过安检等。为缩短地面所需时间，航空公司可以尽量安排更多的值机柜台为旅客换登机牌和托运行李；机场可以提高其行李处理系统的能力，使行李能更快地从候机楼转运到飞机上；机场安检也可适当增加安检通道数量，提高安检的速度。

(3)开拓国际航线，突出优势特长。

在短程航段或中程航段内，民航处于相对劣势，可采取“守势”和“退势”的防御战略，将运力资源主要投放在高铁网未覆盖区域，开辟新的航线、支线、点到点航线或者廉价航空和“空中快线”，努力提高利润。在远程运输或者国际航线运输领域，民航企业具有绝对优势。

(4)严格控制成本，提高航班正点率。

目前的高铁都是电气化牵引，而民航运输消耗的则是燃油，成本自然要高出很多。同时，成本又是航空公司定价的基础，航空公司只有严格控制成本，才有能力应对高铁的价格竞争。此外，为了提高正点率，航空公司将实行精细化管理，通过科学安排航班，合理调配飞机和机组，提高机务保障质量等措施，最大限度地减少不正常航班，提高航班的正点率。

(5)提高服务水平，优化航运质量。

航空公司、机场、空管应加强协调，建立起航班信息共享和统一发布机制，使航空公司、机场、空管、公安及相关保障单位能及时交换信息，提高航班保障能力和应对航班延误、行李差错等方面的能力。通过做好面对旅客的服务工作，提高旅客的满意度，从而进一步提升民航运输的市场形象，吸引更多的旅客选择航空运输服务。

资料来源：李智勇．高铁发展对民航运输业的影响及其应对措施研究[J]．交通企业管理，2011,8.

分析思考题

1．如何理解“火车一提速、飞机就降价”，说明高铁和民航之间是何种关系？

2．目前的机票价格相对于多年前而言涨幅不少，但客运量却大幅增加，是否说明它违反了需求定理？为什么？

3．新时代竞争中，高铁和民航应该各自采取何种措施能够使其获得竞争优势？

讨论与练习

1．某商品的市场需求曲线为 $Q_D = 200 - 30P$，供给曲线为 $Q_S = 100 + 20P$，求均衡价格和均衡产量？

2．某产品的市场需求和供给曲线如下：

- 需求：$Q_D = 200 - 2P$
- 供给：$Q_S = 40 + 2P$

(1)该产品的均衡价格和均衡销售量是多少？

(2)如果政府限定该产品的最高价格为30元，此时会产生多大的过度需求(或过度供给)？

3．某市场供给函数 $Q_S = -50 + 3P$，需求函数 $Q_D = 100 - 2P$。

(1)求市场均衡价格和均衡数量。

(2)若由于某种原因，市场需求函数变为 $Q_D = 150 - 2P$，求新的市场均衡价格和均衡数量。

(3)若政府要维持价格不变，并以40元价格购进其他市场产品后以初始价格投放市场，需购入多少？

(4)若政府对生产企业进行补贴以维持初始价格，每单位产品应补贴多少？

4．假定棉布的需求曲线为：$Q_D = 100 - 2P$；棉布的供给曲线为 $Q_S = 0.5P$(Q_D、Q_S 均以万米为单位，P 以元/米为单位)试问：

(1)棉布的均衡价格是多少？

(2)棉布的均衡销售量是多少？

(3)如果政府规定棉布的最高价格为30元/米，棉布的供求关系会发生什么变化？

(4)如政府对棉布征税，税额为每米10元，征税后均衡价格应是多少？

5．预计明年会发生下列事件，它们对某地一家出租汽车公司出租汽车的价格、需求量和供给量分别会有什么影响？请用“需求—供给”图进行分析。

(1)汽油价格上升；

(2)汽车价格下降；

(3)由于当地发现了一处文化古迹，游客人数上升；

(4)新成立了若干家出租汽车公司；

(5)国民收入将增加；

(6)政府统一规定出租汽车价格，高于现在的均衡价格；

(7)政府统一规定出租汽车价格，低于现在的均衡价格。

6．假设你是政策制定者，正在考虑是否对生产某种商品的企业征收消费税。在这之前，你需要考虑该税收变化将如何影响消费者和生产企业。该种商品的供给与需求函数估计为：$Q_D = 500 - 2P$ 和 $Q_S = 2P - 60$。

(1)画出供给与需求曲线。

(2)计算均衡价格和均衡数量。

(3)在此市场上，生产者剩余和消费者剩余各为多少？

(4) 如果对每单位产品征收 2 元的消费税，均衡价格和均衡数量将会发生什么变化？

(5) 征税后生产者剩余和消费者剩余各为多少？

7. 考虑如下需求和供给曲线：$Q_D = 5\,800 - 6P$ 和 $Q_S = 4P - 120$。

(1) 画出需求与供给曲线。

(2) 均衡价格和均衡数量各为多少？

(3) 在该市场上，生产者剩余和消费者剩余各为多少？

(4) 如果对该物品规定 600 元的价格下限，该市场将发生什么变化？

(5) 这时，生产者剩余和消费者剩余将发生什么变化？

(6) 如果对该物品规定 500 元的价格上限而不是规定价格下限，该市场又将怎样变化？

(7) 这时，生产者剩余和消费者剩余又将发生什么变化？

第4篇　生产—成本分析

企业管理者在经过供求分析及需求弹性分析之后，可以初步确定企业应该生产什么及生产多少。生产成本分析研究的则是如何生产的问题。厂商的生产决策和生产收益取决于其生产函数和成本函数。生产函数分析和成本函数分析是相互补充的。生产函数有短期和长期之分，成本函数也有短期和长期之分。在不同的结构中，它们呈现出来的经济特征是不同的。

第8章 生产优化

导入案例

海信是如何做到生产优化的

2001年时，海信曾亏损1000万，50%的产品平进平出，海信没有把亏损的原因简单地归咎于整个行业的大环境，开始从自身内部寻找原因。通过一些措施和建立相关机制，对各种生产要素进行优化，使生产维持在一个优化的生产函数上。

在劳动力的数量和质量上，2002年初海信精简了3000人，提高了劳动效率，通过管理层的努力工作，以表率作用带动较高水平的雇员提高产出率，尤其是技术人员的才能得到充分利用。海信研发中心汇聚了专职技术开发人员2000多人，其中一半以上人员拥有中、高级职称，高级专家和博士近50多人。海信研发中心现已建成国内较为完善的研发平台体系，它是五部委联合认定的国家级企业技术中心、国家863产业化基地、国家火炬计划软件产业基地。2004年，海信成为国内首批国家创新体系企业研发中心试点建设单位。每年投入的研究与发展经费占产品销售收入的5%以上。2005年6月，我国第一块自主知识产权的、产业化的数字视频媒体处理芯片在海信诞生，此举打破了国外垄断的历史。

在资源配置上，优化产品结构，缩减了小型低端的产品，加大了大屏幕彩电以及其他高端产品的投资力度。

在生产技术上，海信重视核心技术的引进，更重视应用技术的研发。海信一般都是引进第一代产品，而第二代、第三代产品都是海信自己开发，海信没有局限于为了引进而引进，而是致力于把技术转换成产品。环保电视、互动电视、变频空调等家电产品的相继推出，使海信的产品始终跟踪家电流行趋势。

资料来源：张承耀. 中国企业改革与发展案例[M]，北京：经济管理出版社，2000.

- **知识目标**
  - ◆ 理解经济学中生产的含义及其基本关系
  - ◆ 熟悉几种常用的生产函数类型
  - ◆ 掌握经济分析中短期和长期的含义和运用范围

◆ 熟悉短期生产函数中总产量、平均产量和边际产量的含义及三者之间的关系
◆ 理解生产的合理投入区域
◆ 熟悉长期生产函数的含义
◆ 掌握等产量线和等成本线的含义

● **能力目标**

◆ 掌握企业资源优化组合的有关经济规律，如边际收益递减，规模收益递增等的内容及适用范围
◆ 了解为了增加总利润，不能采用单件利润高，就多生产的简单方式，而是要依靠合理配置资源
◆ 了解影响规模收益递增（递减）因素

8.1 生产函数及其相关概念

8.1.1 生产函数

生产是消费的源泉，只有生产的高度发展，才可能满足整个社会日益增长的各种需求。纵观人类文明史，生产方式的进步是社会进步的标志之一。企业的基本功能是生产商品或提供服务，其主要目的是营利。在企业经营管理决策中，生产决策占据着重要的地位。

生产是指利用资源创造出产品和服务的活动。其中，资源包括土地、厂房、设备、原材料、人力等。生产不仅包括物质商品的有形加工或制造，也包括法律服务、管理咨询、教学和发明（研究与开发）等无形的服务活动。生产的经济理论由一个规范的结构组成，它帮助经理人员在既定的技术条件下进行生产决策，实现一定产量下投入的最小化，或者一定投入条件下的产出最大化，决定如何最有效地把生产预期产量（产品或服务）的各种投入要素组合起来。

生产函数是指在一定的技术条件下，各种生产要素投入量的组合与所能生产的最大产量之间的对应关系。其一般数学表达式为：

$$Q = f(x_1, x_2, \cdots x_3) \tag{8-1}$$

式中，Q 为产量；$x_1, x_2, \cdots x_3$ 为投入要素，如原材料、资金、动力等。

为了简化，本书把所有的投入或生产要素分为两大类：资本（K）和劳动（L）。故生产函数的一般形式可以简化为

$$Q = f(K, L) \tag{8-2}$$

例如 $Q = K^{\frac{1}{2}}L^{\frac{1}{2}}$ 是一个生产函数，在这里，Q 为产量，K 为资本量，L 为劳动量。假定在生产中投入的资本量 $K = 25$，劳动量 $L = 9$，那么根据这一生产函数，其最大产量为：$\sqrt{25} \times \sqrt{9} = 15$。

需要指出的是，生产函数中的产量指的是最大产量，假定所有的投入要素均得到有效利用，无丝毫浪费和闲置。

8.1.2 短期生产和长期生产

生产分为短期生产与长期生产，这是由投入要素在一定时期内所显示的静态与动态的特性决定的。时期的长短不是时间的物理概念，而是相对于具体的生产过程中，投入要素是否发生了变化。

所谓短期生产，是指企业在此期间内，某些投入要素数量不变，显示静态，如厂房、机器设备等；而另一些投入要素数量不断变化，显示动态，如劳动力、原材料等。短期生产主要表示产出量与投入的变动要素之间的数量关系。它主要研究边际收益递减原理和如何实现要素间的最佳组合等问题。所谓长期生产，是指企业在足够长的时间里，所有投入要素的数量都发生了变化，不存在不变要素。长期生产表示产出量与所有投入要素之间的数量关系。它主要研究生产规模收益率等问题。可见，短期生产与长期生产的划分是以全部投入要素是否发生变化为依据的，不在于时间的长短。

假定投入的生产要素只有资本和劳动，产出则假定为一种产品，可得到短期生产函数：

$$Q = f(K_0, L) \tag{8-3}$$

或

$$Q = f(L) \tag{8-4}$$

它表示在短期，资本 K 的投入量不变（即生产规模既定），而劳动 L 投入量可变，产量随着劳动投入量的变动而变动。

长期生产函数：

$$Q = f(K, L) \tag{8-5}$$

它表示在长期生产时，资本 K 的投入量与劳动 L 的投入量均可变（即生产规模可调整），产量随着要素投入量的变动而变动。

例如，服装厂接到一份大额的订单，但要求在一个月内交货，要完成这份订单的生产已超出服装厂常规的生产能力，服装厂如何完成任务呢？显然它一般是通过让工人加班，或临时雇用更多的工人的方法来按时完成任务。在一个月的时间里，它来不及通过扩建厂房和增加设备来增加生产。在这种情况下，我们说劳动是可变生产要素，而厂房设备是不变生产要素。可变生产要素是指那些随着产量的变动可以变动的投入，不变生产要素是指那些不能随着产量的变动而变动的投入。显然，在区分一种要素是可变生产要素还是不变生产要素的关键是时间，只要时间足够长，任何投入都是可变的，因此经济学就有了短期和长期的区分。

所谓的短期生产就是指这样的时期，在这个时期内至少有一种生产要素投入是不可改变的；长期生产是指这样的时期，这个时期足够长，以至任何生产要素的投入都是可以改变的。注意：对企业来说，短期生产与长期生产不是绝对的，而是相对的概念，且不同行业的长期生产、短期生产是不同的。

8.1.3 规模收益

1. 规模收益的三种类型

假定 $aL + aK = bQ$，那么，根据 a，b 值的大小，我们可以把规模收益分为三种类型（见图 8-1）

第一种类型：当 $b > a$ 时，规模收益递增，即产量增加的倍数大于投入要素增加的倍数。

第二种类型：当 $b = a$ 时，规模收益不变，即产量增加的倍数等于投入要素增加的倍数。

第三种类型：当 $b < a$ 时，规模收益递减，即产量增加的倍数小于投入要素增加的倍数。

这三种类型的总产量曲线的形状如图 8-1 所示。

亚当·斯密在《国富论》中这样描述机器大工业和社会化大生产与手工作坊之间在劳动成效方面的天壤之别：“举一个制针行业的例子。工人是未经训练的，也不知道如何使用机械，他们即使十分勤劳，也很难一天做出 1 根针来，更不可能一天做 20 根了。但如果现在把这个制针的活计进行分工：一个人拔丝，另一个人拉直，第三个人切断，第四个人磨针尖，第五个人抛光；另外制作针头需要两到三个工序……这样制针作业被分为 18 个不同的工序。我看到在一家小工厂里，只有 10 个工人，但按此方式生产，一天即做出 48 000 根针来。如果按人计算，相当于每人一天可以生产 4 800 根针。但如果他们各自独立制作，没有分工，也不经任何训练，肯定每天每人做不到 20 根针，甚至连 1 根也做不出来。”

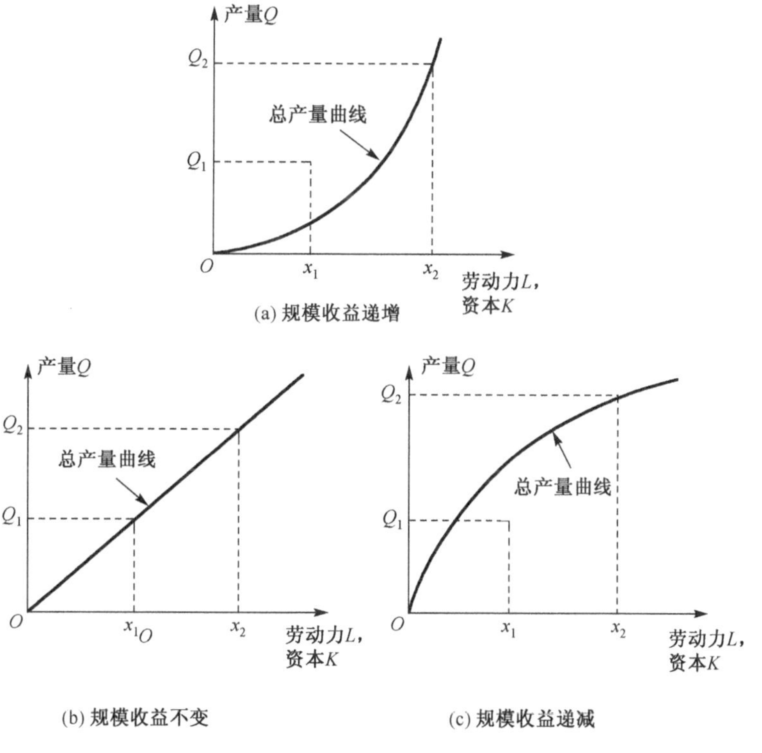

图 8-1 (a)规模收益递增；(b)规模收益不变；(c)规模收益递减

有一个简单的方法来判定规模收益的性质。把投入要素的投入量的值代入生产函数，求出产量；然后使投入要素的投入量都加倍，再求出产量。如果产量也加倍，说明该生产函数在这一产量范围内属于规模收益不变；如果产量增加不到一倍，属于规模收益递减；如果产量递增超过一倍，属于规模收益递增。

2. 规模收益的影响因素

当改变生产规模时，随着生产规模从小变大，一般会先后经历规模收益递增、不变和递减三个阶段。之所以会出现这样三个阶段，是因为在不同的阶段，有不同的因素在起作用。

(1) 促使规模收益递增的因素。

如果原来生产规模较小，现在增加生产规模，这时会使规模收益递增。这是因为有以下因素在起作用。

① 工人可以专业化。在小企业中，一个工人可能要做好几种作业。在大企业中工人多，就可以分工分得更细，实行专业化。这样就有利于工人提高技术熟练程度，有利于提高劳动生产率。

② 可以使用专门化的设备和较先进的技术。小企业因为产量少，只能采用通用设备。大企业实行大量生产，有利于采用专用设备和较先进的技术。

③ 大设备单位能力的制造和运转费用通常比小设备要低。例如，大型电机比小型电机单位能力的制造成本和运转成本要低。

④ 生产要素具有不可分割性。例如，一座1000吨的高炉，由于不可分割，除非产量达到1000吨，否则就不能充分利用。

⑤ 其他因素。例如，大规模生产便于实行联合化和多种经营，便于实行大量销售和大量采购（可以节省购销费用）等。

(2) 促使规模收益不变的因素。

规模收益递增的趋势不可能是无限的，当生产达到一定规模之后，上述促使规模收益递增的因素会逐渐不再起作用。例如，工人分工如果过细，就会导致工人工作单调，影响工人的积极性。设备生产率的提高，最终也要受当前技术水平的限制。所以，通常工厂总会有一个最优规模。对公司来说，当工厂达到最优规模时，再扩大生产，就采用建若干个规模基本相同的工厂的办法。这时，规模收益基本处于不变阶段。这个阶段往往要经历相当长一个时期，但最终它要进入规模收益递减阶段。

(3) 促使规模收益递减的因素。

导致规模收益递减的因素主要是管理问题。企业规模越大，对企业各方面业务进行协调的难度也会越大。许多专家认为，由于高级经理人员很少接触基层，中间环节太多，就必然会造成官僚主义，使管理效率大大降低，促使规模收益递减。

8.2 一个可变投入要素生产

企业在短期内某些生产要素投入量可以保持不变。假定其他投入要素的投入量不变，只有一种投入要素的数量是可变的，研究这种投入要素的最优使用量（即这种使用量能使企业的利润最大），就属于单要素生产函数问题。这类问题在短期决策中经常遇到。例如，在短期内现有企业的厂房、设备都无法变更，增加产量，只有增加劳动力，那么增加多少劳动力才是最优的呢？这就属于单一可变投入要素的最优利用问题。为了探讨这个问题，需要分析总产量、边际产量和平均产量三者的相互关系。

8.2.1 总产量、平均产量和边际产量

研究生产函数经常要用到总产量、平均产量与边际产量的概念。总产量是指企业投入的生产要素所能产出的产品总量。平均产量是总产量除以该要素的投入量所得之商。边际产量表示某一投入要素一个单位量的变化所引起的总产量的变化量。

1. 总产量

总产量是指在技术水平不变条件下，某种变动投入（例如劳动 L）与某种固定投入（例如资本 K）相结合所能生产的最大产量。其函数表达式为：

$$TP = f(L, K_0) \tag{8-6}$$

其中：TP——总产量；

K_0——固定投入（资本）；

L——变动投入（劳动）。

2. 平均产量

平均产量是指在一定技术条件下，其他的投入要素保持不变的情况下，平均每单位变动投入要素的产量，等于总产量除以变动投入要素的投入量。如劳动是变动投入时，可表示为：

$$AP = \frac{TP}{L} \tag{8-7}$$

3. 边际产量

边际产量是指在一定技术条件下，每增加一个单位变动投入要素所引起总产量的变化量。即：

$$MP = \frac{\Delta TP}{\Delta L} \tag{8-8}$$

8.2.2 总产量、平均产量和边际产量的关系

下面举例说明总产量、平均产量和边际产量三者之间的关系。

假定某印刷车间，拥有 4 台印刷机。如果该车间只有 1 名工人，这名工人的产量一定有限，因为他不能利用他的全部时间来操作印刷机，他还必须亲自做许多辅助工作，如：取原料、搬运制成品、打扫卫生等。现假定这时他的日产量为 13 个单位。如果车间增加到 2 名工人，尽管第 2 名工人的才干与第 1 名工人相同，但增加这名工人所增加的产量一定会超过第 1 名工人原来的产量。这是因为有了两个人就可以进行协作，协作可以产生新的生产力。现假定增加第 2 名工人所增加的日产量为 17 个单位。此时总产量从每天 13 个单位提高到 30 个单位。同理，假定增加到 3 名工人时，总产量达到每天 60 个单位。增加到 4 名工人时，即每人操作 1 台印刷机时，总产量上升到每天 104 个单位。如果车间工人数增加到 5 名，总产量将继续上升，因为新增的第 5 名工人可以专做搬运等辅助工作。但第 5 名工人增加的产量会少于第 4 名工人增加的产量。现假定第 5 名工人使日产量增加 30 个单位，使总产量达到 134 个单位。如果工人数目增加到 6 名，第 6 名工人可能是个替换工，

即当其他工人需休息或有病时由他来替代，这样，也能增加产量，但增加的量更少了。如果工人继续增加下去，可以设想一定会达到这样的阶段，即增加工人不仅不会增加产量，而且还会使产量减少。例如，当工人太多，许多工人无活可干，到处闲逛，以致影响生产正常进行时，就会产生这种情况。

现在把这个例子中的数据列成表 8-1。

表 8-1　印刷车间每天的总产量、边际产量和平均产量

工人人数	总产量	边际产量	平均产量
0	0		
1	13	13	13
2	30	17	15
3	60	30	20
4	104	44	26
5	134	30	26.8
6	156	22	26
7	168	12	24
8	176	8	22
9	180	4	20
10	180	0	18
11	176	-4	16

根据表 8-1 可画出总产量、边际产量和平均产量图(见图 8-2)。

从图 8-2 中可以看出，在总产量、平均产量和边际产量之间存在着下面三种关系：

(1)工人人数取某值时的边际产量等于总产量曲线上该点的切线的斜率。因为根据边际产量的定义，$MP=\frac{\Delta TP}{\Delta L}$。即当 ΔL 取很小值时，$MP=\frac{dQ}{dL}$，$\frac{dQ}{dL}$ 就是总产量曲线上当工人人数取某值时该点切线的斜率。因此，图 8-2(a)中总产量曲线上的拐点 A(斜率最大之点)，也就是图 8-2(b)中边际产量曲线的顶点 A'；总产量曲线上的顶点 C(斜率为零之点)，也就是边际产量曲线上边际产量为零之点 C'。

边际产量与总产量之间的这个关系告诉我们：当边际产量为正值时，总产量曲线呈上升趋势(斜率为正值)，此时增加工人能增加产量；当边际产量为零时，总产量为最大(斜率为零)，此时增加工人产量没有变化。

(2)工人人数取某值时的平均产量等于总产量曲线上该点与原点的连接线的斜率。因为 $AP=\frac{TP}{L}$，而 $AP=\frac{TP}{L}$ 也正是总产量曲线上该点与原点之间的连接线的斜率。例如，在图 8-2(a)中，车间拥有 3 名工人时的平均产量，即等于原点与 D 点的连接线 $0D$ 的斜率，也即等于 20 个单位。因此，在图 8-2(a)中的 B 点，由于在这一点上总产量曲线的切线和其与原点的连接线重合(即两条线的斜率相等)，所以在这一点，平均产量等于边际产量。表现在图 8-2(b)中，平均产量曲线和边际产量曲线相交于 B'点。

(3)当边际产量大于平均产量时，平均产量呈上升趋势；当边际产量小于平均产量时，平均产量呈下降趋势；当边际产量与平均产量相等时，平均产量为最大。这是因为边际产量是指新增 1 名劳动力会使总产量增加多少。如果边际产量大于以前的平均产量，它必然会使平均数上升。反之，如果边际产量小于以前的平均产量，就必然使平均数下降。如果边际产量等于平均产量，说明平均产量在这一点上既不上升，又不下降，正好处于顶峰(或谷底)，这时的平均产量为极大(或极小)。

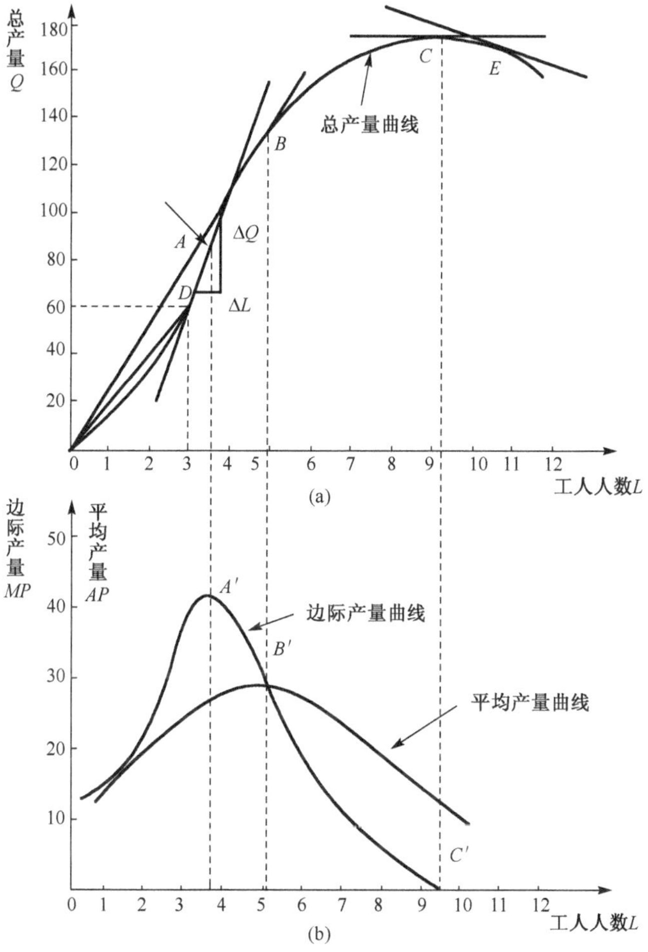

图 8-2　总产量、平均产量和边际产量的关系图

下面探讨 AP 曲线与 MP 曲线的关系，即什么时候 AP 最大。

已知 AP 极大的必要条件是：$\frac{d(AP)}{dL}=0$

即 $\frac{d(AP)}{dL}=\frac{d(TP/L)}{dL}=\frac{1}{L}\cdot\frac{d(TP)}{dL}-\frac{1}{L^2}\cdot TP=0$

又

$$\because \frac{1}{L}\left[\frac{d(TP)}{dL}-\frac{TP}{L}\right]=0$$

$$\therefore \frac{d(TP)}{dL}=\frac{TP}{L}$$

即：MP = AP。即当边际产量等于平均产量时，平均产量最大。

在图 8-2(b)中当边际产量曲线在平均产量曲线之上时，平均产量曲线呈上升趋势；当边际产量曲线在平均产量曲线之下时，平均产量曲线呈下降趋势；当边际产量曲线和平均产量曲线相交时，即在 B'点，两者相交(即其值相等时)，平均产量最大。

以上就是总产量、平均产量和边际产量之间的主要关系，弄清这些关系对于在决策分析中判断有关曲线的走向和它们之间的相互关系是很有用的。

8.2.3 边际收益递减规律

对只包含一种生产要素的生产函数来说，随着生产要素投入量的连续增加，每增加 1 单位生产要素所引起的产量的增加(即边际产量)表现出先上升最终下降的规律，也就是说如果技术不变，增加生产要素中某个要素的投入量，而其他要素的投入量不变，增加的投入量起初会使该要素的边际产量增加，增加到一定点之后，再增加投入量就会使产量递减。在理解这个规律时，要注意两个重要的限制条件：①其他生产要素投入量不变；②技术水平不变。

边际收益递减规律存在的原因在于任何产品的生产过程中，可变生产要素与不变生产要素之间都存在一个最佳组合比例，这是一个经验规律。

边际收益递减规律的启示在于：在一定的技术条件下，生产要素的投入量必须按照一定的比例进行优化组合，才能充分发挥各生产要素的效率；否则，片面地追加某一种生产要素的投入量，只能导致资源的浪费和生产报酬的减少。

8.2.4 生产的三个阶段

根据边际收益递减规律所决定的可变要素投入增加过程中 MP、TP、AP 之间的关系，可将可变要素的投入分为三个阶段(如图 8-3)。

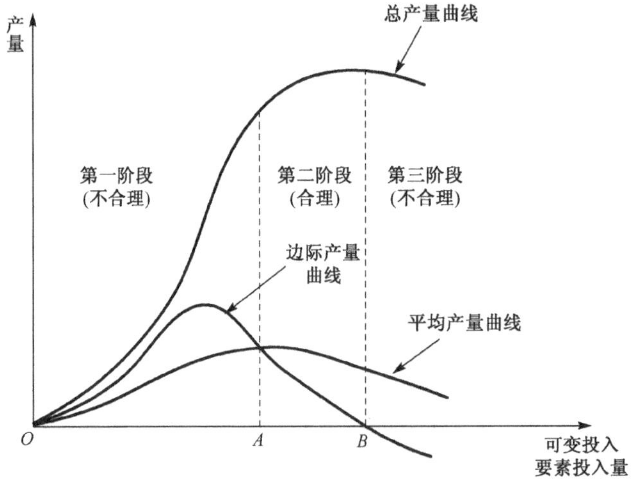

图 8-3　生产的三个阶段

第一阶段：AP 始终上升，MP 始终大于 AP。在此阶段，只要增加可变要素的投入，产量就会增加。理性的生产者不会停留在此阶段，这是生产不合理阶段。

第二阶段：起点在 AP 与 MP 相交处，终点在 MP 与横轴的相交处。理性的生产者会停留在这一阶段，这是生产合理阶段。

第三阶段：AP 继续下降，MP 降为负值，总产量下降。理性的生产者会通过减少可变要素的投入来增加产量，这也是生产不合理阶段。

8.2.5 最优投入量的确定

在短期，因为固定要素(厂房、设备等)无法变动或变动的成本无限大，企业只能通过增加可变要素(工人、原料等)来提高产量，也就是说在这种情况下，企业的其他投入要素是固定的，只有一种投入要素的投入量是可变动的，那么现在需要研究的是这种情况下企业可变要素投入多少才是最优的。要研究这个问题，首先要明确两个概念：

(1) MRP_L——边际产量收入。指在可变投入要素 L 一定投入量的基础上，再增加 1 个单位的投入量会使企业的总收入增加多少。

$$MRP_L = \frac{\Delta TR}{\Delta L} = \frac{\Delta TR}{\Delta Q} \times \frac{\Delta Q}{\Delta L} = MR \times MP_L \tag{8-9}$$

(2) MC_L——边际支出。指在可变投入要素一定投入量的基础上，再增加 1 个单位的投入量会使企业的总成本增加多少，即工资。

$$MC_L = \frac{\Delta TC}{\Delta L} = \omega \tag{8-10}$$

如果 $MRP_L > MC_L$，说明此时企业的利润不是最大，再增加 L 的投入，还能增加利润；如果 $MRP_L < MC_L$，说明此时企业的利润也不是最大，因为减少 L 的投入量，反而能再增加利润。因此，只有当

$$MRP_L = MC_L \tag{8-11}$$

这时企业的利润为最大，可变投入要素 L 的投入量为最优。

8.3 两个可变投入要素生产

在生产理论中，通常以包含两种可变生产要素的生产函数，来考察厂商在长期内的生产问题。包含两种可变生产要素的生产函数可以写为：

$$Q = f(L, K) \tag{8-12}$$

式中：L——可变要素劳动投入量；

K——可变要素资本投入量；

Q——产量。

8.3.1 等产量曲线

1. 等产量曲线的概念及性质

假设：要素 L、K 在一定范围内具有替代性。

等产量曲线：就是在技术水平一定的条件下，使产量不变的两种要素投入的各种可能组合的点的轨迹。由于投入要素之间可以互相替代，所以，同一个产量可以通过不同比例的投入要素来生产。假如有两种投入要素 x 和 y。如果 $x=3$，$y=8$；$x=4$，$y=6$；$x=6$，$y=$

4；$x=8$，$y=3$ 等，都可以生产出 20 件产品，那么把这些点连接起来的曲线就是产量为 20 件的等产量曲线，如图 8-4 所示。等产量曲线与效用论中的无差异曲线非常相似。

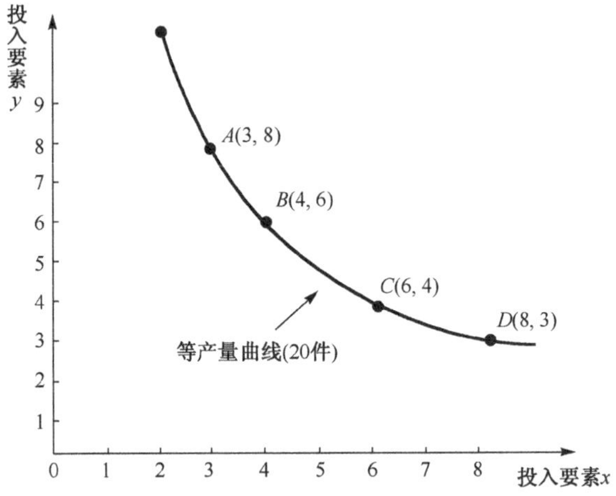

图 8-4　等产量曲线

等产量曲线有一个重要的特性：处于较高位置的等产量曲线总是代表较大的产量。如在图 8-5 中，等产量曲线 Q_2 的位置高于等产量曲线 Q_1。这表明 Q_2 的产量一定大于 Q_1 的产量，即 $Q_2>Q_1$。这是因为较高的等产量曲线上投入要素 x 和 y 的投入量必然要大于（至少是等于）较低的等产量曲线上投入要素 x 和 y 的投入量。在图 8-5 中，$x_2>x_l$，$y_2=y_1$。由于假设较大的投入量一定会取得较大的产量，所以较高的等产量曲线一定代表较大的产量。

按照投入要素之间能够相互替代的程度，可以把等产量曲线划分为三种类型。

第一种：投入要素之间完全可以替代。例如，如果发电厂的锅炉燃料既可全部用煤气又可全部用石油（当然也可以部分用煤气、部分用石油），就称这两种投入要素是完全可以替代的。这种等产量曲线的形状是一条直线，如图 8-6 所示。在这里，煤气替代石油的比例（替代率）为 1.5∶1，是个常数。

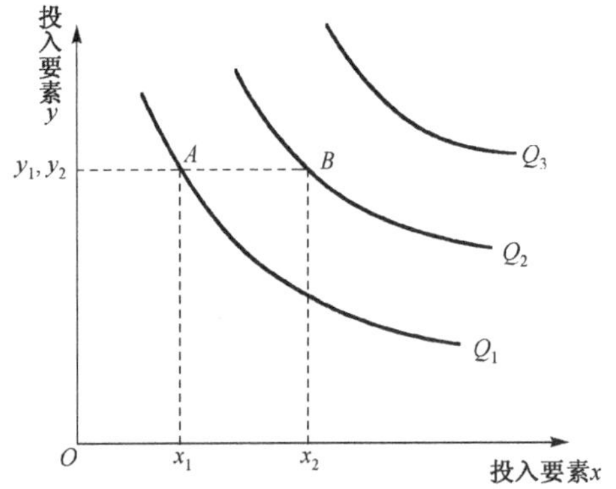

图 8-5　等产量曲线的特征

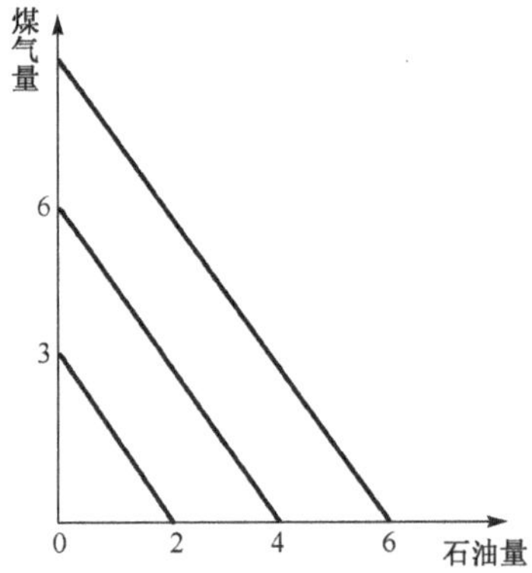

图 8-6　投入要素可以完全替代

第二种：投入要素之间完全不能替代。如生产自行车，在投入要素车架和车轮之间是完全不能替代的。这种等产量曲线的形状是一条直角，如图 8-7 所示。完全不能替代的投入要素之间的比例是固定的。如车架与车轮之间的比例为 1∶2。

第三种：投入要素之间的替代是不完全的。例如，在生产中，设备和劳动力能互相替代，但设备不可能替代所有的劳动力，劳动力也不能把所有的设备都替代下来，就属于这种情况。这种等产量曲线的形状一般为向原点凸出的曲线（见图8-8）。会出现这种形状是因为对不能完全替代的投入要素来说，它们的等产量曲线的斜率一般随着投入要素 x 的量的增加而递减。

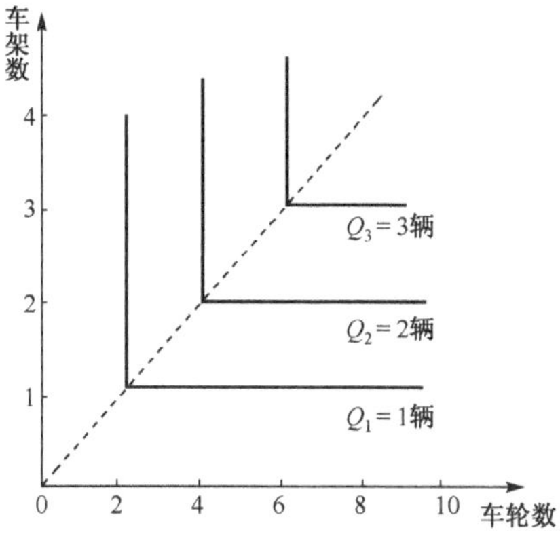

图8-7　投入要素完全不能替代

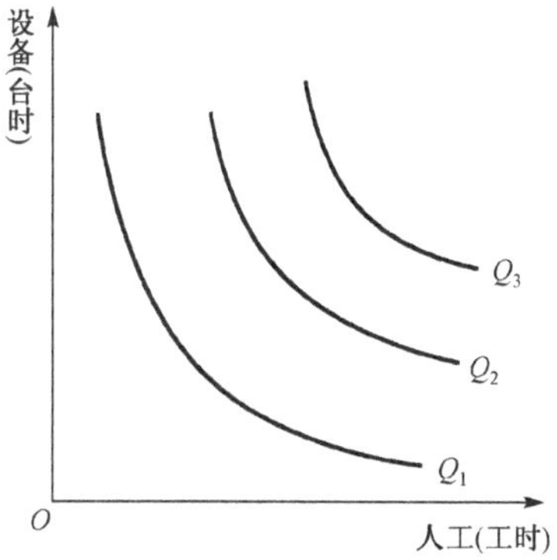

图8-8　投入要素部分替代

2. 边际技术替代率

边际技术替代率（MRTS）：是指在维持产量不变的条件下，增加 1 个单位的基本要素投入量，所能替代的另一要素投入量。根据定义可知等产量曲线上某一点的边际技术替代率就是等产量线在该点的斜率的绝对值。

设资本的边际产量为

$$MP_K = \frac{\Delta Q}{\Delta K} \tag{8-13}$$

设劳动的边际产量为

$$MP_L = \frac{\Delta Q}{\Delta L} \tag{8-14}$$

则

$$\Delta Q = \Delta K \cdot MP_K + \Delta L \cdot MP_L = 0 \tag{8-15}$$

$$-\Delta K \cdot MP_K = \Delta L \cdot MP_L \tag{8-16}$$

即：

$$-\frac{\Delta K}{\Delta L} = \frac{MP_L}{MP_K} \tag{8-17}$$

故

$$MRTS = -\frac{\Delta K}{\Delta L} = \frac{MP_L}{MP_K} \tag{8-18}$$

边际技术替代率递减规律：在维持产量不变的前提下，当一种生产要素的使用量连续增加时，该种生产要素所能够替代的另一种生产要素的数量是递减的。原因在于以劳动对资本的替代为例，随着劳动投入的不断增加，劳动的边际产量是逐渐下降的；同时，随着资本数量的逐渐减少，资本的边际产量逐渐增加。由此可见，边际技术替代率是由要素的边际收益递减规律造成的。边际技术替代率递减规律使得向右下方倾斜的等产量线必然凸向原点。

3. 生产的有效经济区间

生产者需要的是找到生产要素的最佳组合。在所有生产要素 K 和 L 可能的组合中，有一部分不处于有效经济区间之内，可以不予考虑。那么什么是“有效经济区间”呢？如图 8-9 所示。

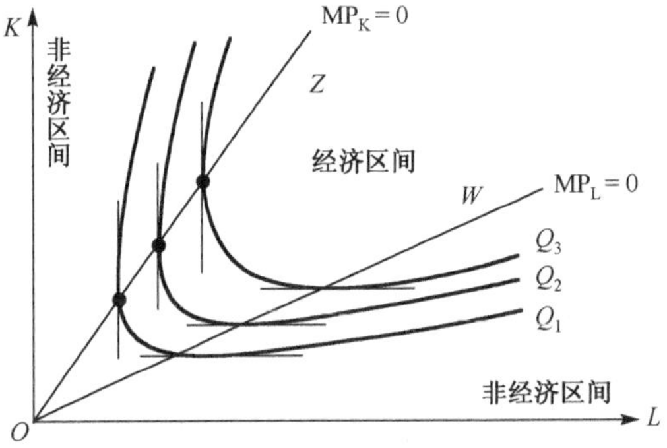

图 8-9　生产的有效经济区间

图 8-9 给出几条属于同一生产函数的等产量曲线。从这几条曲线可以看出，只要曲线的斜率为负，生产要素 K 和 L 之间可以互相替代，即增加一个生产要素的使用就要减少另一个的使用，以保持总产量不变。但当曲线斜率为正时，生产要素 K 和 L 必须同时增加才能保持总产量不变。这时一定有一个生产要素的边际产量为负。也就是说使用量过多，存在浪费现象。显然最佳生产要素组合不可能在等产量曲线斜率为正时出现。所以，可以将等产量曲线斜率为正的部分去掉而不予考虑。

这样，对生产的有效经济区间就可以定义为所有等产量曲线斜率为负的区间。在此区间之间，两个生产要素的边际产量都是正值。也就是说，增加任何一个生产要素的使用量都会导致总产量的增加。

为了清楚显示出生产要素的有效经济区间，需要给出其分界线。这里分界线由某生产要素所有边际产量为零的点所组成。在图 8-9 中，直线 OZ 是生产要素 K 的边际产量为零（$\mathrm{MP}_K=0$）时在所有等产量曲线上点的连线；直线 OW 是生产要素 L 的边际产量为零（$\mathrm{MP}_L=0$）时在所有等产量曲线上点的连线。

生产脊线就是把所有等产量曲线上切线斜率为零和斜率为无穷大的点与原点一起联结起来，形成的两条线。直线 OZ、OW 又称为脊线。

超过脊线范围之外，必须同时增加两种要素投入才能使总产量不变，脊线表明生产要素替代的有效范围。厂商只能在脊线范围内从事生产，实现不同要素的组合——脊线围成的区域是“生产区域”。

8.3.2　等成本曲线

1. 等成本曲线的含义

假定两种投入要素为 K 和 L，它们的价格分别为 r 和 ω，C_0为总成本，则等成本曲线的

图形如图 8-10 所示，一般表示式为

$$C_0 = r \times K + \omega \times L \quad (8\text{-}19)$$

将上式移项，可以得到一个用等成本曲线的斜率和截距表示的方程：

$$K = \frac{C_0}{r} - \frac{\omega}{r} \times L \quad (8\text{-}20)$$

根据一个成本函数及其推导的等成本线方程式，可以画出无数条等成本线，共同组成等成本曲线图。

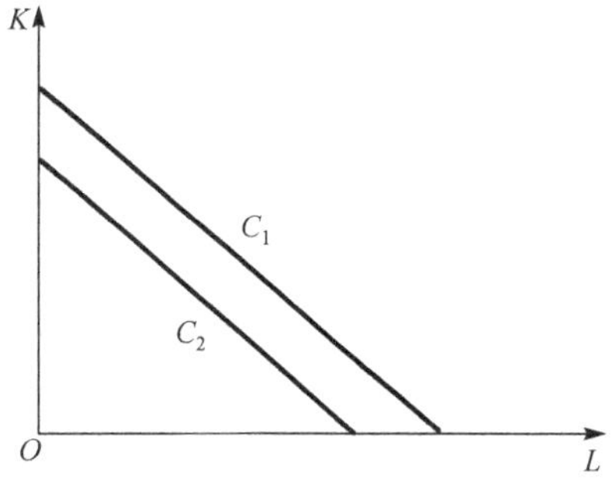

图 8-10　等成本曲线

2. 等成本曲线的特征

等成本曲线的特征是：①相互平行，不相交；②离原点越远，代表的成本水平越高；③斜率为负，两种要素反方向变化；④要素价格比发生变化时，等成本线的斜率改变。

等成本线上点的含义：等成本线上任何一点均表示在企业的成本支出和要素价格既定的情况下，两种生产要素购买量的一种组合；等成本线右上方的任何一点所表示的要素组合，均表示在现有成本支出下无法实现；等成本线左下方的任何一点表示的要素组合，在现有成本水平下能够实现，但用于购买要素的资金仍有盈余。

3. 等成本曲线的变动

如果成本固定和生产要素价格已知，便能够得到唯一的一条等成本线。那么，任何关于成本和生产要素价格的变化，都会使等成本曲线发生相应的变动。

当厂商的生产支出增加或减少时，等成本线将向右或向左移动。图 8-11 中，若原来的等成本曲线为 K_0L_0，若生产支出增加，则等成本曲线向右移动至 K_2L_2；若生产支出减少，则等成本曲线向左移动至 K_1L_1。

当要素的相对价格发生变动，则等成本曲线将会向右或向左旋转。图 8-12 中，我们只假设劳动的要素价格变化的情形。若劳动的要素价格下降，则等成本曲线由原来的 K_0L_0 向右旋转至 K_0L_2，若劳动的要素价格增加，则等成本曲线由原来的 K_0L_0 向左旋转至 K_0L_1。

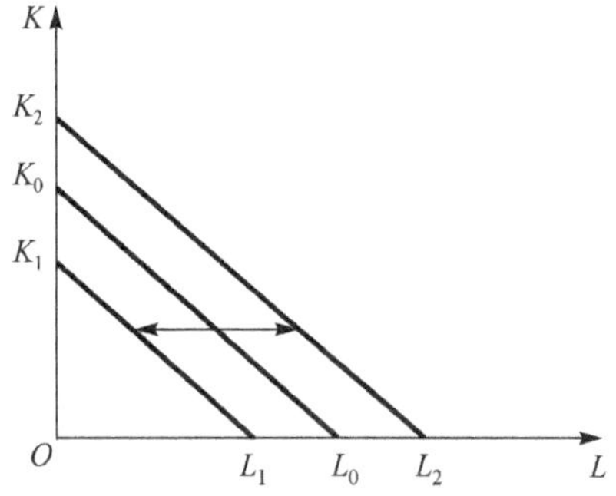

图 8-11　成本变化与等成本曲线的移动

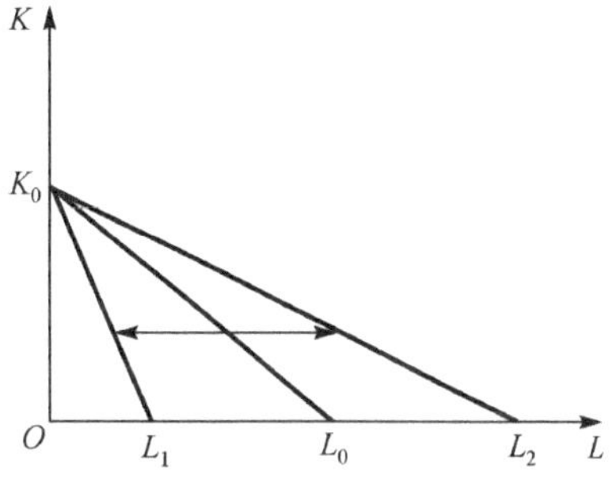

图 8-12　价格要素变化与等成本曲线的移动

8.3.3 最优投入要素的确定

多种投入要素最优组合的一般原则是：在多种投入要素相结合以生产一种产品的情况下，当各种投入要素每增加 1 元所增加的产量都互相相等时，各种投入要素之间的组合比例为最优。

这个原理也可以用数学式表示如下。

假设有多种投入要素 x_1，x_2，…，x_n结合起来生产一种产品，它们的边际产量分别为 MP_{x_1}，MP_{x_2}，MP_{x_3}，…它们的价格分别为 P_{x_1}，P_{x_2}，P_{x_3}，…那么，只有当 $\frac{MP_{x_1}}{P_{x_1}}=\frac{MP_{x_2}}{P_{x_2}}=\frac{MP_{x_n}}{P_{x_n}}$ 时，各种投入要素之间的组合比例为最优。

这个一般原理之所以成立，是因为如果各种投入要素每多投 1 元所增加的产量不等，那么，从每元边际产量较小的投入要素上抽出资金，用来增加每元边际产量较大的投入要素的投入量，就能在成本不变的情况下，使产量增加。既然有可能增加产量，就说明这时的投入要素组合不是最优的。例如，企业有两种投入要素 x_1和 x_2。投入要素 x_l每增加 1 元，可使产值增加 5 元；x_2每增加 1 元可使产值增加 10 元。那么，从投入要素 x_1中抽出 1 元资金转投于投入要素 x_2，就可以在总成本不变的情况下，使企业的总产值增加 5 元。既然总产值还有增加的余地，说明现有 x_1和 x_2的组合不是最优的。结论是，只有当所有投入要素每多投 1 元的边际产量都相等时，投入要素的组合才是最优的。

8.3.4 扩展线

在分析扩展线之前，先引入等斜线的概念。等斜线是一组等产量曲线中两种生产要素的边际技术替代率相等的点的轨迹。如图 8-13 中，Q_1、Q_2和 Q_3是根据生产函数构造的三条等产量曲线，T_1、T_2和 T_3是三条相互平行并且分别与三条等产量曲线 Q_1、Q_2和 Q_3相切的切线，分别得到 *A*、*B* 和 *C* 三个切点。这意味着，这三条等产量曲线各自在切点 *A*、*B* 和 *C* 上的两种生产要素的边际技术替代率是相等的。连接这些点以及原点的曲线 *OS* 被称为等斜线。

在生产要素的价格、生产技术和其他条件保持不变时，假若厂商改变成本预算，等成本曲线就会发生平移；假若厂商改变产量，等产量曲线就会发生平移。这些不同的等产量曲线将与不同的等成本线相切，形成一系列不同的生产者均衡点。这些生产者均衡点的轨迹就是扩展线。图 8-14 所示的曲线 *OR* 就是一条扩展线。由于生产要素的价格保持不变，两种生产要素的价格比例是固定的，又由于生产均衡的条件为两种生产要素的边际技术替代率等于两种生产要素的价格比例，所以，在扩展线上的所有的生产者均衡点上边际技术替代率都是相等的。这意味着，扩展线一定是一条特殊的等斜线。

扩展线表示：在生产要素价格、生产技术和其他条件不变的情况下，当生产成本或产量发生变化时，厂商必然会沿着扩展线来选择最优的生产要素组合，从而实现既定成本条件下的最大产量，或实现既定产量条件下的最小成本。

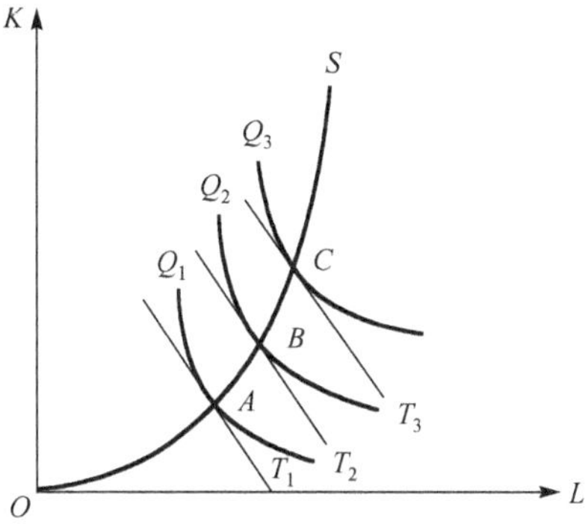

图 8-13　等斜线

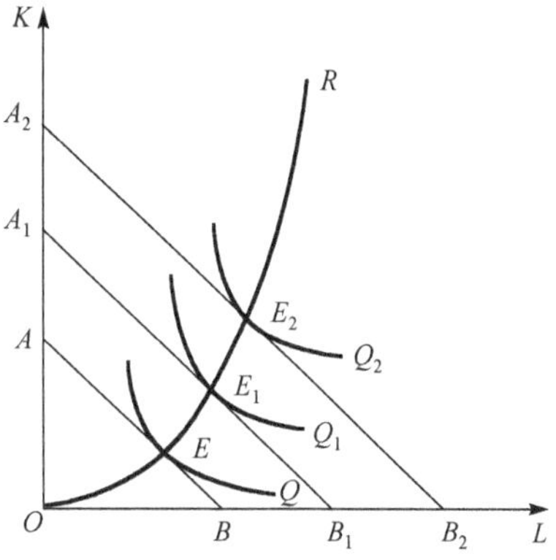

图 8-14　扩展线

本章小结

企业是从事生产经营活动的经济行为主体，其利润取决于外部的市场和内部的效率。生产理论揭示企业内部效率的因素和规律。生产是指企业投入一定的生产要素，并经过加工转化产出一定产品的过程。企业就是一个投入产出系统或加工转化系统。生产决策分析就是通过对生产函数的分析，寻找最优的投入产出关系，以确定最优的投入要素组合，使生产的成本最低或利润最大。

在日益激烈的市场竞争中，依靠提高资源配置水平，而不是依靠资源的投入数量，对中小企业的发展更具有现实意义。本章主要介绍实现资源优化配置所依据的经济学原理：边际收益递减规律，边际技术替代规律以及投入规模与产业效益之间非线性变化。

讨论与练习

1. 某企业生产三种产品，它们的生产函数分别为

$$Q_X = 3L^{0.4}K^{0.4}M^{0.1}$$

$$Q_Y = 0.5^{0.5}L^2KM$$

$$Q_Z = 10L + 5K + M$$

式中，Q_X，Q_Y，Q_Z 分别为三种产品的产量，L 为劳动量，K 为资本量，M 为投入的管理努力。你认为，这三种产品的规模收益各属于什么类型？

2. 已知生产函数为 $Q=f(K,L)=KL-0.5L^2-0.32K^2$，求当 $K=10$ 时劳动的平均产量函数和边际产量函数。

3. 某生产过程，已知其劳动力的边际产量为 $\mathrm{MP}_L=10(K^{0.5}/L^{0.5})$，资本量是固定的，为 64 单位，工资为每人 10 元，产品售价为每件 5 元，请找出它最优的人工投入量。

4. 工人人数与产量之间的关系如下：

$$Q = 98L - 3L^2$$

假定产品的单价 20 元，工人每天的工资均为 40 元，而且工人是唯一可变的投入要素，问为谋求利润最大，每天应雇佣多少工人？

5. 已知某企业的生产函数为 $Q=21L+9L^2-L^3$，其中 L 代表劳动力的数量：

(1) 求该企业的平均产量函数和边际产量函数。

(2) 如果企业现在使用 8 个劳动力，试问是否合理？合理的劳动力使用量应在什么范围内？

(3) 如果该企业的市场价格为 6 元，劳动力的市场价格为 126 元，该企业的最优劳动投入量是多少？

6. 假设资本的价格(P_K)为每小时 8 元，劳动的价格(P_L)为每小时 4 元。企业在资本和劳动上的总支出为 160 元。

(1) 请画出等成本线。

(2) 如果劳动的价格下降 25%，等成本线会发生什么变化?

(3) 如果资本和劳动的价格都上涨了 50%，等成本线又会发生什么变化?

7. 假如某钢铁厂的生产函数为 $Q = 5LK$，Q 是它的年产量，L 是使用的劳动力数，K 是使用的资本数。假定劳动力的成本为每单位 1 元，资本成本为每单位 2 元。如果该厂打算每年生产 20 单位产品，请问当投入劳动力和资本各多少时，成本最低?

8. 万格公司是一家从事工程分析的小公司。它的总裁所决定的产出 Q 是同其所雇佣的工程师的数量 E 和技术人员的数量 T 相关的，即 $Q = 20E - E^2 + 12T - 0.5T^2$。工程师的月工资为 4 000 美元，而技术人员的月工资为 2 000 美元。如果万格公司支付的工资总额为 28 000 美元，那么它应雇佣多少工程师和技术人员?

9. 假定某企业的生产函数为 $Q = 10L^{0.5}K^{0.5}$，其中：劳动力(L)的价格为 50 元，资本(K)的价格为 80 元。

(1) 如果企业希望生产 400 单位的产品，应投入 L 和 K 各多少才能使成本最低? 此时成本是多少?

(2) 如果企业打算在劳动力和资本上总共投入 6 000 元，它在 K 和 L 上各应投入多少才能使产量做大? 最大产量是多少?

第9章　成本优化分析

导入案例

塑胶大王王永庆的成功之路

20世纪50年代，中国台湾亟须发展纺织、水泥、塑胶等工业。当时名不见经传的王永庆像吃了豹子胆似的，竟筹借50万美元，创建了台湾第一家塑胶公司。塑胶原料生产出来了，但是日本同类产品物美价廉，充斥着台湾市场，而王的产品严重滞销，仓库爆满，股东们心灰意冷。王几乎陷入绝境。

王永庆对失败有自己独特的理解，他认为失败并不可怕，只要从失败中找出原因，就可能取得成功。

王永庆认为自己的塑胶粉粒PVC卖不出去，是因为自己的产品售价高，售价高又是因为产品成本过高，而成本高是因为企业的产量太少。当时王的企业每月产量只有100吨，是世界上规模最小的，所以成本高。

王敏锐地发现，这实际上是一种恶性循环。产量越低成本越高，竞争力就越低，就越打不开市场。王冒着产品大量积压和破产的风险，以常人所没有的胆识，采取了以毒攻毒的策略，把月产量一下子扩大到1200吨，使用最先进的设备和技术，使产品成本大幅度下降，具备了与世界大企业竞争的实力，以低价格迅速占领了市场，最终使他的公司进入世界化学工业的50强。事实表明，王永庆的决策是正确的。

通过分析以上案例，我们可以知道，任何企业的生产都是在一定成本水平上进行的。成本水平的高低，对企业经济效益的好坏有直接影响，在竞争条件下甚至决定企业的命运。成本是企业最关心的经济指标之一，是企业经营决策的重要依据。

资料来源：梁小民．微观经济学纵横谈．北京：三联书店，2000.

- **知识目标**
  - 理解增量成本和沉没成本的含义
  - 掌握短期成本函数中短期总成本、平均成本和边际成本之间的相互关系
  - 理解长期成本函数的形成及长期总成本、长期平均成本和长期边际成本的关系

◆ 掌握盈亏分析法
◆ 理解规模经济、范围经济和学习曲线的含义

● **能力目标**

◆ 掌握有关成本曲线的变化趋势及所依据的经济学原理
◆ 掌握盈亏平衡分析方法的基本内容，从理性角度把握工作要点
◆ 建立成本函数分析框架的基本内容

9.1 成本概念与成本函数

9.1.1 成本的基本概念

1. 会计成本和机会成本

会计成本是生产过程中所有生产要素投入价值的总和。有形生产要素是指土地、资金、劳动力；无形生产要素是指时间、知识、管理水平、文化等。成本高低与生产要素价格、数量、质量、运输成本有关。

机会成本是指为选择当前的生产所放弃的进行其他生产活动所取得的收益中的最大值，也称为选择成本。

会计成本和机会成本之间的区别说明了会计师与经济学家分析经济活动的重点不同。经济学家关心企业如何做出生产和定价决策，因为当他们在衡量成本时就包括了所有的机会成本。与此相比，会计师的工作是记录流入和流出企业的货币，结果，他们衡量了会计成本，但忽略了机会成本。

2. 增量成本和沉没成本

增量成本是指因某一特定的决策而引起的全部成本的变化。沉没成本是指对企业最佳决策选择方案不起作用，主要表现为过去发生的费用，或已经承诺支出的成本，今后的任何决策都不能改变这项支出。

由增量成本的含义可以引申出增量分析法。所谓的增量分析法是指增量收入与增量成本进行比较，增量收入大于增量成本，方案可以接受；否则，方案不可接受。

增量分析法是边际分析法的变型。两者的区别是：边际分析法是变量的微量（单位）变化，增量分析法是某种决策对收入、成本或利润的总影响。

案例 1

为从国外购买的物品补税是否合算？

张某在国外购买了一台数码摄像机，是用美元买的，折合人民币为25 000元。张某把它携带回国，入境时因原发票丢失，只好由海关重新估价。海关估价为人民币40 000元，按税率30%计算，要求缴关税12 000元就可放行，否则，将被充公。对于这么高的税金，张某有点不悦。当时，有人告诉他，同样品牌同样型号的摄像机国内也能买到。价格只要30 000元。据此，张某考虑，如果上这笔税，总共将支出37 000元，不如在国内买一台便宜，就打算拒交这笔税，并自愿放弃这台摄像机。

张某的妻子学过管理经济学，她认为，在要不要纳税的问题上，25 000元已经支出，无法追回，属于沉没成本，在决定纳税问题时不应考虑。如果纳税，增量成本仅为12 000元(税金支出)，但增量收入却有30 000元(国内摄像机的价格)。增量收入大于增量成本，故纳税仍是合算的。张某最后还是采纳了妻子的意见，缴纳了税款。

3. 短期成本与长期成本

与生产函数的短期分析和长期分析相对应，成本函数也可分为短期成本分析和长期成本分析。短期与长期的含义也是根据生产要素变化的范围来划分的。

所谓短期成本是指这个期间很短，以至在诸种投入要素中至少有一种或若干种投入要素的数量固定不变。所谓长期成本是指这个期间很长，以至所有的投入要素的数量都是可变的。由此可见，短期成本中包括变动成本和固定成本，长期成本中都是变动成本。

9.1.2 成本函数

生产函数表示产出与投入之间的数量关系。如果把投入的价格因素引进生产函数，就表示产出与成本之间的数量关系。如果反过来研究成本与产出之间的关系，即把成本作为因变量，把产出作为自变量，那么成本就是产出的函数。反映成本与产出之间的数量关系的函数即为成本函数。

成本函数由两个因素决定，一是生产函数，二是投入要素的价格。成本函数的曲线的形状是由生产函数的曲线的形状决定的，因为成本函数与生产函数反映的是同一生产过程发生的经济数量关系，是从两个不同角度研究同一生产过程。从某种意义上可以说，成本函数是生产函数的反函数。

投入要素的价格只决定成本水平，不决定成本变化规律，因此价格不随产量变化而变化。

成本函数的表达式为：

$$C = f(Q) \tag{9-1}$$

式中：C为成本，Q为产量。

成本函数也分为短期成本函数和长期成本函数。这里的短期、长期和生产函数的短期、长期含义相同。短期成本函数一般用于日常的经营决策，寻求在既定的生产规模下，如何使生产成本最低、利润最大；长期成本函数主要用于企业长远规划，寻求大规模生产的经济性，以建立最优经济规模。

9.2 短期成本函数

短期内，生产者受到固定生产要素如厂房、机器设备以及高级管理人员的薪金等的限制，生产规模(或最大生产能力)是给定的，这时的决策就是在既定的生产规模下选择最优的产出量。短期内厂商投入的生产要素就有固定要素和可变要素的区分，与生产理论相对应，短期内厂商的成本也可以分为固定成本和可变成本。本节将分析短期成本如何随产量的变化而变化，以及各类短期成本的特征。

9.2.1 总成本、平均成本及边际成本

1. 总成本

总成本(TC)是为了生产一定数量的产品所花费的全部成本。总成本会随着产量的增加而增加，但不一定是成比例地增加。由于在短期内企业根据其所要达到的产量，只能调整部分生产要素的投入数量，而不能调整全部生产要素的投入数量。所以，它可以进一步划分为固定成本与变动成本这两部分。

总固定成本(TFC)是厂商在短期内为生产一定数量的产品对不变生产要素所支付的那部分总成本。由于在短期内不管企业的产量为多大，这部分不变要素的投入量都是固定的，所以，总固定成本是一个常数，它不随产量的变化而变化。即使产量为零时，总固定成本也仍然存在。例如，建筑物和机器设备的折旧费等。

总变动成本(TVC)是厂商在短期内生产一定数量的产品对可变生产要素支付的那部分总成本。由于在短期内厂商可以依据产量的不断变化来调整可变要素的投入量，所以，总变动成本随产量的变动而变动。当产量为零时，总变动成本也为零。

总变动成本的函数形式为：

$$\text{TVC} = \text{TVC}(Q) \tag{9-2}$$

总成本用公式表示为：

$$\text{TC} = \text{TFC} + \text{TVC} \tag{9-3}$$

2. 平均成本

平均成本(AC)是厂商在短期内平均每生产一单位产品所消耗的全部成本。换言之，它是指单位产品分摊的成本。例如，生产了1万台发电机，总成本为9 300 万元，那么每台发电机的成本即平均成本为9 300 元。

显然，平均成本可以分解为平均固定成本和平均变动成本两部分，用公式表示为：

$$\text{AC} = \frac{\text{TC}}{\text{Q}} = \frac{\text{TFC} + \text{TVC}}{\text{Q}} = \frac{\text{TFC}}{\text{Q}} + \frac{\text{TVC}}{\text{Q}} = \text{AFC} + \text{AVC} \tag{9-4}$$

式中 AFC 表示平均固定成本，它是厂商在短期内平均每生产一单位产品所支出的固定成本，AVC 表示平均变动成本，它是厂商在短期内平均每生产一单位产品所支出的变动成本，Q 为产量。二者分别可由以下公式计算得出：

$$\text{AFC} = \frac{\text{TFC}}{Q} \tag{9-5}$$

$$\text{AVC} = \frac{\text{TVC}}{Q} \tag{9-6}$$

3. 边际成本

边际成本(MC)是指增加一单位的产量所引起的总成本的变化量。用公式表示为

$$\text{MC} = \frac{\Delta \text{TC}}{\Delta Q} \tag{9-7}$$

式中，ΔTC 表示总成本的增量，ΔQ 表示产量的增量。

例如，当产量为30件时，总成本为3 200元，当产量为31件时，总成本为3 300元，那么第31件产品的边际成本等于100元。

如果总成本函数是连续的，那么边际成本就可以用总成本对产量的微分形式来表示

$$MC = \lim_{\Delta Q \to 0} \frac{\Delta TC}{\Delta Q} = \frac{dTC}{dQ} \tag{9-8}$$

由上式可知，在每一个产量水平上的边际成本MC值就是相应的总成本TC曲线的斜率。另外，由于总固定成本不随产量的变化而变化，因此在总成本的增量中只有总变动成本会发生变化。这样，边际成本又可以表示为：

$$MC = \frac{\Delta TVC}{\Delta Q} = \frac{dTVC}{dQ} \tag{9-9}$$

9.2.2 总成本、平均成本及边际成本之间的关系

1. 短期总成本与短期平均成本的关系

因为 $SAC = \frac{STC}{Q}$，故STC曲线上任何一点所表示的SAC的几何意义是：从原点 O 到STC曲线上的该点作射线的斜率。在图9-1的上半部，由原点 O 和STC曲线连线所引射线中，同STC曲线相切的射线 OB 的斜率最小，故在图的下半部，产量为 OQ_2 时，SAC曲线处于最低点 B'；在射线 OB 相切于STC曲线之前，射线斜率递减，因而在产量水平小于 OQ_2 时，SAC递减；在射线 OB 相切于STC曲线之后，射线斜率递增，因而在产量水平大于 OQ_2 时，SAC递增。

2. 短期总成本与短期边际成本的关系

因为 $SMC = \frac{\Delta STC}{\Delta Q}$，故STC曲线上任何一点所表示的SMC的几何意义是：过该点作STC曲线的切线的斜率。在图9-1的上半部，过STC曲线由上凸转为下凸的拐点 A 所作切线的斜率最小，因而在图的下半部，产量水平为 OQ_1 时，SMC达到最低点 A'；在 A 点之前的STC曲线上点的切线斜率递减，因而在产量水平小于 OQ_1 时，SMC递减；在 A 点之后的STC曲线上点的切线斜率递增，因而在产量水平大于 OQ_1 时，SMC递增。

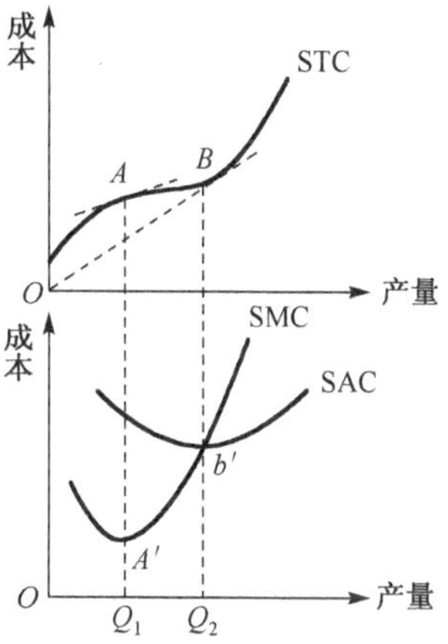

图9-1 短期总成本、短期平均成本和短期边际成本的关系

3. 短期平均成本与短期边际成本间的关系

从以上分析可以看出：在STC曲线上的 B 点，由原点 O 所引射线的斜率与切线的斜率相等，故在产量水平为 OQ_2 时，SAC不仅处于最低点 B'，而且SAC = SMC，即SMC曲线与SAC曲线相交于SAC曲线的最低点 B'；在STC曲线上的 B 点之前，所引射线的斜率大于所作切线的斜率，因而在产量水平小于 OQ_2 时，SAC >

SMC，即 SAC 曲线位于 SMC 曲线的上方；在 STC 曲线上的 B 点之后，所引射线的斜率小于所作切线的斜率，因而在产量水平大于 OQ_2 时，SAC < SMC，即 SAC 曲线位于 SMC 曲线的下方。

值得注意的是，STC、SAC 和 SMC 三者之间关系，同样适合于 TVC、AVC 和 SMC 三者之间的关系。这是因为 STC 曲线的变动规律与 TVC 曲线的变动规律是一致的，而 $AVC = \frac{TVC}{Q}$，$SMC = \frac{\Delta STC}{\Delta Q} = \frac{\Delta TVC}{\Delta Q}$。在此不再赘述。

4. 短期单位成本之间的关系

短期平均成本、平均固定成本、平均可变成本和短期边际成本均是单位产量所分摊的成本，均是短期单位成本。将这些短期单位成本曲线综合在如图 9-2 所示的图形中，以便进一步探讨各短期单位成本之间的关系。

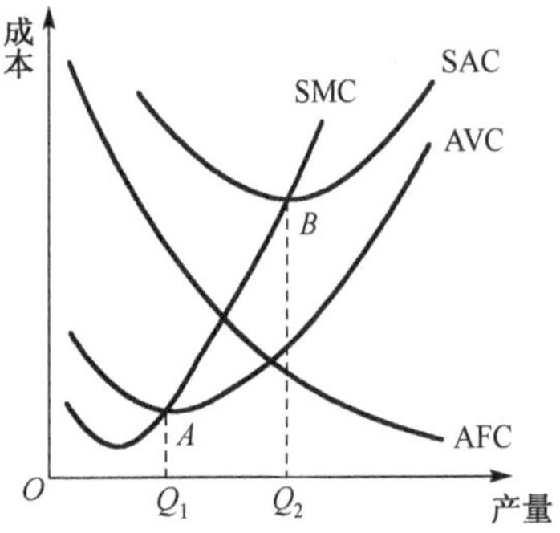

图 9-2　短期单位成本之间的关系

从图 9-2 可以看出下述特点：

(1) 四条短期单位成本线中，除平均固定成本曲线 AFC 之外其他三条曲线均是先下降后上升的“U”形曲线；AFC 曲线从左上方一直向右下方倾斜，起初较陡，以后逐渐放缓，这反映出随产量的增加，AFC 一直在减少，起初减少的幅度大，以后减少的幅度越来越小，并逐渐趋近于产量轴；SMC、AVC 和 SAC 三种单位成本起初都随产量的增加而减少，各自减少到一定程度后先后达到其最小值，然后又随产量的增加而呈不断增加的趋势。

(2) SMC 曲线一定要经过 AVC 曲线的最低点 A，此时 AVC 达到最小值，且 SMC = AVC；在相交之前，AVC 一直在减少，但 AVC > SMC；在相交之后，AVC 一直在增加，但 AVC < SMC；SMC 曲线与 AVC 曲线的交点 A 被称作企业的停止营业点。

(3) SMC 曲线也一定要经过 SAC 曲线的最低点 B，此时，SAC 达到最小值，且 SMC = SAC；在相交之前，SAC 一直在减少，但 SAC > SMC，在相交之后，SAC 一直在增加，但 SAC < SMC；SMC 曲线与 SAC 曲线的交点 B 被称为企业的收支相抵点。

(4) AVC 曲线的最低点 A 位于 SAC 曲线最低点 B 的左下边，表明 SMC 曲线在较低的产量水平 OQ_1 上与 AVC 曲线的最低点相交，而在较高的产量水平 OQ_2 上与 SAC 曲线的最低点相交。

9.3　长期成本函数

在长期内，企业可以根据它所要达到的产量调整所有生产要素的投入量，所以没有固定成本与可变成本之分，所有的成本均是可变成本。所谓长期成本函数，是指在生产技术条件保持不变的情况下，所有生产要素投入量均可改变时，成本与产量之间的依存关系。长期成本也可分为长期总成本、长期平均成本和长期边际成本。

9.3.1 长期总成本

长期总成本(LTC)是指在长期内，所有生产要素均可变动，从而企业可以调整生产规模使得生产一定数量的某种产品所需耗费的最低成本总额。长期总成本函数反映的是各种产量水平与最低总成本之间的依存关系，即

$$LTC = f(Q) \tag{9-10}$$

显然，上式所示的长期总成本函数与短期总成本函数是有明显区别的。①短期总成本函数中的固定成本不是产量的函数，而长期总成本是长期总可变成本，均为产量的函数。②当产量为零时，短期总成本 STC = TFC，而长期总成本 LTC = 0。③长期总成本曲线是指企业在长期生产中调整生产规模，生产各种产量所需的最低总成本点的轨迹。这意味着企业在长期中可根据需要调整所有生产要素的投入量，使生产要素组合达到最优状态，即任一产量水平所对应的长期总成本均是最优生产要素组合下的最低成本，而短期总成本曲线是指企业在某一特定生产规模条件下各种产量水平上最小成本的轨迹。这意味着企业在短期内无法调整固定要素投入量以使生产要素组合达到最优状态，机器设备等固定要素常常出现过剩或不足，因而对于既定固定要素投入的短期生产而言，只有在最佳的产量水平下，短期总成本才等于长期总成本，而在其他产量水平下，短期总成本总是高于长期总成本。

下面结合图示说明长期总成本曲线的形成过程。在图 9-3 中，画出了四条短期总成本曲线 STC_1、STC_2，STC_3和 STC_4，分别表示企业可供选择的四种不同的生产规模。这四种生产规模各有一个生产率最高的产量范围。例如，在 O 到 Q_1的产量范围内，STC_1所代表的生产规模下生产总成本最低；在 Q_1至 Q_2的产量范围内，STC_2所代表的生产规模下生产总成本最低；在 Q_2至 Q_3的产量范围内，STC_3所代表的生产规模下生产总成本最低；在产量超过 Q_3时，STC_4所代表的生产规模下生产总成本最低。由于假定企业只有四种生产规模可供选择，给定一个产量水平，就可知道它属于哪个生产率最高的产量范围，从而确定一个最佳的生产规模使总成本最低。因此，将图 9-3 中各条短期总成本曲线的实线部分连接而成的不规则曲线即为生产规模不可细分条件下长期总成本曲线，表示企业调整生产规模生产各种不同产量水平的长期最低总成本的轨迹。

以上分析假定可供选择的生产规模仅有四种，如果假定企业的生产规模可以无限细分，则任意给定一种产量水平，就有一个最适度的生产规模，从而可找到一个最佳的短期总成本点，把各种产量水平下对应的所有最佳短期总成本点用平滑的曲线连接起来，便可得到一条规模可无限细分的长期总成本曲线，如图 9-4 所示。

长期总成本曲线 LTC 是由无数条成本最小的短期总成本曲线综合而成，长期总成本曲线上的任何一点均是与各条短期总成本曲线相切的切点，该切点代表特定产量水平下的最低总成本点。故长期总成本曲线又称为各种短期总成本曲线的包络曲线。不难看出，长期总成本是产量的函数，它从原点出发，其形状与短期成本曲线的形状相似，即随着产量的增加，长期总成本起初以递减的增长率上升，然后以递增的增长率上升。

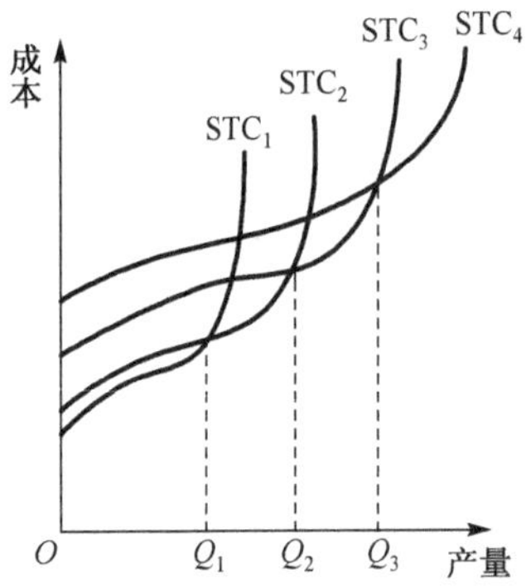

图 9-3　生产规模不可细分的长期总成本曲线

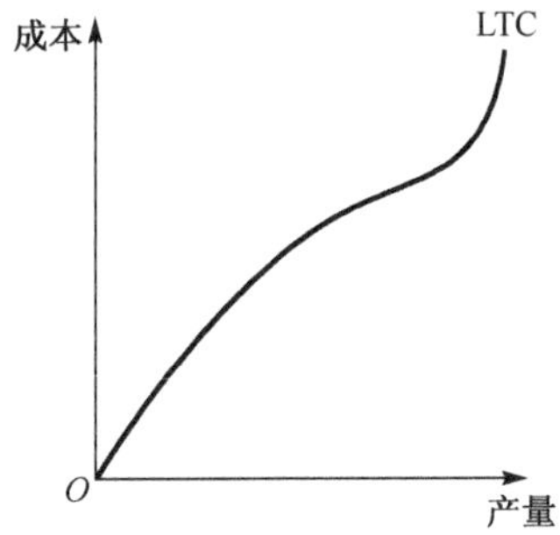

图 9-4　生产规模可无限细分的长期总成本曲线

9.3.2　长期平均成本

长期平均成本(LAC)是指单位产量所分摊的长期总成本。长期平均成本函数可表示为:

$$\text{LAC} = \frac{\text{LTC}}{Q} \tag{9-11}$$

显然，长期平均成本曲线是生产各种产量所需的最低平均成本点的轨迹。同长期总成本曲线的形成过程一样，我们也可分两种情形探讨长期平均成本曲线的形成(见图 9-5)。

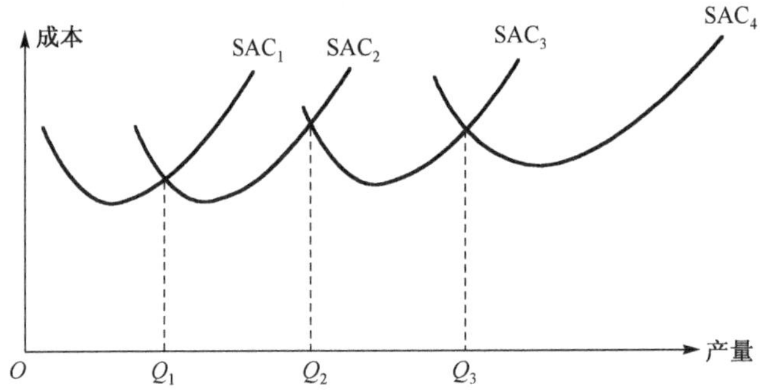

图 9-5　生产规模不可细分的长期平均成本曲线

(1)生产规模不可细分情况下的长期平均成本曲线及其形成。

在图 9-5 中，SAC_1、SAC_2、SAC_3、SAC_4等四条短期平均成本曲线分别表示企业在生产不同产量时可供选择的四种生产规模，每一种生产规模都有其生产率最高的产量范围，因而企业可以根据不同的产量水平来选择一个最适度的生产规模。例如，如果产量水平小于 Q_1，则 SAC_1所代表的生产规模为最优选择；如果产量水平在 Q_1与 Q_2之间，则 SAC_2所代表的生产规模最佳；如果产量水平在 Q_2和 Q_3之间，则 SAC_3所代表的生产规模为最优选择；如果产量水平大于 Q_3，则企业将选择 SAC_4所代表的生产规模；如果产量水平为四条短期平均成本曲线交点所对应的产量(如 Q_2)，此时是选择 SAC_2所代表的生产规模还是 SAC_3所代表的生产规模，取决于企业对该产品市场需求状况的预期，若预期市场需求会持续扩大，则选择 SAC_3所代表的较大的生产规模，反之则选择 SAC_2所代表的较小的生产规模。可见，在生产规模不可细分的情况下，任意给定一个产量水平，均可以根据该产量所处的范围找到一个最适度的生产规模。显然，各种短期成本曲线交点以下用实线连接而成的不规则曲线即为生产规模不可细分情况下的长期平均成本曲线。

(2)生产规模可无限细分情况下的长期平均成本曲线及其形成。

由于假定企业可供选择的生产规模可以无限细分，从而 SAC 曲线的数目趋近于无穷大，不难想象，由相邻两条 SAC 曲线交点以下部分形成的 LAC 部分之间的距离会趋近于零。这意味着，任意给定一个产量水平，就会有且仅有一个以某一最低平均成本点所代表的最优生产规模与之对应，将各种不同产量的最低平均成本点用平滑的曲线连接起来，即得到生产规模可无限细分情况下长期平均成本曲线，如图 9-6 所示。

不难理解，长期平均成本曲线 LAC 也是各条短期平均成本曲线的包络曲线，长期平均成本曲线上的任何一点均是与各条短期平均成本曲线相切的切点，切点所对应的产量即是该短期平均成本曲线所代表的生产规模下的最佳产量。从图 9-6 可以看出，LAC 曲线的形状与 SAC 相似，也是一条先下降后上升的"U"形曲线。它表明在某一产量水平(如图 9-6 中的 Q_0)之前，LAC 随产量的增加而递减；而达到该产量之后 LAC 则随产量的增加而递增。不过，LAC 曲线下降或上升的坡度较为平缓，表明在长期中，平均成本的变动较为缓慢。而且，LAC 曲线形状的成因不同于 SAC 曲线。SAC 曲线先降后升，是由于短期内边际收益递减规律的作用，而长期内，边际收益递减规律失去了赖以生存的前提，LAC 不受该规律的约束，LAC 曲线先降后升则是由于规模收益变动所引起的。尤其要强调的是，虽然作为 SAC 曲线的包络曲线的 LAC 曲线的每一点，都是与某一既定的 SAC 曲线的相切之点，但每个切点大多不是该 SAC 曲线的最低点。在 LAC 曲线处于递减阶段时，LAC 曲线与 SAC 曲线的切点必然位于 SAC 曲线最低点的左上方；在 LAC 曲线处于上升阶段时，LAC 曲线与 SAC 曲线的切点必定位于 LAC 曲线最低点的右上方；只有在 LAC 曲线本身处于最低点时，LAC 曲线与相应的 SAC 曲线的切点才是该 SAC 曲线的最低点。

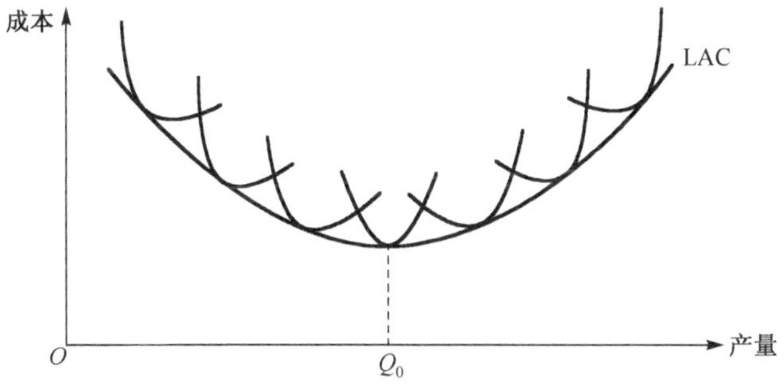

图 9-6　生产规模可无限细分的长期平均成本曲线

长期平均成本曲线的变动规律与规模收益变动的三个阶段有着极为密切的关系。规模收益递增意味着企业扩大经营规模时单位成本的下降，因而使生产效益提高及总成本下降；规模收益不变意味着企业生产规模的扩大对单位成本的影响不大；规模收益递减意味着企业扩大经营规模时单位成本的上升，使得生产效益下降及总成本上升。规模收益变动的上述特征可以用长期平均成本这一先降后升的"U"形曲线极为直观地表现出来。图 9-7 中的 LAC 曲线就是一个典型的例子。在企业发展的最初阶段，随着生产规模的扩大和产量的增加，长期平均成本曲线处于下降的阶段，表明生产过程正呈现规模收

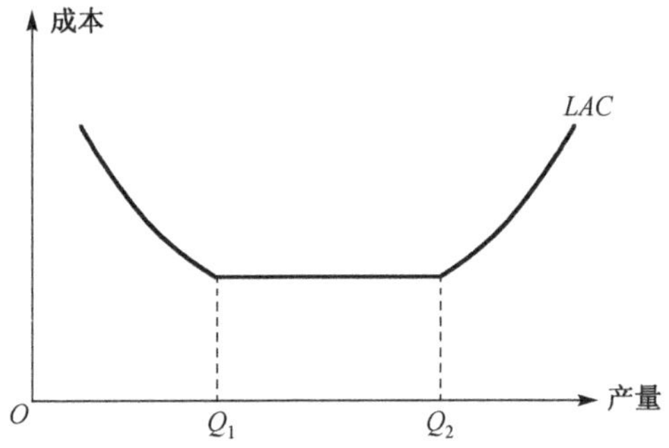

图 9-7 “U”型长期平均成本曲线与规模收益变动

益递增的情形，如图 9-7 中 OQ_1 段所示。这种情况在许多企业中存在，如电信、电力等部门的企业，服务的客户越多，平均成本就越低。随着企业生产规模的不断扩大和产量不断增加，规模经济的优势减弱，而规模不经济的影响增大，当两种影响力处于相持阶段时，长期平均成本曲线的变动相当平缓，说明生产规模的扩大对单位成本的影响不大，生产过程就呈现出规模收益不变的现象，如图 9-7 中的 Q_1Q_2 所示。大部分企业在规模较为适度时，增加或减少部分生产，平均成本几乎没有什么变化。如果企业生产规模进一步扩大，产量增加到非常高的水平，规模不经济因素的影响力就占据主导地位，长期平均成本曲线就处于上升阶段，生产过程相应地呈现出规模收益递减的情况，如图 9-7 中 Q_2 以后的范围。显然，任何理性的企业决策者为了克服大规模的不经济，应千方百计地延续 *LAC* 曲线变动的相对平坦阶段，即尽可能地使生产过程中规模报酬不变阶段持续更长的时间。

9.3.3 长期边际成本

长期边际成本(LMC)是长期中每增加一单位产量所增加的总成本。如果用 ΔQ 表示产量的增加量，ΔLTC 表示长期总成本的增加量，则有

$$\text{LMC} = \frac{\Delta\text{LTC}}{\Delta Q} \tag{9-12}$$

如果长期总成本函数为连续函数，则长期边际成本函数即为长期总成本函数的一阶导数，即

$$\text{LMC} = \frac{\text{dLTC}}{\text{d}Q} \tag{9-13}$$

与 LTC 曲线和 LAC 曲线分别是无数条 STC 曲线和 SAC 曲线的包络曲线不同，LMC 曲线并不是无数条 SMC 曲线的包络曲线。LMC 曲线是每一条 SAC 曲线与 LAC 曲线相切之点所对应的产量水平下各条 SMC 曲线上点的轨迹。这意味着 LMC 曲线上的任何一点总是与某一特定的 SMC 曲线相交，该交点所代表的产量水平是 LAC 曲线与相应的 SAC 曲线相切之点对应的产量。这是因为，代表各种生产规模的 SAC 曲线与 LAC 曲线相切于最佳产量点，在该切点处它们的斜率必相等，则有

$$\frac{\text{d}}{\text{d}Q}\left(\frac{\text{STC}}{Q}\right) = \frac{\text{d}}{\text{d}Q}\left(\frac{\text{LTC}}{Q}\right) \tag{9-14}$$

而

$$\frac{\text{d}}{\text{d}Q}\left(\frac{\text{STC}}{Q}\right) = \frac{\text{dSTC}}{\text{d}Q}\cdot\frac{1}{Q} - \frac{\text{STC}}{Q^2} = \frac{\text{SMC}}{Q} - \frac{\text{STC}}{Q^2} \tag{9-15}$$

同理可得

$$\frac{d}{dQ}\left(\frac{LTC}{Q}\right)=\frac{LMC}{Q}-\frac{LTC}{Q^2} \tag{9-16}$$

可得

$$\frac{SMC}{Q}-\frac{STC}{Q^2}=\frac{LMC}{Q}-\frac{LTC}{Q^2} \tag{9-17}$$

又因为在 SAC 曲线与 LAC 曲线相切于最佳产量点，此时 SAC = LAC，故 STC = LTC 代入上式，可得 SMC = LMC。

可见，在 SAC 曲线与 LAC 曲线切点所对应的最佳产量水平下，SMC 曲线上的点即为 LMC 曲线上的点。而且由于 SMC 曲线只受短期可变成本的影响，而 LMC 曲线要受全部成本的影响，故在产量未达到最佳产量之前，SMC < LMC。在产量达到最佳产量水平以后，由于 SMC 曲线只能在既定的生产规模下增加产量，必然会受到边际收益递减规律的制约，因而 SMC > LMC。

根据上述基本特征，我们可利用 LAC 曲线与 SAC 曲线的关系以及 SAC 曲线与 SMC 曲线的关系，画出 LMC 曲线（见图 9-8）。

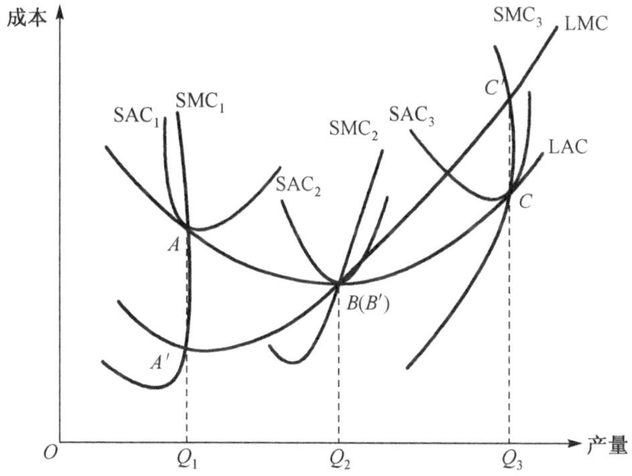

图 9-8　长期边际成本

如图 9-8 所示，SAC_1、SAC_2和 SAC_3为三条不同生产规模的短期平均成本曲线，SMC_1、SMC_2和 SMC_3分别为与上述短期平均成本曲线相应的短期边际成本曲线。SAC_1曲线与 LAC 曲线相切于 A 点，A 点所对应的产量为 Q_1，在 Q_1的产量水平下，SMC_1曲线上的点 A' 即为 LMC 曲线上的点；SAC_2曲线与 LAC 曲线相切于 LAC 曲线的最低点 B，此时产量水平为 Q_2，相应地，SMC_2曲线上的 B'点为 LMC 曲线上的点；SAC_3曲线与 LAC 曲线相切于 C 点，C 点所对应的产量水平为 Q_3，此时 SMC_3曲线上的 C'点亦为 LMC 曲线上的点。用平滑的曲线将 A'、B'和 C'连接起来，即得到 LMC 曲线。

由此可见，长期边际成本曲线是由无数条短期边际成本曲线密集而成，它也是一条先下降后上升的“U”形曲线。LMC 曲线在 LAC 曲线到达最低点之前先到达最低点，且在上升过程中一定相交于 LAC 曲线的最低点。在相交之前，LAC 曲线是下降的，但 LAC > LMC；在相交时，LAC 曲线处于最低点，且 LAC = LMC；在相交之后，LAC 曲线是上升的，但 LAC < LMC。同 LAC 曲线表示为长期内各种产量水平下最低的短期平均成本点的

轨迹一样，LMC 曲线亦表示为长期内各种产量水平下最低的短期边际成本点的轨迹。

至于长期总成本、长期平均成本和长期边际成本之间的关系，与前面论述的短期总成本、短期平均成本和短期边际成本的关系相似，在此不再赘述。

9.4 盈亏平衡

盈亏平衡分析又称量本利分析或保本点分析，最主要的目标是找出项目的最小规模，以保证不因规模偏小而亏损。最简单的盈亏平衡分析，假设产品价格不变，单位变动成本和固定成本不变情况下确定产量规模。

其基本原理是总收入等于总成本（如图 9-9），即

$$\mathrm{TR} = \mathrm{TC} \tag{9-18}$$

$$\mathrm{TC} = \mathrm{TVC} + \mathrm{TFC} \tag{9-19}$$

$$\mathrm{TR} = Q \cdot P \tag{9-20}$$

其中：TC—总成本；

TVC—总变动成本；

TFC—总固定成本；

TR—总收入；

Q 一产量；

P—产品价格。

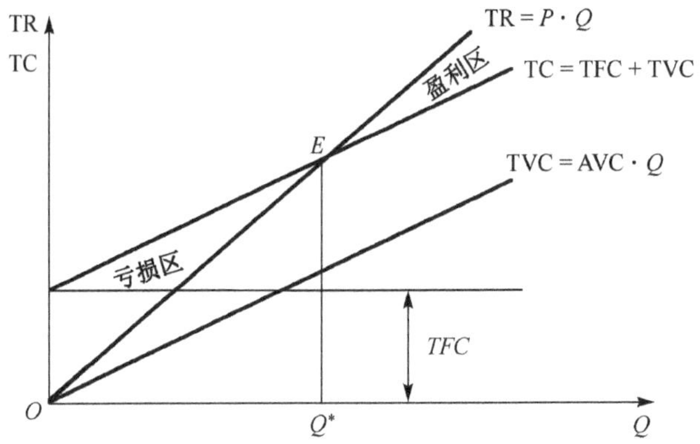

图 9-9　盈亏平衡

盈亏平衡原理可用图 9-9 描述，TR 曲线与 TC 曲线相交于点 E，对应的产量为 Q^*。Q^* 即为盈亏平衡时的产量。

$\because \mathrm{TR} = P \times Q \qquad \mathrm{TC} = \mathrm{TFC} + \mathrm{TVC} = \mathrm{TFC} + \mathrm{AVC} \times Q$

由 TR = TC 得到

$$P \cdot Q = \mathrm{TFC} + \mathrm{AVC} \times Q$$

于是

$$Q^* = \frac{\mathrm{TFC}}{P - \mathrm{AVC}} \tag{9-21}$$

该式的意义是，盈亏平衡点产量是生产毛利(P - AVC)收回全部固定成本时要求的最低产量。

当$Q < Q^*$时，亏损；

$Q > Q^*$时，盈利；

$Q = Q^*$时，盈亏平衡，利润为零。

企业为实现预定目标利润 π，可以用公式 $Q^* = \frac{\text{TFC} + \pi}{P - \text{AVC}}$，求出相应的产量水平。

9.5 规模经济、范围经济和学习曲线

9.5.1 规模经济

规模经济是指由于厂商生产规模的扩大而导致的长期平均成本下降的情况。与之对应的概念是规模不经济，指的是厂商由于生产规模扩大而导致长期平均成本上升的情况。规模经济和不经济是生产理论中的规模收益在成本理论中的对称。规模报酬递增的基本特征是产量增加的倍数大于投入要素增加的倍数，在生产要素价格给定的情况下，这就意味着获得同样的产量只需要较少的要素，进而也只需要较低的成本，长期平均成本水平是下降的，这实际上就是规模经济；反之，规模收益递减时，其基本特征是产量增加的倍数小于投入要素增加的倍数，同样在生产要素价格不变时，意味着获得同样的产量需要较多的要素投入，长期平均成本水平是上升的，存在着规模不经济。

9.5.2 范围经济

现实生活中，许多厂商并非只生产一种产品或服务，往往是同时生产两种或两种以上的产品或服务。这一方面可能是某些产品与其他产品间存在较大的相似性，在生产中可以共用一定的生产工艺、机器设备，或者所需要的劳动者技能相似。这种情况如生产轮胎的厂商，可以生产汽车用的轮胎，同时也生产摩托车用的轮胎，两种产品的生产是相似的。另一方面可能是某些类型的生产存在着副产品，生产一种产品时附带地就会生产出另一种产品，例如，石油冶炼可以同时生产出汽油、柴油、煤油和沥青。或者如果不附带生产另一种产品在经济上是不划算的，如有色金属冶炼中，往往涉及共生矿石，这些矿石中含有的几种有色金属都有相当的价值，为获取一种金属而抛弃另一种是非常不经济的。

范围经济就是说明上述多产品生产时带来的成本节约的一个概念，它是指多种产品的联合生产比单独生产这些产品成本更低时，这时存在着范围经济现象；反之，如果多产品的联合生产比单独生产成本更高时，这时就称存在着范围不经济现象。

9.5.3 学习曲线

所谓学习曲线又称经验曲线，指随着生产的累积、产量的增加或者生产过程的重复，

操作人员和管理人员的技能会因熟练而提高，由此单位产品的成本就会随着产量的累积逐步下降，如图 9-10 所示。

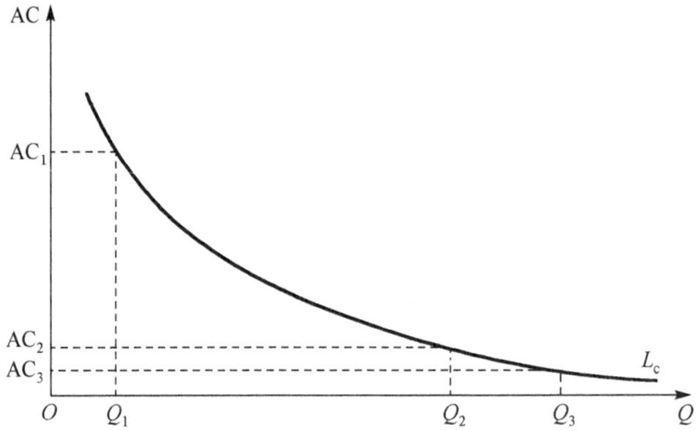

图 9-10　学习曲线

本章小结

成本与利润分析在管理经济学中占有重要地位。这是因为任何管理决策都要比较其有关活动的成本和效益，只有降低成本或增加利润的方案，才是可接受的方案。任何企业的生产都是在一定成本基础上进行的。成本费用的高与低，不仅对企业的利润有直接影响，而且也是企业经营决策的重要经济指标之一。

本章主要探讨企业管理决策中几个重要的成本概念、企业短期和长期成本函数及其估计，以及进行成本利润分析的科学方法。

讨论与练习

1. 某企业原生产产品 A 1 000 件，单位变动成本 1 元，总固定成本为 500 元(单位固定成本为 0.5 元)，单位全部成本为 1.5 元，单位价格为 2 元。现有人希望以 1.3 元价格订购 400 件，如企业生产能力有富余，该企业是否应接受这笔订货？

2. 假定已知总成本函数 $TC = 1\ 000 + 9Q$，这里 Q 为产量。

(1) 求总固定成本和总变动成本的方程。并能画图说明 TFC、TVC、TC 成本曲线之间的关系。

(2) 求平均固定成本、平均变动成本、平均总成本和边际成本的方程，并画图说明这些成本曲线之间的相互关系。

3. 大陆公司的总变动成本函数为 $TVC = 50Q - 10Q^2 + Q^3$（Q 为产量）。问：

(1) 边际成本最低时的产量是多少？

(2) 平均变动成本最低时的产量是多少？

(3) 在问题(2)的产量上，平均变动成本和边际成本各为多少？

4. 下面有两个成本函数，请指出哪个是短期成本函数，哪个是长期成本函数？

(1) $TC = 120 + Q + Q^2$

(2) $TC = 120Q + Q^2 + Q^3$

5. 某家企业估计其总收益函数为 $TR(Q) = 3\ 000Q - 8Q^2$，而总成本函数为 $TC(Q) = 100 + 2Q^2$。请问：

(1)这家企业的产量为多少时实现利润最大化？最大利润为多少？

(2)这时的边际收益为多少？边际成本呢？

(3)画出这家企业的总收益与总成本曲线，并说明其之间的关系？

6. 某电动玩具公司打算建设一个年生产能力 8 000 件玩具的新厂。估计固定成本为48 000元，变动成本为每件 24 元，预计售价为每件 32 元。那么：

(1)新厂的盈亏平衡产量是多少？需要多长时间才能收回投资？

(2)如果新厂的目标利润是 72 000 元，达成利润目标的产量是多少？

第5篇　市场结构

在本篇中，我们将讨论不同行业之间的重要差异，并根据这些差异程度将市场分成四种类型：完全竞争、完全垄断、垄断竞争和寡头垄断。我们将分析为什么会存在这些差异，并且研究它们如何影响管理决策。

第10章　完全竞争与完全垄断

如果生产成本对供给没有影响，那么，它就不会影响竞争的价格。

——约翰·斯图亚特·穆勒

市场结构对企业决策起着重要的影响，甚至在某种程度上，决定了企业的利润水平。在进行决策时，管理者必须了解企业所处的市场环境，从而预测市场将可能作出的反应。本章将首先讨论市场结构的类型，然后讨论在完全竞争市场条件下的企业决策准则；最后将讨论在完全垄断条件下企业的定价和产量决策。

导入案例

中国农村春联市场调查

在该春联市场中，需求者有5 000多农户，供给者为70多家零售商，市场中存在许多买者和卖者；供应商的进货渠道大致相同，且产品的差异性很小，产品具有高度同质性，供给者进入退出没有限制。农民购买春联时的习惯是逐个询价，最终决定购买，信息充分。供应商的零售价格水平相近，提价基本上销售量为零，降价会引起利润损失。原来，我国有着丰富文化内涵的春联，其销售市场结构竟是一个高度近似的完全竞争市场。

供应商在销售产品的过程中，都不愿意单方面降价。春联是农村过年的必需品，购买春联的支出在购买年货的支出中只占很小的比例，因此其需求弹性较小。某些供应商为增加销售量、扩大利润而采取的低于同行价格的竞争方法，反而会使消费者认为其所经营的产品存在瑕疵，不愿购买。

因小条幅在春联中最为便宜且为春联中的必需品，统一价格保持5、6年不变，因此消费者不对此讨价还价。小条幅春联共7类，消费者平均购买量为3到4类，总利润可达1.08元，并且人工成本较低。而小号春联相对价格较高，在春联支出中占比重较大，讨价还价较易发生；由此，价格降低和浪费的时间成本会造成较大利润损失，对小号春联需求量较大的顾客也不过购买7到8副，总利润至多1.12元。因此，我们不难明白浙江的小小纽扣风靡全国，使一大批人致富的原因。这也提醒我们，在落后地区发展劳动密集、技术水平低、生产成本低的小商品生产不失为一种快速而行之有效的致富方法。

春联市场是一个特殊的市场，时间性很强，仅在年前存在10天左右，供应商只有一次批发购进货物的机会。供应商对于该年购入货物的数量主要基于上年销售量和对新进入者的预期分析。如果供应商总体预期正确，则该春联市场总体商品供应量与需求量大致相同，则价格相对稳定。一旦出现供应商总体预期偏差，价格机制就会发挥巨大的作用，将会出现暴利或者亏损。

综上可见，小小的农村春联市场竟是完全竞争市场的缩影与体现，横跨经济与管理两大学科。这也就不难明白经济学家为何总爱将问题简化研究，就像克鲁格曼在《萧条经济学的回归》一书中，总喜欢以简单的保姆公司为例得出解决经济问题的办法，这也许真的有效。

资料来源：杨晓东."农村春联市场：完全竞争的缩影"，经济学消息报，2004年第599期.

- **知识目标**
  - 掌握市场结构的特征
  - 理解市场集中度的概念
  - 掌握完全竞争的概念和特点
  - 掌握完全竞争短期决策准则
  - 掌握完全竞争长期均衡的条件
  - 理解完全垄断的概念和特点
  - 掌握完全垄断的决策准则
  - 理解福利损失

10.1 市场结构

市场结构是指一个行业内部，买方和卖方的数量及其规模分布、产品差异的程度、新企业进入或者退出该行业的难易程度和市场参与者信息完备程度的综合状态。也可以说，市场结构就是指某种产品或服务的竞争状态和竞争程度。

市场结构有狭义和广义之分，狭义指买方构成市场，卖方构成行业。广义是指一个行业内部买方和卖方的数量及其规模分布、产品差别的程度、新企业进入该行业的难易程度和市场信息的完备情况四个方面的综合状态。

根据以上四方面因素的不同特点，经济学将市场分为完全竞争市场、垄断竞争市场、寡头垄断市场和完全垄断市场四种市场类型。下文将对划分市场结构的四个方面进行详细的论述。

10.1.1 买方和卖方的数量和规模

1. 买方的数量和规模

市场的竞争程度受到买方的数量和规模的影响。如果市场上只有一个或者几个规模大的买家，他们就可以在同卖家的讨价还价中获取低价，大量采购的企业能够获得更高的价格折扣，例如沃尔玛通过集中采购，以比竞争对手更低的价格采购商品。但是，如果买方的数量很多，规模很小，这种情况下单一的买家就无法压低价格，而只能成为价格的接受者。

2. 卖方的数量和规模

产品和服务的市场总供给量是由该市场所有的卖方的个别供给量加总而成的。如果卖方的数量很多，规模很小，单一的卖方对市场的价格和供给量的影响就很小，甚至这种影响可以忽略不计。如果市场上的卖方是一个或者几个大企业，他们占据了绝大部分的市场份额，这样卖方对市场价格和供给量的控制力就很强，例如单反数码相机市场，卖方是少数的大企业，因此产品的定价一直居高不下。

3. 市场集中度

根据产业经济学的理论，市场集中度是决定市场结构最基本、最重要的因素，集中体现了市场的竞争和垄断程度。市场集中度是用于表示在特定产业或市场中，卖者或买者具有怎样的相对的规模结构的指标。由于市场集中度是反映特定市场的集中程度的指标，所以它与市场中垄断力量的形成密切相关，也正因为如此，产业组织理论把市场集中度作为考察市场结构的首要因素。常用的市场集中度指标有：绝对集中度、相对集中度，赫芬达尔指数，我们将在10.2中加以讨论。

10.1.2 产品差异

1. 产品差异的含义

产品差异是指在一个市场里，一家企业的产品和其他企业产品的差异程度。如果产品没有差异，则买方的购买决策将完全根据价格来决定。例如，农贸市场中的大白菜没有差异，消费者就不用去选择卖方，卖方也无法单方面定高价，这样，同等级的大白菜的价格就是一样的。相反的情况是，产品差异高的企业拥有很大的定价权，例如，路易·威登品牌的皮包价格是同等质量产品的数十倍。产品差异化是达到产品差异的手段，请读者注意这两个概念的不同。

产品差异化，是指企业在其提供给顾客的产品上，通过各种方法造成足以引发顾客偏好的特殊性，使顾客能够把它同其他竞争性企业提供的同类产品有效地区别开来，从而达到使企业在市场竞争中占据有利地位的目的。

2. 形成产品差异的因素

(1)产品的物理性差异。产品的用途本质相同，但性能、构造、外观等有所不同，直接影响产品的使用效果。

(2)买方的主观差异。由于企业的广告、宣传等促销活动而引起买方对这一产品的偏好，或买方受消费潮流的影响而对某种产品产生偏好，或者是由于买方对产品不够了解而产生的主观差异。

(3)对买方的服务差异。包括向买方提供有关信息、发送服务、技术维修服务、提供信用支持等。在这些服务方面的差异会引起买方对商品的不同偏好。

(4)地理位置差异。因企业或销售点的位置不同而给买方带来的购买时间、方便程度、运输成本的差异，这也会造成买方在产品选择上的差异。

(5)特殊促销活动差异。如赠礼品、配附件、进行有奖销售等活动而造成买方在产品选择上的差异。

3. 产品差异化与市场结构

(1)影响市场集中度。

市场上规模较大的上位企业(即市场占有率领先的企业)通过扩大产品差别化程度，可以保持或提高企业的市场占有率，从而保持或提高市场集中度水平；市场上规模较小的下位企业也可以通过产品差别化提高自身的市场占有率，从而降低市场的集中度水平，或改变行业市场的规模分布结构。

(2)形成市场进入壁垒。

现有企业的产品差异化可以使顾客对该企业的产品形成偏好甚至一定的忠诚度，这对于意图进入市场的新企业而言，无疑构成了一定程度的进入壁垒。也就是说，这些试图进入市场的企业也必须通过自己的产品差异化行为，寻找新的目标市场的顾客或者转换品牌争取原有企业的顾客。要做到这一点，需要付出更大的努力，因此，市场的产品差异化程度越高，新企业进入市场的壁垒也就越高，下面将具体介绍市场壁垒的概念。

10.1.3 市场壁垒

市场壁垒是指对投资主体自由地进入或退出某一市场起抑制作用的因素。

对于卖方来说，市场壁垒是进出于各行业的障碍。市场壁垒越高，市场选择的自由度越小；反之，市场选择的自由度则越大。衡量市场壁垒高低的指标，主要是市场要素流动的速度。

市场壁垒受其内部企业的制约，而且还受到外部潜在进入者的影响。典型的市场进入障碍包括专利权、经营许可协议和独占的自然资源等。例如，享有专利的药物使专利拥有者可以在一定时期内(一般最长为 7 年)选择制造商并且在特定的市场销售。企业在一定领域生产，扩张到足够大程度时产生的规模经济也可以成为市场进入障碍。如果新的市场进入者计算出自己需要极大的销售量，才能够和市场原有的企业竞争，那么这对进入者的雄心是个巨大的打击。普通大众型的汽车市场进入者总是很少，就是由于这个原因。

政府也有可能设置市场进入障碍。例如金融界的条例和规范，本意是用来管制那些投机取巧者和违法分子的，但不可避免地所有业务活动(包括那些合法的)都会受到限制。建立于一定领域或市场的企业，当它们发现有新来者企图进入时，往往会想方设法地增加市场进入障碍。例如，它们可以通过降价来达到目的，迫使新进者的产品失去竞争力；并且因为有市场壁垒的保护，它们产品原来的价格本来就高于自由竞争市场的水平，所以对市场原有企业来说，进行降价并不是十分无奈的选择。垄断的存在更会形成难以逾越的进入障碍。因为如果没有进入壁垒(或很低)，那么其他企业会蜂拥进入垄断市场，分享垄断利润。

10.1.4 市场信息

市场信息的完备程度影响市场上买方和卖方的决策，如市场上的每一个买者和卖者都掌握着与自己的经济决策有关的一切信息。这样每一个消费者和每一个企业都可以根据自己掌握的完全信息，做出自己的最优经济决策，从而获得最大经济效益。而且，由于每一个买者和卖者都知道既定的市场价格，都按照这一既定的市场价格进行交易，这也就排除了由于信息不通畅而可能导致的一个市场同时按照不同的价格进行交易的情况。如果市场参与者对产品信息、价格变动、供求关系等市场信息非常了解，则市场的竞争程度就高；反之，在信息不完全的情况下，买方往往缺乏足够的市场信息，就会增加卖方定价的能力，迫使消费者接受质低价高的产品，不对称信息经济理论的"柠檬效应"就是典型的例子。

"柠檬"一词在美国俚语中表示"次品"或"不中用的东西"，而柠檬效应是指在信息不对称的情况下，好的商品往往遭受淘汰，而劣等品会逐渐占领市场，从而取代好的商品，导致市场中都是劣等品。这一概念最早由美国经济学家乔治·阿克尔洛夫提出，主要内容是酸柠檬市场理论。

阿克尔洛夫教授的研究发现，在一个市场中如果卖方掌握了比买方更有利的信息，他就可以掩盖产品的真相，以次充好。比如二手车市场，卖方对车况肯定比买方清楚得多，买方则只能从车的表面情况来判断。这样卖方与买方处于信息非对称的状况，卖方具有信息优势，而买方则处于"劣势选择"地位。阿克尔洛夫的"劣势选择"概念已经被写进大学本科的教科书中，他的理论还揭示出，在不规则的市场，如果买者无法观察到商品的内在质量，那么卖者就会以次充好。由于信息的不对称，将最终导致高质量的产品从市场中退出，而只有低质品仍留在市场中，结果造成市场萎缩。

10.2 市场集中度

10.2.1 绝对集中度

市场集中度一般是以产业中最大的 n 个企业所占市场份额的累计数占整个产业市场的比例来衡量的。设某产业的销售总额为 X，第 i 企业的销售额为 x_i，第 i 企业的市场份额为 $S_i\left(=\frac{x_i}{X}\right)$，又设 CR_n 为产业中最大的 n 个企业所占市场份额之和，则有：

$$CR_n = \sum_{i=1}^{n} \frac{x_i}{X} = \sum_{i=1}^{n} S_i \tag{10-1}$$

由于 CR_n 指标计算简便，直观易懂，容易获得所需资料，因而它在国内外实证研究中得到广泛应用。但这一指标也存在一定缺陷：①在比较两产业的集中度时，由于对 n 的取值不同会有不同的结论；②这一指标只反映了 n 个最大企业的情况，而忽视了产业中 n 个企业以外的企业数量及其规模分布情况。

在绝大多数有关测定市场集中度的文献中，往往忽视对外经济贸易因素。20 世纪

80 年代以来，产业经济学界争论较大的一个焦点问题是：如何测定在开放经济条件下的市场集中度问题，以及根据集中度指标对垄断企业实行政府管制时，是否要考虑国际竞争力问题。对此，尤顿和摩根曾提出一个考虑到国际贸易因素的绝对集中度测定模型：

$$CR_n = \frac{(Q_n - X_n)}{Q - X + M} \times 100\% \tag{10-2}$$

式中，CR_n为 n 家最大企业的绝对集中度；Q_n为 n 家最大企业在国内外市场上的销售额；X_n为 n 家最大企业的出口额；Q 为整个产业的销售总额；X 为整个产业的出口总额；M 为整个产业的进口总额。

由于出口对国内市场的竞争没有影响，因此，要从国内外销售总额中扣除；相反，进口会增加国内市场的产品供应量，强化企业间的竞争，所以应该在分母中加进这一因素。把进出口因素归入绝对集中度测定模型后，就会降低绝对集中度，其下降的程度则取决于对外开放的程度以及进出口在销售总额中的比例。进出口比例越大，绝对集中度就会越低。

绝对集中度主要反映特定产业中若干家最大企业的集中程度，但不能反映该产业内的企业数量和企业规模不均等程度。

10.2.2 相对集中度

相对集中度指标主要用来反映产业内企业的规模分布状况，一般以洛伦茨曲线及其基尼系数表示。我们可借助图 10-1 加以说明。

在图 10-1 中，对角线上的任何一点到横轴和纵轴的距离相等，意味着企业规模均等分布，对角线右下方的曲线是特定产业的企业规模相对分布曲线，即洛伦茨曲线。它偏离对角线的距离越大，企业规模分布越不均匀，即大企业的相对集中度较高。在洛伦茨曲线的基础上，可借助基尼系数以定量反映企业规模分布和集中程度。基尼系数是均等分布线与洛伦茨曲线之间的阴影面积（记为 S_1）和等边三角形面积（记为 $S_1 + S_2$，其中 S_2为等边三角形面积减去 S_1的剩余部分）的比率。即：

$$基尼系数 = \frac{S_1}{S_1 + S_2} \tag{10-3}$$

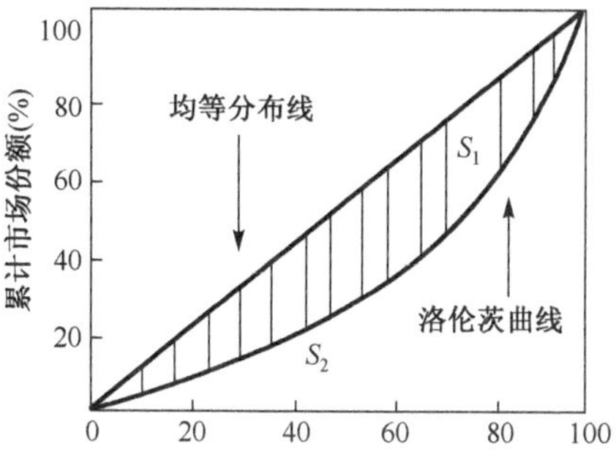

图 10-1 洛伦茨曲线

基尼系数的经济含义是：如果 S_1为零，基尼系数也为零，表明企业规模完全均等；如果 S_2为零，基尼系数为 1，表明产业内只存在一家企业。对绝大多数产业来说，基尼系数总是在0和1之间。基尼系数越接近于零，企业规模分布越是均等；而基尼系数越接近于1，说明企业规模分布的差异越大，市场集中度越高。

相对集中度指标的优点是反映整个产业所有企业规模的差异，非常直观。

相对集中度指标的主要缺陷是：①虽然不同的洛伦茨曲线表示不同的企业分布，但所得出的基尼系数可能相同；②相对集中度忽视了产业内企业数量差异对集中度的影响，不能较好地反映领先企业的集中程度。

10.2.3 赫芬达尔指数

赫芬达尔指数(HI)也称赫希曼—赫芬达尔指数，这个指标最初由A.赫希曼提出，1950年由哥伦比亚大学的O· 赫芬达尔在他的博士论文《钢铁业的集中》中进一步阐述。由于它兼有绝对集中度和相对集中度指标的优点，同时能避免两者缺点的特点，因而日益被人们所重视。该指数用公式表示为：

$$HI = \sum_{i=1}^{N}\left(\frac{x_i}{X}\right)^2 = \sum_{i=1}^{N} S_i^2 = \sum_{i=1}^{N} S_i \cdot S_i \tag{10-4}$$

式中，N为产业市场中企业总数，其他字母的含义同前。这一指标的含义是：它给每个企业的市场份额S_i一个权数，这个权数就是其市场份额本身。可见，它对大企业所给的权数较大，对其市场份额也反映得比较充分。指数值越大，集中度越高，反之则越低。

赫芬达尔指数有如下特点：

① 当独家企业垄断时，该指数等于1；当所有企业规模相同时，该指数等于$1/n$。因而这一指数在$1/n$到1之间变动。数值越大，表明企业规模分布的不均匀度越高。

② 前几位企业的X_i数值对指数影响大，后面小企业的X_i数值对指数影响很小。所以，该指数具有前面几类指数的共同优点，既计量了绝对集中度也计量了相对集中度。

③ 该指数能较好地计量全产业生产集中的变化情况。例如，某产业有A、B两家企业，令$S_A = X_A$，$S_B = X_B$，当这两家企业合并时，恒有：$(S_A + S_B)^2 - (S_A^2 + S_B^2) = 2S_A S_B > 0$，即$(S_A + S_B)^2 > S_A^2 + S_B^2$。因此，只要企业合并，该指数值就会增加；只要企业分解，该指数值就会减少。

在以上三个测定市场集中度的指标中，绝对集中度主要反映特定产业中若干家最大企业的集中程度，但不能反映该产业内的企业数量和企业规模不均程度；相对集中度主要反映整个产业所有企业规模的差异，但不能较好地反映领先企业的集中程度；而赫芬达尔指数虽然在理论上优于前两个指标，但也存在直观性差、对小企业所给权数较小的缺点。因此，这三个指标应综合使用，相互补充，才能较准确地反映市场集中度。

10.3 完全竞争

完全竞争又称纯粹竞争，是一种不受任何阻碍和干扰的市场结构，指那些不存在足以影响价格的企业或消费者的市场。完全竞争市场是一种理想的市场状态，属于理论抽象，是经济学分析市场的起点。现实中的市场都不绝对具备这些特点，充其量接近完全竞争，例如，粮食、蔬菜等农产品市场就基本符合完全竞争市场的特点。

10.3.1 完全竞争的特点

1. 市场上存在大量的小规模的买者和卖者

大量小规模的买者，其含义是说，每个个别买者的商品需求量，相对于市场上的总需求量来说，都是微不足道的，从而任何个别买者都不具有买者垄断的力量，他的需求量的增加或减少并不能影响市场的总需求。大量小规模的卖者是指，任何一个卖者的商品供给量，都只是市场上总供给量的极小一部分，微不足道，其变化影响不了市场的总供给。从市场集中度来分析，完全竞争市场的集中度很低。

2. 市场上的商品完全无差异

同一数量的同种商品之间完全同质，不存在差异。这就保证了任何数量的任何商品，不论谁来购买或销售，都是完全一样的，没有差别。商品的同一性，是对大量买者与卖者的补充。二者一起共同说明，个别买者与卖者的需求与供给，都只是市场总需求与总供给的微不足道的一部分。

3. 不存在市场壁垒

卖者有任意进入和退出一个行业的自由。所谓一个行业，是指由生产同一产品的所有卖者（企业）所构成的社会部门。进入一个行业如果有障碍，则该行业中卖者数目可能少到每家卖者都具有影响市场价格的能力。退出一个行业，意味着进入另一个行业。总之，自由进入或退出，进一步补充说明了买卖双方的大量存在。这也说明了在完全竞争市场中生产要素的完全流动性，即任何一种生产要素，都可以自由地从一个企业转移到另一个企业之中，即生产要素可以自由进入和退出一个企业。例如，工人可以自由调换工作，原料不受垄断控制等。

4. 市场主体都拥有完全信息

买卖双方完全了解市场行情，市场信息畅通，得到信息不需付出代价。这样，每个人对市场价格的变化都非常熟悉，如果有人抬高或降低物价，市场上每个人都会立即知道这一变化，人人都见机行事。

10.3.2 市场价格的决定

由于大量买者与卖者的存在，某个卖者抬价，顾客就会去别的卖者那里购买所需的商品；同样，卖者降低商品的售价，虽然可招来顾客，但因他的供给量微不足道，结果并不能因他的商品已售完而使市场上的总需求受到影响。对于买者方面，个别买者抬高买价，招来卖者向他出售商品，但他的需求影响不了市场总需求与总供给，结果也就对市场价格产生不了影响；他压低物价，卖者就不向他出售商品。因此，完全竞争市场上的买卖双方都是价格的接受者。商品的市场价格既定，任何买者与卖者都只能是价格的接受者，只能根据价格行事，而无法对市场价格施加任何可以显现的影响。

完全竞争市场的市场均衡由所有的市场主体作为一个整体来决定，即市场需求量等于每个买者的需求量的总和，即完全竞争的市场需求曲线是由这个市场中所有企业的需求曲线加总而成，而市场供给量等于每个卖者的供给量的总和，按供求定理，市场将会自发地达到均衡状态。

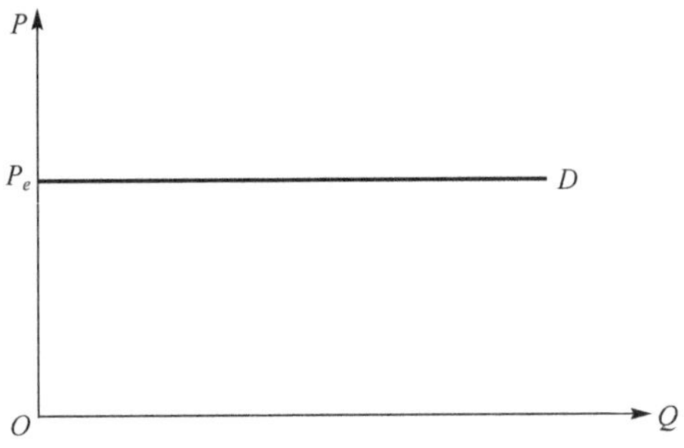

图 10-2 完全竞争市场单个企业的需求曲线

对单个的卖者而言，他只能选择接受既定的市场价格。如前所述，只要他的定价高于市场均衡价格，就会失去全部需求量。然而企业会选择低于市场均衡价格来销售产品吗？由于相对市场总需求来说，单个企业的供给量可以忽略不计，他可以按均衡价格销售出企业所能够并且愿意生产出的任何产量，因此，企业不会选择低于均衡价格销售。所以，企业面临的需求曲线是在市场均衡价格上的一条水平线，需求具有完全弹性，如图 10-2 所示。

10.3.3 短期决策准则

1. 利润最大化产量的决策

根据前面学过的知识，短期是指在此时间框架内，至少存在一个不能改变其投入量的生产要素。一般而言，资本比劳动更难改变其投入量，所以，我们一般把企业的资本存量视为固定投入要素。由于对单个的企业，市场均衡价格是既定的常数，所以在完全竞争的短期决策中，决策的方法是在固定成本的前提下，根据可变成本决定企业获取利润最大化时的产量水平。

在完全竞争市场中，企业的总收益 TR 为销售量 Q 和市场价格 P 的乘积，这样，总收益就是 Q 的线性函数，其斜率也就是其边际收益 MR 为市场价格 P，P 由整体市场决定，为一个常数。如图 10-3 所示，企业的总成本 TC 具有典型的总成本函数的特征，是一个三次曲线，其先上升再下降再上升，B 点是 TC 曲线的拐点。

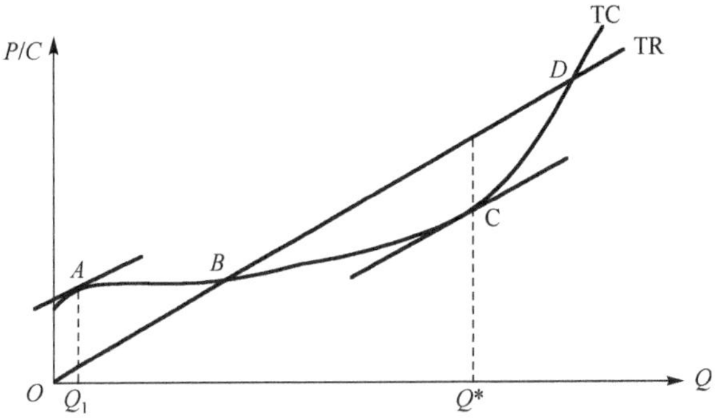

图 10-3 完全竞争市场利润最大化产量的决定

根据利润的定义，完全竞争市场中的企业利润函数为总收益 TR 与总成本 TC 的差：

$$\pi = \mathrm{TR} - \mathrm{TC} = P \times Q - f(Q) \tag{10-5}$$

观察图 10-3 可知，利润 π 为总收益 TR 与总成本 TC 两条曲线间的垂直距离，我们平行移动总收益 TR 曲线，在 A 点和 C 点，TR 分别与 TC 相切。根据几何学知识，在 A 点和 C 点，总收益 TR 与总成本 TC 两条曲线间的垂直距离最大，再考虑到 C 点利润大于 A 点(在 A 点，总收益小于总成本，利润为负，C 点正好相反，利润为正)，根据利润最大化原则，A 点不是我们决策的目标，所以我们排除 A 点，也即在 C 点利润 π 取得了最大值。

在 C 点，总收益 TR 与总成本 TC 两条曲线的斜率相等，即边际收益等于边际成本，由于边际收益等于市场价格 P，可得：

$$\mathrm{MR} = \mathrm{MC} \rightarrow P = \mathrm{MC} \tag{10-6}$$

再考虑到 A 点处在总成本 TC 曲线的凸弧段上，我们再加上对 A 点的排除法则，即：

$$\frac{\mathrm{dMC}}{\mathrm{d}Q} > 0 \tag{10-7}$$

（注：C 点总成本曲线为凹弧，二阶导数大于零，即边际成本的导数大于零）

综上所述，完全竞争市场下，企业的短期利润最大化决策准则是：

$$P = \mathrm{MC}, \quad 且 \quad \frac{\mathrm{dMC}}{\mathrm{d}Q} > 0 \tag{10-8}$$

决策过程是根据既定的市场均衡价格 P，按 $P = \mathrm{MC}$ 求取利润最大化时的产量 Q^*。也即，企业要想获得利润最大化，应该选择 Q^* 的数量来生产(此时无需考虑实际的库存问题)，所以说，完全竞争市场的企业短期利润最大化决策是产量决策。

2. 盈利最大化产量的决策

根据上述的决策过程可知，按 $P = \mathrm{MC}$ 求得 Q^*，企业在 Q^* 时获得了利润最大化。从图 10-4中可见，产量为 Q^* 时有市场价格 P 大于总成本 $C(Q^*)$，此时的总收益为矩形 $OPAQ^*$ 的面积，总成本为矩形 $OCBQ^*$ 的面积，根据利润公式：

$$\pi = \mathrm{TR} - \mathrm{TC} \rightarrow \pi = P \times Q^* - C(Q^*) \tag{10-9}$$

即当 $P > \mathrm{ATC}$ 时，企业可以获得正的利润，就是图中矩形 $CPAB$ 的面积。

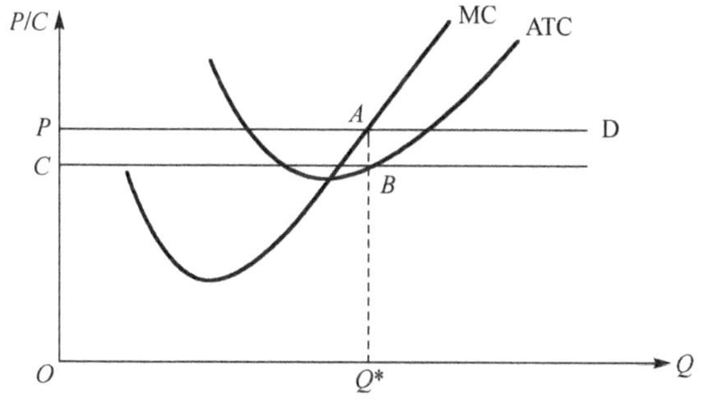

图 10-4　$P > \mathrm{ATC}$，短期利润大于零时的利润

3. 亏损最小化产量的决策

当市场价格 P 下降到小于平均总成本(ATC)时可知，短期利润为负值，企业将发生亏损。由于在短期内企业不能退出市场(因为在短期存在不能改变投入量的固定要素)，那么此时的问题有两点需要解决，一是企业应如何做到亏损最小化，二是企业是否应选择停产。

(1)企业应如何做到亏损最小化?

根据上述的决策过程可知，我们应同样按 $P = \mathrm{MC}$ 求得 Q^*，企业在 Q^* 时获得利润最大化。从图 10-5 中可见，产量为 Q^* 时有市场价格 P 小于总成本 $C(Q^*)$，此时的总收益为矩形 $OPBQ^*$ 的面积，总成本为矩形 $OCAQ^*$ 的面积，根据利润公式：

$$\pi = \mathrm{TR} - \mathrm{TC} \rightarrow \pi = P \times Q^* - C(Q^*) \quad (10\text{-}10)$$

即当 $P < \mathrm{ATC}$ 时，企业亏损，利润为负，在产量为 Q^* 时实现了利润最大化，也等同于亏损最小化，亏损额就是图中矩形 $CPBA$ 的面积。

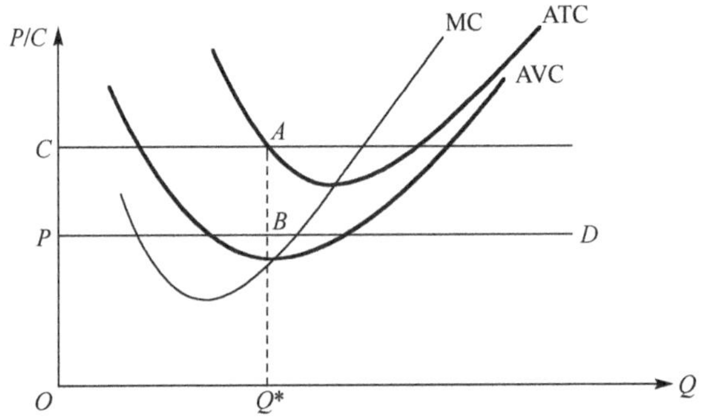

图 10-5　AVC < P < ATC，短期利润小于零时的利润

(2)企业是否应选择停产?

在短期中，企业存在必须支付的和产量无关的固定成本，虽然当 $P < \mathrm{ATC}$ 时，企业亏损，但在市场价格 P 大于平均可变成本 AVC 时，每售出一单位的产品便可获得超过平均可变成本的收益，即此时产生了正的边际贡献($P - \mathrm{AVC}$)，可以部分补偿固定成本。如果企业选择停产，就会全部亏损掉固定成本，由此可知，当 $P > \mathrm{AVC}$ 时，企业尽管亏损，但是应该继续生产。

4. 停产决策

如图 10-6 所示，当市场价格 P 下降到小于平均可变成本(AVC)时，边际贡献($P - \mathrm{AVC}$)为负值，每生产一单位产品，就会产生额外的亏损，产量越高，亏损额越高。如果此时企业选择停产，就只会亏损固定成本，所以，此时企业应选择停产。

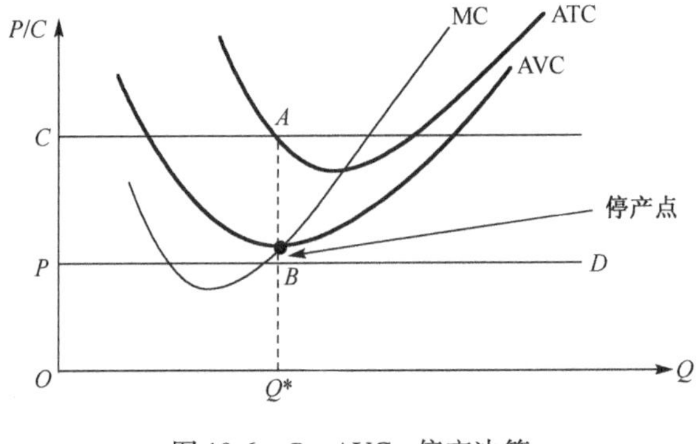

图 10-6　P < AVC，停产决策

由边际成本 MC 和平均可变成本 AVC 的性质可知，边际成本 MC 和平均可变成本 AVC 必定交于平均可变成本 AVC 的最低点，根据完全竞争市场利润最大化(P = MC)的决策方式，当市场价格 P 等于平均可变成本的最低值时，也满足了 P = MC 的利润最大化条件，因此，我们把边际成本和平均可变成本的最低点称为停产点。当市场价格低于停产点时，企业应选择停产，此时企业的亏损小于生产 Q^* 以及任何产量的亏损，停产点如图 10-6 所示。

例题 10.1

完全竞争行业中某企业的成本函数为 $\text{STC} = Q^3 - 6Q^2 + 30Q + 40$，产品的市场价格为 66 元。问：

(1) 求利润最大化时的产量及利润总额。

(2) 由于市场供求发生变化，由此决定的新的市场价格为 30 元，在新的价格下，企业是否会发生亏损？如果会，最小的亏损额是多少？

(3) 该企业在什么情况下才会停止生产？

解：(1) 已知该企业的成本函数为 $\text{STC} = Q^3 - 6Q^2 + 30Q + 40$：则：

$$\text{SMC} = \frac{\text{dSTC}}{\text{d}Q} = 3Q^2 - 12Q + 30$$

已知市场价格 $P = 66$，由利润最大化条件 $P = \text{SMC}$，得：

$$66 = 3Q^2 - 12Q + 30 \qquad ①$$

解①得：$Q = 6$，$Q = -2$(由于 Q 不可能为负值，省去)

可知在 $Q = 6$ 时，企业实现了利润最大化，此时的利润为：

$$\begin{aligned}\pi &= \text{TR} - \text{STC} = PQ - (Q^3 - 6Q^2 + 30Q + 40)\\ &= 66 \times 6 - (6^3 - 6 \times 6^2 + 30 \times 6 + 40)\\ &= 176(\text{元})\end{aligned}$$

即，利润最大化时的产量为 6，利润总额为 176 元。

(2) 已知新的市场价格为 30 元，根据利润最大化条件 $P = \text{SMC}$ 计算，可知：

$$30 = 3Q^2 - 12Q + 30 (Q = 0 \text{ 舍去})$$

$\therefore Q = 4$

可知在 $Q = 4$ 时，企业实现了利润最大化，此时的利润为：

$$\begin{aligned}\pi &= \text{TR} - \text{STC} = PQ - (Q^3 - 6Q^2 + 30Q + 40)\\ &= 30 \times 4 - (4^3 - 6 \times 4^2 + 30 \times 4 + 40)\\ &= -8(\text{元})\end{aligned}$$

所以，当市场价格为 30 元时，企业会发生亏损，最小的亏损额是 8 元。

(3) 由企业停产条件：$P < \text{AVC}_{\min}$

$\because \text{VC} = Q^3 - 6Q^2 + 30Q$

$\therefore \text{AVC} = \dfrac{\text{VC}}{Q} = Q^2 - 6Q + 30$

求 AVC 的最低点的值：

$\because \dfrac{\text{dAVC}}{\text{d}Q} = 2Q - 6 = 0$

$\therefore Q=3$

当 $Q=3$ 时，$AVC=3^2-6*3+30=21$

可知：当市场价格 $P<21$，企业就应该停产。

5. 企业短期供给曲线

由前面的分析可知，完全竞争的企业应按市场价格选择满足市场价格等于边际成本的产量，就能做到利润最大化。因此，当市场价格高于停产点时，对应每一个市场价格都能在边际成本曲线上确定一个使得企业利润最大化的产量，所以，企业的短期产品供给曲线就是平均可变成本 AVC 曲线最低点之上的边际成本曲线。

完全竞争的市场供给曲线是由这个市场中所有企业的供给曲线加总而成。

10.3.4 长期决策准则

前文中，我们分析了完全竞争市场的特点，其中，不存在市场壁垒，企业自由地进入或者退出对完全竞争市场的长期决策起到了主要的影响作用。按经济学对长期的定义，所有投入要素均为可变要素的时间框架称为长期。因此，在长期中，企业优先考虑的不是产量问题，而是是否进入或者退出市场的问题。

在下文中，我们将分析企业应如何做出进入或者退出市场的决策？此问题等同于：什么是驱动企业进入或者退出市场的因素？

1. 企业进退决策

企业经营的目标是为了获取利润，假设出现了市场价格 P 小于长期平均成本 LAC，此时企业必定会亏损。考虑到完全竞争市场不存在市场壁垒，那么企业选择退出市场将不会产生额外的退出成本，为了追逐利润，企业选择退出市场就是理性决策。

相反的情况是，假设某个行业的市场价格 P 大于长期平均成本 LAC，那么在行业中的企业能盈利，由于资本的逐利性质，自然就会吸引新的企业进入市场。

因此，我们得出结论，利润是驱动企业进入或者退出市场的激励因素。当市场价格 P 等于长期平均成本 LAC 时，此时市场中所有企业的平均经济利润为零时，将不再有新的企业进入市场，也不再有市场中原有的企业退出市场，此时，市场将达到长期均衡。

2. 完全竞争市场的长期均衡

(1)企业和市场的长期供给曲线。

在长期中，由于不存在固定要素，企业可以自由地选择最优的生产规模，来达到利润最大化。当市场价格 P 大于长期平均成本 LAC 时，企业将按 $P=LMC$ 来确定产量并获得最大化利润；当市场价格 P 小于长期平均成本 LAC 时，企业将选择退出市场。因此，企业的长期供给曲线是由长期平均成本 LAC 最低点之上的长期边际成本曲线 LMC 构成，如图 10-7 所示。

由于在长期经营中，企业将按照市场价格 P 是否等于长期平均成本 LAC 来决策进入或者退出市场，那么，只有当市场价格 P 等于长期平均成本 LAC 时，才不会出现企业进入或者退出市场的情况。根据企业的最优决策准则可知，此时企业将在长期平均成本的最低点处(即有效规模)经营，因此，市场的长期供给曲线必然是市场价格时的水平线，如图 10-8 所示。

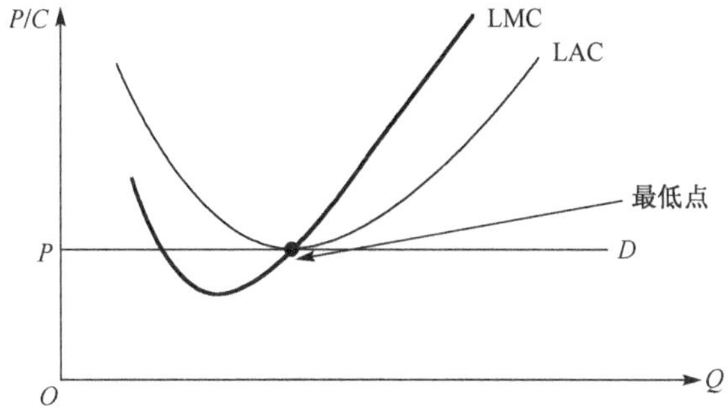

图 10-7　企业长期供给曲线

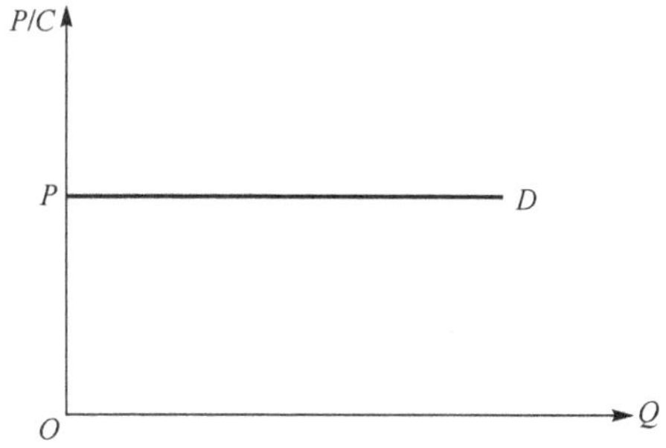

图 10-8　市场长期供给曲线

(2)市场的长期均衡。

首先，根据学过的知识，我们知道市场均衡是一种供给等于需求，稳定平衡的状态。我们以很接近完全竞争市场特点的绿豆市场为例，假设绿豆市场已经达到了市场均衡，如图 10-9(a)所示：A 点表示长期均衡，Q_1表示均衡产量，均衡价格为 P_1。

此时，绿豆市场上的企业是在 P = LMC = LAC 的有效规模下经营，其经济利润为零，没有进入或者退出市场的激励，如图 10-9(b)所示，Q^* 表示有效规模。

我们再假设某权威媒体发布了绿豆可以防癌的信息，增强了消费者对绿豆的偏好，我们先讨论在短期会发生的情况：根据前面学过的知识，供给不变，需求增加，市场均衡将发生新的改变，如图 10-10(a)所示，需求曲线 D_1将向右平移至 D_2处，达到了新的均衡，B 表示新的均衡点，此时均衡价格从 P_1增加到 P_2，均衡数量从 Q_1增加到 Q_2。

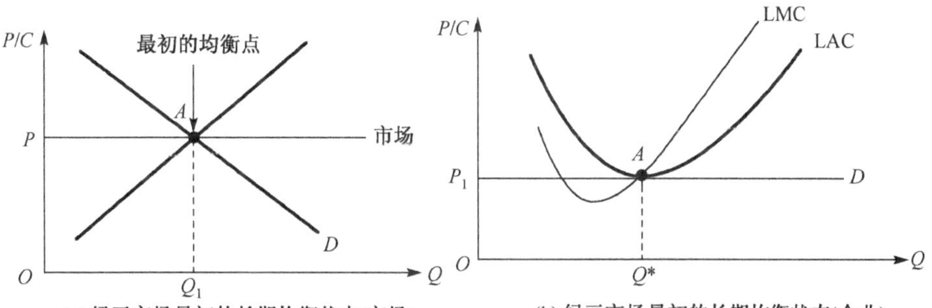

(a) 绿豆市场最初的长期均衡状态(市场)　(b) 绿豆市场最初的长期均衡状态(企业)

图 10-9　(a)绿豆市场最初的长期均衡状态(市场)；(b)绿豆市场最初的长期均衡状态(企业)

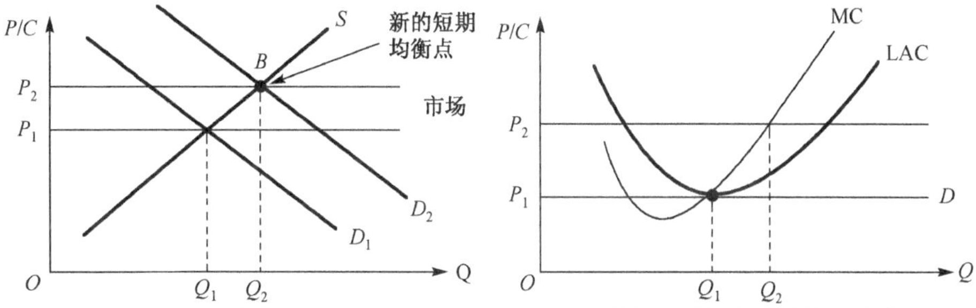

(a) 绿豆市场短期的均衡状态(市场)　(b) 绿豆市场短期的均衡状态(企业)

图 10-10　(a)绿豆市场短期的均衡状态(市场)；(b)绿豆市场短期的均衡状态(企业)

我们再来讨论短期中企业的情况：由于企业的短期产品供给曲线是平均可变成本 AVC 曲线最低点之上的边际成本曲线，企业对市场价格上升的反应将是增加产量，如图 10-10(b)所示，图中 $Q_2 - Q_1$ 即为企业增加的产量。由此可知，在新的短期均衡中，绿豆的市场价格高于长期平均成本，企业可以获得正的经济利润。

接下来，我们再来讨论长期中市场均衡的情况：由于绿豆市场存在正的经济利润，吸引了新企业进入，市场供给增加，长期供给曲线向右移动，这种移动导致市场价格下降，一直下降到市场价格又重新等于长期平均成本，此时，市场的平均经济利润为零，不再有新企业进入，市场重新达到了长期均衡。如图 10-11 所示：市场长期供给曲线从 S_1 向右移动到 S_2，达到了新的均衡(用 C 点来表示)，绿豆的市场价格又回落到了 P_1，此时的均衡产量增加到了 Q_3。

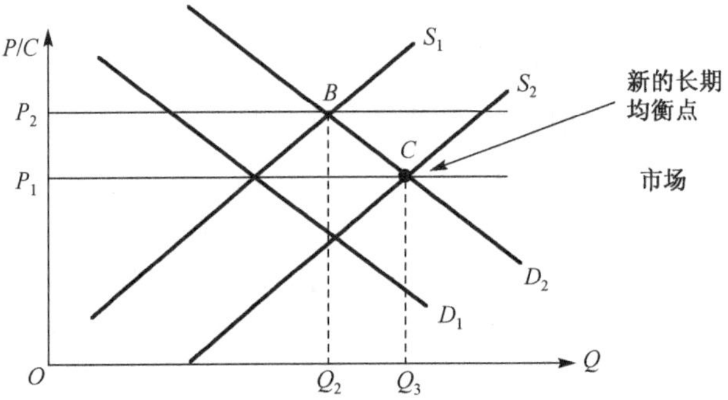

图 10-11　绿豆市场新的长期均衡状态(市场)

综上所述，如果市场上的现有企业盈利，新企业就会进入市场，使得市场上的供给增加，从而使市场价格下降，市场上的企业盈利就会减少；相反的情况是，如果市场上的现有企业亏损，一些企业就会选择退出市场，从而使得市场上的供给减少，那么市场价格就会上升，市场上的企业的盈利就会增加。因此，在这种进入和退出结束时，也即市场长期均衡时，市场上的企业经济利润必定为零。

例题 10.2

完全竞争行业中某小企业的产品单价是 640 元，企业的成本函数为 $\mathrm{LTC} = Q^3 - 20Q^2 + 240Q$。

问：(1)求利润最大化时的产量，单位平均成本及利润总额。

(2)假设这个企业在行业中具有代表性，试问这一行业是否处于长期均衡状态？为什么？

(3)如果这个行业没有处于长期均衡状态，则均衡时产品的市场价格是多少？

解：(1)已知该企业的成本函数为 $\mathrm{LTC} = Q^3 - 20Q^2 + 240Q$，$P = 640$，则由完全竞争企业利润最大化条件：$P = \mathrm{MC}$，得：

$$\because \mathrm{LMC} = \frac{\mathrm{dLTC}}{\mathrm{d}Q} = 3Q^2 - 40Q + 240 = 640(\text{元})$$

$$\therefore Q = 20,\ Q = -\frac{20}{3}(\text{舍去})$$

此时：

$$\because \mathrm{LAC} = \frac{\mathrm{LTC}}{Q} = Q^2 - 20Q + 240,\ Q = 20$$

$\therefore LAC = 20^2 - 20 \times 20 + 240 = 240$(元)

总利润等于:

$\because \pi = TR - LTC = P \times Q - LAC \times Q = 640 \times 20 - 240 \times 20 = 800$(元)

所以:利润最大化时的产量为20,单位平均成本为240元,利润总额为800元。

(2)因为行业是否处于长期均衡状态,可按P是否等于LAC最低点的值来判断,所以:

先计算AC最低点的值:

$\because LAC = Q^2 - 20Q + 240$

$\therefore \frac{dLAC}{dQ} = -20 + 2Q = 0$

$Q = 10$

将$Q = 10$代入LAC,可得:

$LAC = Q^2 - 20Q + 240 = 10^2 - 20 \times 10 + 240 = 140$(元)

因为现在的市场价格为640元,不等于LAC的最低点的值,可知该行业没有达到长期均衡状态。

(3)由上述分析可知,当产品的市场价格一直下降到$P = LAC = 140$时,行业才能达到长期均衡。

10.3.5 完全竞争市场的效率与公平

从经济学的观点来看,在一个经济体的资源和技术既定的条件下,如果该体系能够为消费者最大可能地提供各种产品或者服务的组合,那么,该体系就是有效率的;这种效率也称为帕累托效率或帕累托最优。

完全竞争的结果符合帕累托最优。帕累托最优是经济学和博弈论中的重要概念,这个概念是以意大利经济学家维弗雷多·帕累托的名字命名的。帕累托最优,也称为帕累托效率,是指资源分配的一种理想状态,即假定固有的一群人和可分配的资源,从一种分配状态到另一种状态的变化中,在没有使任何人境况变坏的前提下,也不可能再使某些人的处境变好。帕累托最优状态又称作经济效率,满足帕累托最优状态就是具有经济效率的资源配置方式。

完全竞争的结果符合帕累托最优是经济学的一个重要结论,但是,这个结论有一个前提和假设,即所有的市场都是完全竞争的,没有任何如外部效应及不完全信息等外部因素的存在。然而,即使经济有效率,也不能说明市场的收入分配一定就是公平的。

10.3.6 完全竞争市场的局限性

完全竞争市场也有其局限性,具体表现在以下几个方面。

(1)企业的平均成本最低不一定代表社会成本最低。由于市场存在着外部性,特别是负的外部性,所以,企业的私人成本不一定等于社会成本,从而企业的平均成本最低也不一定是社会成本最低。

(2)消费者的多种需求无法得到满足。在完全竞争市场上,产品是没有差别的。而在实际中,由于消费者的需求偏好是多种多样的,所以完全竞争市场是无法满足消费者多种多样的需求偏好的。

(3)价格和产量变动中的效率损失。完全竞争市场假定信息是完全的,资源是流动的,而在实际经济生活中,信息通常是不完全的,资源的流动也不是完全自由的。因此,在产品供不应求时，当原有企业产量的增加和新企业的进入使得增加的供给已经足够时，还会有企业继续进入，这就会导致过度供给，并由此带来相应的效率损失。当产品供过于求时，原有部分企业会退出旧行业进入新行业，这势必会在转让生产要素时造成相应的价值损失，况且许多投入是无法转让和收回的沉没成本，如装修房屋的投入、原有行业专业知识信息的投入等。

(4)不利于科技进步。在完全竞争市场上生产者的规模都很小，且在长期只能获得正常利润，他们就没有足够的能力去实现重大的科学技术突破和新产品的开发。所以，从长远来看，完全竞争市场上的企业既不可能有效的改进技术，也不可能有效的开发新产品。从这个意义上说，完全竞争市场并非理想效率的典范。

(5)完全竞争的情况在现实中几乎不存在。在实际中完全竞争的情况是很少的，而且一般来说，竞争也必然引起垄断。

10.4 完全垄断

完全垄断市场是指一种具有很高的市场壁垒的市场结构，又称为市场独占，是指整个行业中只有唯一的一个企业的市场结构，它提供的产品没有相似的替代品。完全垄断市场是属于不完全竞争市场的一种类型。

10.4.1 不完全竞争市场

完全竞争市场中，买卖双方对市场价格都没有决定的能力，都是价格的接受者，这是完全竞争市场的一个典型特征。如果市场上的某个企业或多或少具有控制价格的能力，这种能力通常称为定价权，这种定价权或者来源于产品差异，或者来源于政策垄断等，这样的市场就不属于完全竞争，而归于不完全竞争市场这个大类。

因此，不完全竞争市场是相对于完全竞争市场而言的，除完全竞争市场以外的所有的或多或少带有一定垄断因素的市场都被称为不完全竞争市场。它们是完全垄断市场、寡头垄断市场和垄断竞争市场。其中，完全垄断市场的垄断程度最高，寡头垄断市场居中，垄断竞争市场最低。

完全垄断这种市场结构，相对于完全竞争市场上的企业对市场价格毫无控制力，它是另一个极端类型。

10.4.2 完全垄断的特点

1. 独家经营

完全垄断市场上只有唯一的一家企业，它控制了整个市场的生产和销售，这就意味着一家企业就是一个行业，企业和行业合二为一，企业的供给曲线就是行业的供给曲线。这就意味着作为市场上该种产品的唯一供给者的垄断者，它面临的是向下倾斜的市场需求曲线。完全垄断市场的垄断者不存在任何竞争对手，从市场集中度来分析，完全垄断市场产业绝对集中度为100%。

2. 产品不能替代

产品的可替代性是竞争的前提，产品越容易被替代则竞争性越强，而不能替代的产品就会形成垄断。完全垄断市场的垄断者生产的产品几乎没有替代品的威胁，垄断者可以进行排他性的生产和销售，这意味着其控制了整个行业的产品供给，这样，垄断企业就可以通过调整产量来影响价格，也就是说，垄断企业是市场价格的制定者。

3. 市场进入壁垒很高

从长期看，企业要保持垄断，必须依靠某种因素来阻止其他企业进入市场，即存在高市场进入壁垒。市场进入壁垒一旦形成后，要素就不能自由流动。

4. 严重的信息不对称

完全垄断市场上，垄断企业占有绝对的信息优势，而买方拥有的市场信息则极为有限。

例如：在国内，天然气公司是某地区唯一的产品供给者，消费者也很难找到天然气的替代产品；由于政策的限制，其他企业不能进入该市场；最后，天然气的生产和成本等信息，普通消费者很难获取。因此，天然气公司是天然气市场的完全垄断者。

10.4.3 市场势力和垄断势力

市场势力，也称市场权力。市场势力是指卖方或买方影响商品价格的能力。市场势力具有两种表现形式：卖方垄断力和买方垄断力。生产者对产品价格的影响力是卖方垄断力，消费者对产品价格的影响力是买方垄断力。现实世界中，每个生产者和消费者实际上都具有一定的市场势力。

在不完全竞争市场的三种类型中，即完全垄断、寡头垄断、垄断竞争中，企业都具有一定程度的市场势力，但是其强弱是不同的。完全垄断中的垄断企业具有最强的市场势力，即垄断势力。完全垄断企业是价格制定者，对价格的控制力很强，与完全竞争不同的是，即使在长期中，它也可能保持正的经济利润。

由于完全垄断市场所有产品的供给都由垄断企业提供，所以垄断企业的供给曲线也就是垄断市场的供给曲线，在没有其他约束的情况下，垄断企业可以为产品制定任意价格。但是，在企业制定的价格下，并不是垄断企业想卖出多少就是多少，而是要由消费者决定购买多少。由于垄断企业面临的是向下倾斜的需求曲线，因此，垄断企业提价将导致需求量减少。

总之，垄断企业或者决定价格，或者决定产量，但不能两者都决定。

10.4.4 垄断势力的来源

垄断势力的来源是因为存在市场进入壁垒，导致其他企业不能进入市场与其竞争。市场进入壁垒有以下四个主要来源。

1. 专利制度

专利是政府授予发明者的某些权利。这些权利一般是指在一定时期内对专利对象的制作、利用和处理的排他性独占权，从而使发明者获得应有的收益。某项产品、技术或劳务的发明者拥有专利权以后，在专利保护的有效期内形成了对这种产品、技术和劳务的垄断。专利创造了一种保护发明者的产权，在专利的有效保护期内其他任何生产者都不得进行这种产品、技术和劳务的生产与使用，或模仿这些发明进行生产。若不保护发明专利，社会和生产就难以进步与发展。

2. 关键资源垄断

当某个生产者拥有并且控制了生产所必需的某种或某几种生产要素的供给来源时，就形成了关键资源垄断。这种垄断形成以后，其他任何生产者都难以参与此类要素的市场供给，从而就自然地限制或阻止了其他生产者的进入，这样，就维护了这个生产者的垄断地位及其垄断利益。这种垄断的形成得力于两个方面的原因。第一，得力于生产中的先行进入。由于先行进入某一行业，从而使其在某种要素或某几种要素的生产中先行具有了某些优势，如生产技术或生产经营的优势，从而增加了其他生产者的进入难度，先行进入者就可以逐渐形成垄断。第二，得力于生产中占据的自然地理优势。某种要素或某几种要素生产的自然地理优势被某个生产者占据以后，其他生产者生产同种要素或同几种要素时就不再具有自然地理优势，前者就形成了生产中的自然地理优势垄断。例如，拥有或控制主要原料可以阻止竞争，从而形成垄断。最常见的是通过对原料的垄断来限制竞争。有一段时间，在非洲以及其他地区，大多数的钻石矿都被南非的德比尔斯公司控制。加拿大国际镍公司对世界已知的镍矿储藏量的控制已经近 90% 。

3. 政府政策限制

政府通过特许经营，给予某些企业独家经营某种物品或劳务的权利。这种独家经营的权利是一种排他性的独有权利，是国家运用行政和法律的手段赋予并进行保护的权利。政府的特许经营，使独家经营企业不受潜在新进入者的竞争威胁，从而形成合法的垄断。政府对进入市场进行法律限制形成法律垄断，主要是基于三个方面的考虑：一是基于某种公司福利需要的考虑，例如某些必须进行严格控制的药品的生产，必须由政府特许独家经营；二是基于保证国家安全的考虑，例如各种武器、弹药的生产必须垄断；三是基于国家财政和税收收入的考虑，例如国家对某些利润丰厚商品进行垄断经营等。

4. 自然垄断

有些行业具有向规模经济、范围经济发展的内在趋势，而在整个市场中随着企业生产规模的扩大和范围的扩展，单位成本递减，从而实现效益增加，就称这些行业具有自然垄断性。

自然垄断性企业由于实行垄断经营，可以通过规模经济和范围经济产生利益，并且由于其垄断地位而不会产生过多的成本，具体来说有如下几个方面的内容。

第一，具有自然垄断性行业的生产需要庞大的固定资本投资，实行垄断经营，生产规模越大，客户越多，单位成本就越小，就能得到规模经济效益。

第二，具有自然垄断性企业进行联合生产经营要比企业单独生产的成本低，从而获得生产与分配的纵向统一利益和对多种用户提供多种服务的复合供给利益，即获得范围经济效益。

第三，自然垄断性行业生产需要的设备投资巨大，折旧时间长，同时这些设备很难转移作为其他用途，所以，固定成本有较大的沉淀性。这三个方面的技术理由就形成了进入市场的重要技术壁垒，使新的企业很难进入该市场，从而自然形成垄断市场。

以电信业的发展为例，如果某一个城市有几个电话公司，每个电话公司都要花费巨额投资建设一个通信网络，而且各个公司的电话通信网络都因有其自己的技术特性而很难相互连接，每个电话用户则只能利用一个公司的通信网络，因而在几家电话公司分散经营的条件下，要花费巨额投资进行重复建设。如果一个电话公司垄断经营，既能保证技术的统一性，又能避免重复建设，资本的投资效率和利用效率都得到提高。这种状况，在自然垄断性行业发展初期是垄断市场形成的一个重要原因，但是，随着现代科学技术的飞速发展，通信业网络相互利用的技术性障碍已不复存在，电信业已不能再因此而实行高度垄断经营，必须引进适度的竞争才能促进其健康发展。现代社会条件下，电信业的高度垄断经营，只能损害消费者和社会的利益，阻碍电信业自身的健康发展。

10.4.5 短期和长期决策准则

首先，我们来讨论完全垄断企业在短期追求利润最大化的决策过程。为得到最大化的利润，垄断企业和竞争企业一样，都是以边际收益等于边际成本作为其决策的准则。如图 10-12所示：垄断企业选择使得边际收益 MR 等于边际成本 MC 时的产量水平 Q^*，再结合市场需求曲线 D，求得产量水平为 Q^* 时的市场价格 P^*，此时，垄断企业就获得了利润最大化。从图中可见，此时的市场价格 P^* 大于产量为 Q^* 时的边际成本 MC，因此，完全垄断市场中的垄断企业在短期中的利润最大化准则是：

$$P > MR = MC \tag{10-11}$$

此时，垄断企业将得到 $(P-ATC)\times Q^*$ 的经济利润，如图 10-12 所示。由于垄断企业根据 MR = MC 决定产量，而其边际收益小于价格，其市场价格需要由既定产量和需求曲线一起决定，因此，垄断企业不存在供给曲线。

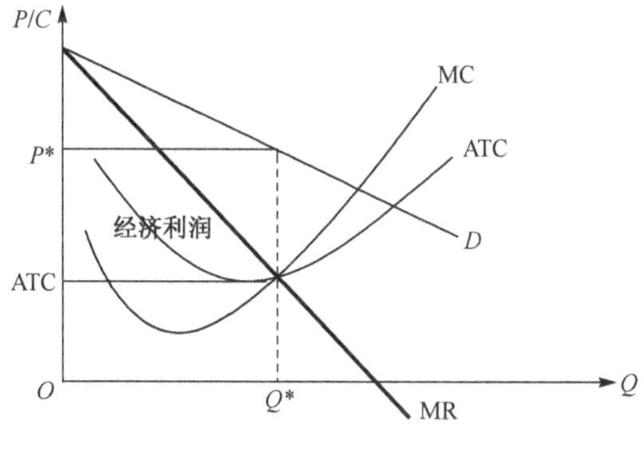

图 10-12　完全垄断市场的短期均衡

垄断企业在长期内可以调整全部生产要素的投入量即生产规模，从而实现最大的利润。垄断企业在长期内对生产的调整一般有三种可能的结果：第一种结果，垄断企业在短期内是亏损的，但在长期中，又不存在一个可以使它获得利润的生产规模，于是，该企业退出生产；第二种结果，垄断企业在短期内是亏损的，在长期内，它通过对最优生产规模的选择，摆脱了亏损的状况，甚至获得利润；第三种结果，垄断企业在短期内利用既定的生产规模获得了利润，在长期中，他通过对生产规模的调整，使自己获得更大的利润。与完全竞争企业不同的是，垄断行业排除了其他企业加入的可能性，因此，如果垄断企业在短期内获得超额利润，那么，他的超额利润在长期内不会因为新企业的加入而消失，垄断企业在长期内是可以保持超额利润的。

如图 10-13 所示，d 曲线和 MR 曲线分别表示垄断企业所面临的市场的需求曲线和边际收益曲线，LAC 曲线和 LMC 曲线分别为垄断企业的长期平均成本曲线和长期边际成本曲线。假定开始时垄断企业是在由 SAC_1 曲线和 SMC_1 曲线所代表的生产规模上进行生产。在短期内，垄断企业只能按照 MR = SMC 的原则，在现有的生产规模上将产量和价格分别调整到 P_1 和 Q_1。在短期均衡点 E_1 上，垄断企业获得的利润为图中的矩形面积 P_1ABH。在长期中，垄断企业通过对生产规模的调整，进一步增大利润。按照 MR = LMC 的长期均衡原则，垄断企业的长期均衡点为 E_2，长期均衡产量和均衡价格分别为 Q_2 和 P_2，垄断企业所选择的相应的最优生产规模由 SAC_2 曲线和 SMC_2 曲线所代表。此时，垄断企业获得了更大的利润，其利润量相当于图中的矩形面积 $P_2\ FGK$。由此可见，垄断企业之所以能在长期内获得更大的利润，其原因在于长期内企业的生产规模是可变的。

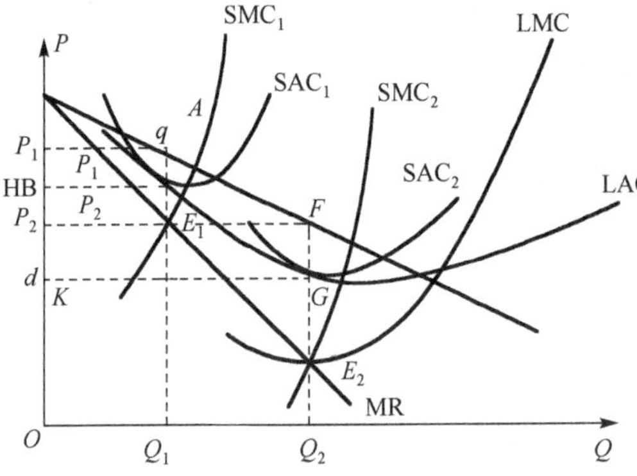

图 10-13　完全垄断市场的长期均衡

在垄断企业的 MR = LMC 的长期均衡产量上，代表最优生产规模的 SAC 曲线和 LAC 曲线相切，相应的 SMC 曲线、LMC 曲线和 MR 曲线相交于一点。所以，垄断企业的长期均衡条件为：

$$MR = LMC = SMC \tag{10-12}$$

例题 10.3

已知某垄断企业的成本函数为 $TC = 0.5Q^2 + 10Q$，产品的市场需求函数为 $P = 90 - 0.5Q$。

问：(1) 求利润最大化时的产量。

(2) 求利润最大化时的价格和利润 S。

解：(1) 已知：$TC = 0.5Q^2 + 10Q$

$\therefore MC = Q + 10$

$TR = P \times Q = (90 - 0.5Q)Q$

$\therefore MR = 90 - Q$

由完全垄断企业利润最大化条件：MR = MC，得：

$$90 - Q = Q + 10$$

$\therefore Q = 40$

所以利润最大化时的产量为40。

(2)将 $Q=40$ 代入 $P=90-0.5Q$ 中，得 $P=90-0.5\times40=70$(元)

利润：

$$\pi = TR - TC = PQ - (0.5Q^2 + 10Q)$$
$$= 70 \times 40 - (0.5 \times 40^2 + 10 \times 40) = 1\,600(\text{元})$$

所以利润最大化时的价格为70元，利润为1 600元。

10.4.6 垄断的福利损失

1. 无谓损失

由上文的分析可知，垄断者获得了超过完全竞争企业的垄断利润，也就是说，垄断促进了垄断者的社会福利。我们在前面的章节中学习过，社会福利即社会总剩余，等于消费者剩余和生产者剩余之和。

那么，垄断前后，社会总剩余的变化情况如何呢？如图10-14所示：垄断前，在完全竞争条件下，按 $P=\text{MC}$ 来决定市场均衡价格和产量，此时的市场均衡价格为 P_m，均衡产量为 Q_m，根据消费者剩余的定义，可知此时的消费者剩余是三角形 P_1BP_m 的面积。同时，根据生产者剩余的定义，也可知垄断前的生产者剩余是扇形 P_mBE 的面积，因此，垄断前的社会总剩余即为扇形 P_1BE 的面积。

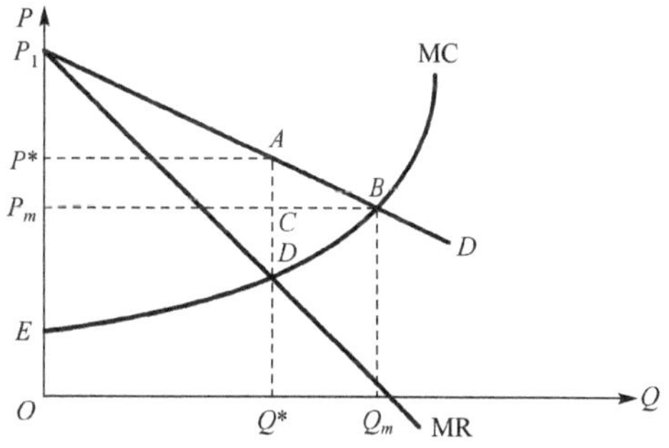

图10-14　完全垄断造成的无谓损失

垄断后，垄断企业按照 $\text{MC}=\text{MR}$ 决策其产量水平 Q^*，此时的垄断价格为 P^*，从图中可知，此时的消费者剩余为三角形 P_1AP^* 的面积，生产者剩余为四边形 P^*ADE 的面积，社会总剩余为四边形 P_1ADE 的面积。通过垄断前后对社会总剩余的比较，我们发现，垄断后社会总剩余净减少了图中扇形 ABD 的面积，这就是垄断的无谓损失，即由于垄断造成的社会福利的损失，也称为分配性低效率。从以上的分析中我们也可以看到，在垄断后，消费者剩余净减少了四边形 P^*ABP_m 的面积。

总之，与完全竞争相比，垄断企业通过减少产量来制定高价，以此来获得垄断利润，因此，垄断总是伴随着短缺的经济现象。

2. 垄断造成的低效率

垄断一旦形成，市场的竞争性就会被削弱，从而使市场机制配置资源的有效性受到一定的限制。这主要表现在：

(1)价格高，产量低。

垄断企业为获得最大利润，一定会尽可能控制产量和价格，或在一定程度上控制产量和价格，其产品的价格通常会高于竞争条件下的价格，产品的产量则会低于竞争条件下的产量。这意味着市场机制作用的发挥将会受到一定程度的限制，从而导致生产不足和资源配置的低效率。

(2)分配性的低效率。

由于垄断利润的存在是对消费者利益的一种剥夺，因此，这必然导致分配性低效率的存在，出现分配不公。在此情况下，消费者均衡就难以实现。

(3)出现技术性的低效率。

在垄断的条件下，由于垄断企业缺乏竞争的外部压力，其经济效率必然低于竞争条件下的经济效率，即出现技术性低效率。技术性低效率的存在，意味着垄断企业实际上无法实现利润最大化，生产者均衡难以实现。

(4)垄断还会导致寻租的产生。

因为垄断不仅是一种特权，也是一种无形资产，它可以给企业带来垄断利润。因此，任何一个垄断企业都会为获得或维持其垄断地位而付出代价，例如向政府官员或议员行贿，让他们制定有利于自己获得垄断地位或维持垄断地位的政策。这种为获得和维持垄断地位而产生的非生产性寻利活动被称为寻租。显然，寻租行为的存在意味着部分经济利润的丧失，这是一种社会的净损失。社会净损失的存在意味着经济效率的降低。由此可见，垄断的产生会在一定程度上限制了市场机制的作用，使资源无法得到最优配置，从而导致市场失灵。

本章小结

市场结构在很大程度上决定了管理者的决策目标和内容，划分市场结构的四个指标是：买卖双方的数量和规模、产品差异程度、市场壁垒和市场信息的完备程度。

完全竞争市场上的卖者是价格的接受者，面临的需求曲线是完全弹性的水平的需求曲线，其在短期利润最大化的决策准则是按市场价格 P，生产出 $P=\mathrm{MC}$ 的产量。从长期来看，完全竞争市场的长期均衡条件是 $P=\mathrm{LAC}$，此时企业的平均经济利润为零。

完全垄断市场上的卖者是唯一的，是价格的制定者。其利润最大化的决策方法是按边际收益等于边际成本决定产量，再由需求曲线定价，其在短期和长期都能获得超额利润。垄断将造成社会福利的无谓损失。

讨论与练习

1. 市场结构的主要特征是什么？

2. 什么是市场壁垒？

3. 完全竞争市场的特点是什么？

4. 完全竞争企业和完全垄断企业面对的需求曲线有何不可？这对于它们的价格、产量、成本决策有什么意义？

5. 为什么垄断会造成社会福利损失？

6. 某完全竞争企业的平均可变成本和边际成本函数如下：

$$\mathrm{AVC}=10-2Q+0.5Q^2$$

$$\mathrm{MC}=10-4Q+1.5Q^2$$

问：

（1）AVC 最低值是多少？最低时的产量是多少？

（2）假设该企业的产品市场价格为每件 7 元，那么该企业应做出怎样的生产决策？

7. 假设某完全竞争行业中有 100 个相同的企业，每个企业的成本函数为 $STC = 0.1Q^2 + Q + 10$，问：

（1）求市场供给函数？

（2）假设市场需求函数为：$Q = 4\,000 - 400P$，求市场均衡价格和产量？

8. 某垄断企业面临的需求曲线为：$P = 100 - 4Q$。该企业的总成本函数为：$TC = 50 + 20Q$，问：

（1）该垄断企业利润最大化时的产量、价格和利润各是多少？

（2）假设该垄断企业以完全竞争企业的方式来决策，它的产量、价格和利润各是多少？

9. 假设一个完全垄断企业面临的需求曲线是 $P = 10 - 3Q$，成本函数为 $TC = Q^2 + 2Q$，问：

（1）求利润最大化时的产量、价格和利润？

（2）如果政府计划对该垄断企业采取限价措施迫使其达到完全竞争行业能达到的产量水平，则其限价应为多少？

（3）如果政府计划对该垄断企业征收一笔固定的调节税，以便把该企业获得的超额利润都拿去，这笔固定税的总额应是多少？

（4）如果政府对该垄断企业生产的每单位产品都征收产品税 1 元，求新的市场均衡价格和均衡数量？

（5）比较以上三种方法对消费者的影响。

第 11 章　垄断竞争与寡头垄断

垄断和竞争的力量共同决定大多数的价格。

——爱德华·H·张伯伦

完全竞争和完全垄断市场上的企业有一个共同点：在决策时，它们均不需要考虑其他企业的行为对自己决策的影响。然而，现实中的大多数企业都需要考虑竞争对手的行为，并做出合理的应对措施。本章将讨论这些企业如何做出利润最大化的定价和产量决策。首先将讨论在垄断竞争条件下企业的行为准则，然后将讨论在寡头垄断下企业为获取利润最大化而采取的一些策略。

导入案例

中国的房地产市场正在孕育寡头垄断

中国房地产业的利润过高，以至于大量的资金涌入房地产业。这样一来，房地产业竞争加剧，市场竞争充分化，这势必导致少数竞争者左右市场的格局。就好比一个湖里最终只能容纳七八艘船，但没想到由于市场初期门槛太低，房地产的利润太高，来了二三百艘船。走后门的、拿地便宜的、原来当工头的、有政府关系的都进入了房地产业。狼多肉少，吃不饱怎么办？几艘先发展起来的大船就会采取策略，兴风作浪，其结果就是那些小船全部沉入湖底，风平浪静后，只剩那些大船高唱凯歌，开始新的航程。

1. 房地产企业必然会强强联盟

现在全国最大的房地产公司的市场占有率也不超过1%，根据行业发展规律，这是非常初期的阶段，中国房地产商业化只有十几年的时间，由于分散式、粗放式的开发，造成房地产在开发过程当中出现结构不合理、产品质量低下、投诉多、资源浪费。房地产开发主体不够规模化、集约化是其中的重要问题之一。二八原则将在房地产行业得到充分表现，即市场80%的份额将来源于最有实力的20%的企业，而80%的中小企业只占有20%的市场份额。

2. 大型房地产企业从区域性寡头垄断走向全国性的寡头垄断

全国范围内像万科、绿城这样一些大型房地产公司都已经进入了十几个城市，说明目前的房地产公司正在走出地域的限制。大型房地产企业走全国化发展的道路已经是当今房地产业发展的必然趋势。随着房地产业的发展，它们势必成为全国性的垄断寡头。

总之，在未来的发展浪潮中，房地产业将频频洗牌，企业也将在竞争中拼搏，势必会出现大鱼吃小鱼等种种现象，市场中的企业数量将越来越少，资金与土地将越来越集中。企业的平均规模将不再是现在的3 000万~4 000万的规模，将会是现在的十倍甚至是几十倍。要在这个行业中存活下去的企业必定选择走寡头垄断的道路，那些规模大、实力雄厚或者经营策略与理念先进的公司将会通过正当的竞争，通过资金和土地的积累及理念的创新在市场竞争中脱颖而出，成为中国房地产业中的寡头。

资料来源：张玉，刘光中. 中国房地产业的寡头垄断趋势分析[J]. 经济体制改革. 2006年第1期.

- **知识目标**
  - ◆ 掌握垄断竞争的特征
  - ◆ 理解产能过剩的概念
  - ◆ 掌握垄断竞争的短期决策准则
  - ◆ 掌握垄断竞争的长期均衡条件
  - ◆ 掌握寡头垄断的特征
  - ◆ 理解斯维齐模型的含义
  - ◆ 掌握古诺模型的决策方法
  - ◆ 理解卡特尔和价格领导的含义

11.1 垄断竞争

垄断竞争是指一个市场中有许多企业生产和销售有差别的同种产品的市场结构。垄断竞争是一种既有竞争又有垄断，竞争与垄断相结合且偏向完全竞争的市场结构类型。之所以称之为垄断竞争，首先是因为它与完全竞争有类似之处，即存在数量较多的竞争者能够自由地进入和退出市场；其次，它又具有垄断的特征，不同企业生产的产品不具备完全替代关系，即存在着所谓的产品差别，企业对其产品具有一定程度的定价权力。

在完全竞争市场和完全垄断市场条件下，行业的含义是很明确的，它是指生产同一种无差别产品的企业的总和。而在垄断竞争市场，产品差别这一重要特点使得上述意义上的行业不存在。为此，在垄断竞争理论中，把市场上大量的生产非常接近的同种产品的企业的总和称作生产集团。例如，汽车加油站集团、快餐食品集团、理发店集团等。

11.1.1 垄断竞争的特点

1. 市场上的买方和卖方的数量多、规模小

一个生产集团中的企业数量非常多，以至于每个企业都认为自己的行为影响很小，不会引起竞争对手的注意和反应，因而自己也不会受到竞争对手的报复措施的影响。例如，快餐、美发行业。同时，买方的数量多，规模也很小。从市场集中度来分析，垄断竞争市场的集中度很低。

2. 市场上的商品有差异

生产集团中有大量的企业生产有差别的同种产品，这些产品彼此之间都是非常接近的替代品。例如，各种品牌的方便面。这里的产品差别不仅指同一产品在质量、构造、外观、销售服务方面的差别，还包括商标、广告上的差别和以消费者的想象为基础的虚构的差别。例如，虽然两家饭店出售的同一菜肴(以清蒸鱼为例)在实质上没有差别，但是消费者心理上确认为一家饭店的清蒸鱼比另一家的鲜美，此时存在着虚构的差别。

一方面，由于市场上的每种产品之间存在差别，每种带有自身特点的产品都是唯一的，因此每个企业对自己的产品价格都有一定的垄断力量，从而使得市场中带有垄断的因素。另一方面，由于有差别的产品之间相互又是非常相似的替代品，每一种产品都会遇到其他大量的相似产品的竞争，市场中又具有竞争的因素。

3. 不存在市场壁垒

卖者有自由进入和退出一个行业的自由，生产要素可以自由流动。

4. 市场信息流动畅通

买卖双方了解市场行情，市场信息畅通。

总之，垄断竞争和完全竞争市场的关键区别是：垄断竞争市场的产品存在差别，而完全竞争市场的产品没有差异。

垄断竞争和完全垄断市场的关键区别是：垄断竞争市场不存在市场进入壁垒，当行业内存在正的经济利润时，新企业可以选择进入行业。

11.1.2 短期决策准则

我们首先来讨论短期中，垄断竞争企业追求利润最大化的决策过程。为得到最大化的利润，垄断竞争企业以边际收益等于边际成本作为其决策的准则，由于市场上的产品存在差异化，所以垄断竞争企业面临的需求曲线是向下倾斜的，这一点和完全垄断一样。如图 11-1 所示：垄断竞争企业选择使得边际收益 MR 等于边际成本 MC 时的产量水平 Q^*，再结合市场需求曲线 D，求得产量水平为 Q^* 时的市场价格 P^*，此时，它就获得了利润最大化，从图中可见，此时的市场价格 P^* 大于产量为 Q^* 时的边际成本 MC，因此，垄断竞争市场中的企业在短期中的利润最大化准则是：

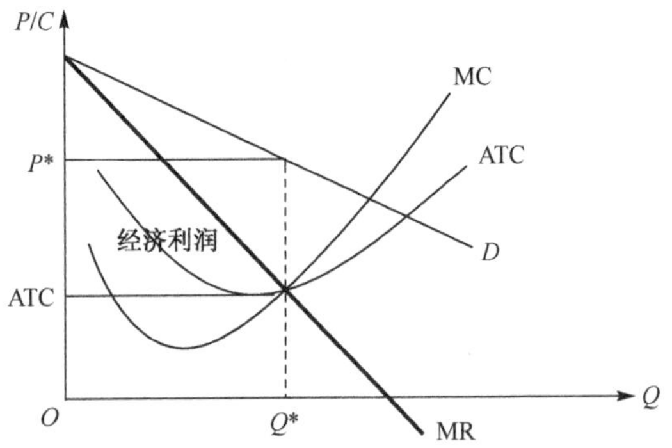

图 11-1　垄断竞争市场的短期均衡

$$P > MR = MC \tag{11-1}$$

此时，企业将得到$(P-\mathrm{ATC})\times Q^{*}$的经济利润，如图 11-1 所示。

总之，在短期内，垄断竞争企业的利润最大化决策准则和完全垄断一样。

11.1.3 长期决策准则

在长期中，垄断竞争中的企业可以任意变动一切生产投入要素，自由地决定是否进入或者退出行业。如果某一行业出现超额利润或亏损，会通过新企业进入或原有企业退出，最终使超额利润或亏损消失，从而，在达到长期均衡时，整个行业的平均经济利润为零。因此，垄断竞争与完全垄断不同(完全垄断在长期时拥有超额利润)，而是与完全竞争一样，在长期均衡时只能获得等于零的经济利润。如图 11-2 所示。

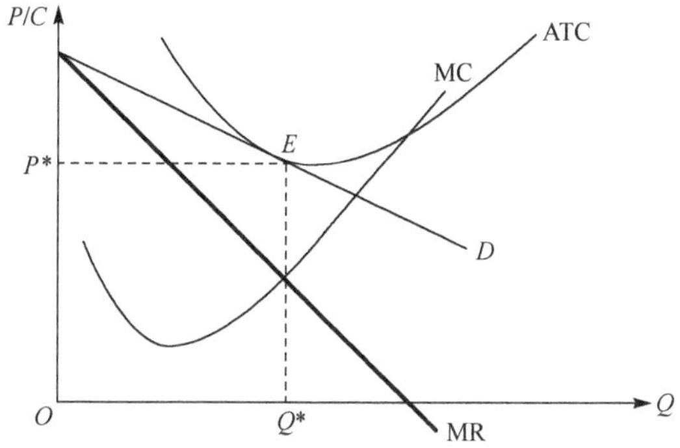

图 11-2　垄断竞争市场的长期均衡

在图 11-2 中，长期内垄断竞争企业仍然会维持在 MR = MC 条件下生产，即图中的 E 点。E 点所决定的产量为 Q^{*}，价格为 P^{*}。在长期均衡时，平均收益等于平均成本，即：$P=\mathrm{ATC}$，因此，经济利润为零。此时不会有新的企业加入，也不会有旧的企业退出，市场达到长期均衡。

垄断竞争市场的长期均衡条件是：

$$(1)\mathrm{MR}=\mathrm{MC};(2)P=\mathrm{ATC} \tag{11-2}$$

例题 11.1

已知垄断竞争中某企业的短期总成本函数为 $\mathrm{STC}=400Q+150\ 000$，产品的市场需求函数为 $Q=4\ 500-P$。

问：(1)利润最大化时的产量、价格和利润各是多少？

(2)如果企业的目标是收益最大化，它将如何定价？此时的利润是多少？

(3)假设该公司是市场上具有代表性的生产者，那么该市场是否处于长期均衡状态？如果不是，那么长期均衡时该公司的产量、价格和利润各是多少？

解：(1) 由垄断竞争利润最大化条件 MR = MC 可知：

$$\mathrm{MR}=45\ 00-2Q$$

$$\mathrm{MC}=400;\ 400=4\ 500-2Q$$

$$Q=2\ 050;\ P=2\ 450$$

利润：

$$\begin{aligned}\pi&=2\ 450\times 2\ 050-(150\ 000+400\times 2\ 050)\\&=5\ 022\ 500-970\ 000=4\ 052\ 500\end{aligned}$$

(2)总收益函数 $TR = 4\ 500Q - Q^2$

求其最大值即得：$P = 2\ 250$，$Q = 2\ 250$

此时：

$$\begin{aligned}\pi &= 2\ 250 \times 2\ 250 - (150\ 000 + 400 \times 2\ 250) \\ &= 5\ 062\ 500 - 1\ 200\ 000 = 3\ 862\ 500\end{aligned}$$

(3)由长期均衡条件 MR = SMC = LMC 得：

$4\ 500 - 2Q = 400$，得：$Q = 2\ 050$；

由 P = SAC = LAC 得：

$$Q = 2\ 050$$

$$P = \text{LAC} = 150\ 000/Q + 400$$

$$P = 473$$

由于该公司此时的 P 不等于 473，所以不是长期均衡。

长期均衡时：

$Q = 2\ 050$、$P = 473$，利润 $\pi = 0$

11.1.4 产能过剩

经济学家一般把完全竞争企业在长期平均成本最低点上的产量称为理想的产量(即有效规模)，把实际产量与理想产量之间的差额称为产能过剩。

如图 11-3 所示，d_1曲线代表垄断竞争企业所面临的 d 需求曲线，d_2曲线代表完全竞争企业所面临的 d 需求曲线。由于垄断竞争企业所面临的 d 需求曲线是向右下方倾斜的，所以，在长期均衡时，d_1曲线只能相切于 LAC 曲线最低点的左边的 A 点。如果该企业是一个完全竞争的企业，那么，在长期均衡时，完全竞争企业所面临的水平的 d_2需求曲线必定相切于 LAC 曲线的最低点 C。A 点所对应的产量 Q_1小于 C 点所对应的产量 Q_2。由此可见，理想产量为 Q_2，多余的生产能力为 Q_1Q_2。垄断竞争企业的多余生产能力 Q_1Q_2可以分为两个部分，它们是Q_1Q_3和 Q_2Q_3。其中，Q_1Q_3表示垄断竞争企业在长期均衡点上没有在已经建立的由 SAC_1曲线所代表的生产规模的最低平均总成本 B 点上进行生产，或者说，企业没有充分地利用现有的生产设备。Q_2Q_3表示垄断竞争企业在长期均衡点上没有建立一个由 SAC_2曲线所代表的能够产生最低平均总成本的生产规模进行生产，或者说，垄断竞争企业没有更多地使用社会资源，以扩大生产规模，将生产的平均总成本降到最低水平即 LAC 曲线的最低点 C。

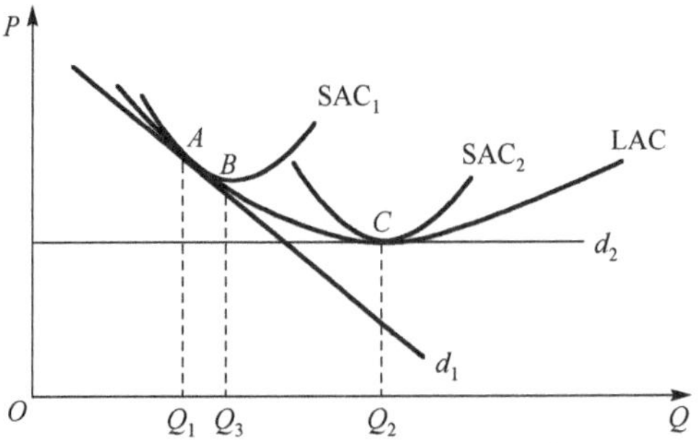

图 11-3 垄断竞争的产能过剩

垄断竞争理论的创始人之一张伯伦认为：如果经济中存在着以产品差别为基础的价格竞争，企业可以在一定程度上通过改变自己产品的销售量来影响商品价格，即企业的需求曲线向右下方倾斜的，则企业在长期均衡点上必然存在着多余的生产能力，这种多余的生产能力可以代表由于想得到产品的多样化而付出的代价。经济学家认为在垄断竞争条件下，产品价格略高于完全竞争价格，单从价格角度看，消费者没有从有限的货币支出中得到最大满足，同时，在垄断竞争条件下，生产不能达到可能达到的最大产量，资源没能得到最大限度的利用。因此，从这方面讲垄断竞争不如完全竞争优越。另一方面，垄断竞争迫使企业依靠创造产品差别进行竞争，从而生产出多种多样的产品，而人性是喜欢多样化而不喜欢单调贫乏的，因此，垄断竞争所带来多样化的产品可以满足消费者多方面的需要。同时，对生产者来说垄断竞争有利于技术创新。没有竞争就没有创新，因为只有激烈的竞争才能迫使企业不断改进生产技术，但没有一定程度的垄断，也不会使创新实现，因为没有垄断就不能保证创新者获得技术创新所带来的超额利润。因此，经济学家认为，虽然与完全竞争相比垄断竞争条件下的价格略高而产量略低，但是，为了获得多样化的产品和技术创新，在产量和价格上付出一些代价是值得的。

11.2 寡头垄断

寡头垄断市场是指少数几家企业控制整个市场的产品的生产和销售的这样一种市场组织。它是介于完全垄断与垄断竞争之间的一种市场结构。寡头市场与垄断竞争市场的相同点在于，它们都是中间型市场，不同点在于后者侧重于竞争，前者侧重于垄断。

寡头市场根据寡头企业产品差别的程度，可以区分为以下两种基本类型。

一是纯粹寡头。即生产的产品性质一致，没有产品差别的各个寡头企业。例如在钢铁、水泥等产业就是如此，在这些产业中，一家企业的产品数量、价格，必然对其他同类企业发生影响，对方必须做出反应。

二是差别寡头。差别寡头是指生产的产品性质一致，但存在着差别的各个寡头企业。例如在轻工业制品(家电、卷烟等)、汽车、机械制品等产业就是如此，在这些产业中，各同类寡头企业的产品可以互相替代，企业之间必然存在竞争。

形成寡头市场的主要原因有：某些产品的生产必须在相当大的生产规模上进行才能达到最好的经济效益；行业中几家企业对生产所需的基本生产资源的供给的控制；政府的扶植和支持等。由此可见，寡头市场的成因和垄断市场是很相似的，只是在程度上有所差别而已。

11.2.1 寡头垄断的特点

1. 卖方的数量少、规模大

寡头垄断市场上的企业很少，一个行业只有几家企业在激烈竞争。当市场上只有两家企业时，叫双头垄断。每个企业在市场中都有巨大的控制力量，对其产品价格有相当大的影响力。

2. 企业间相互依存

为数不多的几家企业在价格、产量等方面进行决策时，必须考虑到其他生产者(竞争对手)的反应，否则必将出现一场两败俱伤的“价格战”。一般来说，寡头垄断市场上的企业，既不是价格的制定者，更不是价格的接受者，而是价格的相互制约者。

3. 决策的结果不确定性

寡头垄断者之间的行为的相互依存性，导致寡头垄断者的决策结果难以预测。在只有A、B、C三家的垄断市场上，A打算采取削价促销策略，但最终能否实现，取决于B和C对此做出的反应。如果A真的降价了，B和C可能很快跟着降价，以维持他们原有的市场份额。其结果，A的销量增加很少，利润反而可能减少。

4. 存在很高的市场进入壁垒

寡头垄断形成的基本原因就是存在着进入壁垒。进入壁垒是指阻止潜在竞争者进入行业的因素。进入障碍主要表现在以下三个方面。

(1)行业中现有企业可能拥有原材料或者潜在竞争者不能得到的关键技术。

(2)现有企业可能受到政府的保护，如开辟一条新航线必须持有政府的许可证。

(3)企业生产的规模经济性是经常性的障碍。由于原有企业的实力使得潜在的进入者难以匹敌，同时原有企业又相互依存，因此，潜在企业难以进入，而原有企业也难以退出。

11.2.2 寡头垄断模型

寡头企业的价格和产量的决定是一个很复杂的问题。其主要原因在于：在寡头市场上，每个企业的产量都在全行业的总产量中占一个较大的份额，从而每个企业的产量和价格的变动都会对其他竞争对手以至整个行业的产量和价格产生举足轻重的影响。正因为如此，每个寡头企业在采取某项行动之前、必须首先要推测或掌握自己这一行动对其他企业的影响以及其他企业可能做出的反应，然后，才能在考虑到这些反应方式的前提下采取最有利的行动。所以，每个寡头企业的利润都要受到行业中所有企业的决策的相互影响。寡头企业们行为之间的这种相互影响的复杂关系使得寡头理论复杂化。一般说来，不知道竞争对手的反应方式，就无法建立寡头企业的模型。或者说，有多少关于竞争对手的反应方式的假定，就有多少寡头企业的模型，就可以得到多少不同的结果，因此，在经济学中，还没有一个寡头市场模型，可以对寡头市场的价格和产量的决定做出一般的理论总结。除此之外，由于寡头企业千变万化的实际行为远远超过理论分析的假设条件所涉及的范围，所以，一些有关寡头企业的理论分析往往缺乏实际的意义。

1. 斯威齐模型

对寡头垄断市场价格的经验研究表明，这种市场的价格是刚性的。美国钢铁行业的价格就是一个典型的例子。从1901年到1916年，钢铁一直是43美元/吨。这一时期的需求和成本都发生过显著变化，而该行业的价格却保持不变。为了解释寡头垄断型产品价格的刚性，美国的保罗·斯威齐在《寡头垄断条件下的需求》一文中提出一种假说，认为，寡头产品的价格之所以形成刚性价格，在某一水平固定下来后不经常变动，是因为这种产品的市场需求曲线，不是一条顺滑线，而是在某一价格水平出现拐折点，然后折转向下倾斜。这样的需求曲线被称为拐折的需求曲线。

斯威齐模型有两个基本假设条件：①如果一个寡头企业降低价格，他的竞争对手也会降价（为了保护自己占有的市场份额）；②如果一个寡头企业提高价格，他的竞争对手将不会跟着改变自己的价格。这两个假设在图 11-4 中反映为在价格 P^* 和数量 Q^* 处出现折角的需求曲线。如果这个寡头将自己产品的价格降到 P^* 之下，所有其他的寡头也会跟着降价。这时大家的绝对需求量都会有所增加，但各自的市场份额不变。如果这个寡头将自己的价格升到价格 P^* 之上，他此时丢掉的需求量要比所有的寡头同时涨价时大得多。

如图 11-4 所示，如果企业需求曲线为上面的折角状，则此时的边际收入曲线分成断开的两部分，其每一部分的斜率是相应需求线段斜率的两倍。边际收入在产量 Q^* 处折断，反映为点 A 和点 B。只要边际成本曲线的位置变动不超出边际收益曲线的垂直间断范围，寡头企业的均衡价格和均衡数量都不会发生变化。譬如，在图中的边际收益曲线的间断部分 AB，MC_0 曲线上升为 MC_1 曲线的位置，寡头企业仍将均衡价格和均衡产量保持在 P^* 和 Q^* 的水平。除非成本发生很大变化，如成本上升使得边际成本曲线上升为 MC_2 曲线的位置，才会影响均衡价格和均衡产量水平。

斯威齐模型为寡头市场较为普遍的价格刚性现象提供了一种解释，但这个模型有一个弱点，即它没有解释价格 P^* 是如何决定的，而将其作为给定。

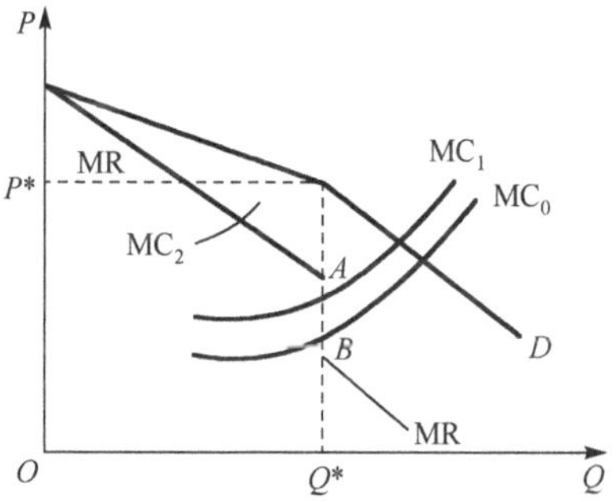

图 11-4　斯威齐寡头垄断模型

2. 古诺模型

古诺模型是早期的寡头模型。它是由法国经济学家古诺于 1838 年在出版的《财富理论的数学原理研究》一书中最先提出来的。古诺模型通常被作为寡头理论分析的出发点。

古诺模型是建立在严格的前提之上的模型。它假定：

（1）两个生产者 A 企业和 B 企业生产完全相同的产品。

（2）产品的生产成本为零，例如无需任何代价即可取得的矿泉水，这个假定只是为了简化论证说明。

（3）两家企业分享市场，总需求是线性的。

（4）每家企业都确切知道总需求是怎样的，都知道需求曲线上的每一个点。

（5）每一方都根据对方采取的行动，并假定对方会继续这样行事，来做出自己的决策。

（6）两家企业都通过调整产量以实现最大限度的利润。

古诺模型的价格和产量的决定可以用图 11-5 来说明。在图中，D 曲线为两个企业共同面临的线性的市场需求曲线。由于生产成本为零，故图中无成本曲线。

在第一轮，A 企业首先进入市场。由于生产成本为零，所以，企业的收益就等于利润。

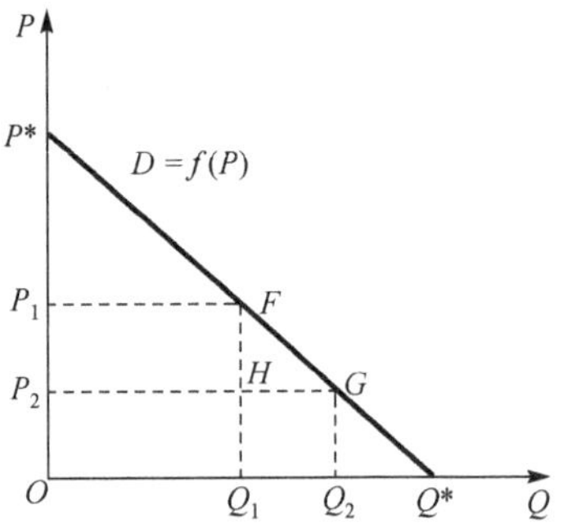

图 11-5　古诺双寡头垄断反应函数模型

A 企业面临 D 市场需求曲线，将产量定为市场总容量的一半，即产量为 $OQ_1 = 1/2OQ^*$，将价格定为 OP_1，从而实现了最大的利润，其利润量等于图中矩形 OP_1FQ_1 的面积（因为从几何意义上讲，该矩形是直角三角形 OP^*Q^* 中面积最大的内接矩形），然后，B 企业进入市场。B 企业准确地知道 A 企业在本轮留给自己的市场容量为 $Q_1Q^* = 1/2OQ^*$，B 企业也按相同的方式行动，生产他所面临的市场容量的一半，即产量为 $Q_1Q_2 = 1/4OQ^*$。此时，市场价格下降为 OP_2，B 企业获得的最大利润相当于图中矩形 Q_1HGQ_2 的面积。而 A 企业的利润因价格的下降而减少为矩形 OP_2HQ_1 的面积。

在第二轮，A 企业知道 B 企业在本轮中留给他的市场容量为 $3/4OQ^*$。为了实现最大的利润，A 企业将产量定为自己所面临的市场容量的一半，即产量为 $3/8OQ^*$。与上一轮相比，A 企业的产量减少了 $1/8OQ^*$。然后，B 企业再次进入市场。A 企业在本轮留给 B 企业的市场容量为 $5/8OQ^*$，于是，B 企业生产自己所面临的市场容量的一半的产量，即产量为 $5/16OQ^*$。与上一轮相比，B 企业的产量增加了 $1/16OQ^*$。

在这样不断循环的过程中，A 企业的产量会逐渐地减少，B 企业的产量会逐渐地增加，最后，达到 A、B 两个企业的产量都相等的均衡状态为止。在均衡状态中，A、B 两个企业的产量都为市场总容量的 1/3，即每个企业的产量为 $1/3OQ^*$，行业的总产量为 $2/3OQ^*$。因为，A 企业的均衡产量为：

$$OQ^* \times\left(\frac{1}{2}-\frac{1}{8}-\frac{1}{32}-\cdots\cdots\right)=\frac{1}{3}OQ^*$$

B 企业的均衡产量为：

$$OQ^* \times\left(\frac{1}{4}+\frac{1}{16}+\frac{1}{64}+\cdots\cdots\right)=\frac{1}{3}OQ^*$$

以古诺双寡头垄断反应函数模型的结论可以推广。令寡头企业的数量为 m，则可以得到一般的结论如下：

$$\text{每个寡头企业的均衡产量}=\text{市场总容量}\times\frac{1}{M+1}$$

$$\text{行业的均衡总产量}=\text{市场总容量}\times\frac{M}{M+1} \tag{11-3}$$

古诺模型也可以用以下建立寡头企业的反应函数的方法来说明。

在古诺模型的假设条件下，设市场的线性反需求函数为：

$$P = 1500 - Q = 1500 - (Q_A + Q_B)$$

其中，P 为商品的价格，Q 为市场的总需求量，Q_A 和 Q_B 分别为市场对 A、B 两个寡头企业的产品需求量，即

$$Q = Q_A + Q_B$$

对于A寡头企业来说、其利润等式为：

$$\pi_A = TR_A - TC_A = P \times Q_A - 0（因为已假设 TC_A = 0）$$

$$= [1500 - (Q_A + Q_B)] \times Q_A = 1500Q_A - Q_A^2 - Q_AQ_B$$

A寡头企业利润最大化的一阶条件为：

$$\frac{\partial \pi_A}{\partial Q_A} = 1500 - 2Q_A - Q_B = 0$$

$$Q_A = 750 - \frac{Q_B}{2}$$

上式就是A寡头企业的反应函数，它表示A企业的最优产量是B企业的产量的函数。也就是说，对于B企业的每一个产量 Q_B，A 企业就会做出反应，确定自己的能够带来最大利润的产量 Q_A。

同样，对于B寡头企业来说，有：

$$\frac{\partial \pi_B}{\partial Q_B} = 1500 - 2Q_B - Q_A = 0$$

$$Q_B = 750 - \frac{Q_A}{2}$$

上式是B寡头企业的反应函数。它表示B企业的最优产量是A企业的产量的函数。

联立两寡头企业的反应函数可以得出A、B两企业的均衡产量解：$Q_A = 500$；$Q_B = 500$。

可见，每个寡头企业的均衡产量是市场总容量的三分之一，行业的均衡总产量是市场总容量的三分之二。

例题 11.2

假设：只有A，B两个寡头垄断企业出售同质且生产成本为零的产品；市场对该产品的需求函数为：$Q = 240 - 10p$，p 以美元计；企业A先进入市场，随后B进入；各企业确定产量时认为另一企业会保持产量不变。

试求：

(1)均衡时各企业的产量和价格为多少？

(2)如果再有一企业进入该行业，则行业的均衡产量和价格会怎样变化？如果有更多企业进入，情况又会怎样变化？

解：(1)根据假设条件，这两个企业属于古诺模型

从需求函数可知：完全竞争时的市场产量是240，两家企业利润最大化时的产量为

$$Q_A = Q_B = \frac{1}{3} \times 240 = 80$$

整个市场的产量为160，

将 $Q = 160$ 带入需求函数：得 $P = 8$ 美元

(2)再有一企业进入该行业：

$$Q_A = Q_B = Q_C = \frac{1}{4} \times 240 = 60$$

此时：$P=6$ 美元

如果有更多的企业进入，则各企业的均衡产量会越小，总产量会逐渐接近240，价格会越低。

11.2.3 合作行为

1. 卡特尔

卡特尔是独立企业之间有关价格、产量和瓜分销售区域等事项的明确协议，这是一种正式的、公开的勾结。卡特尔一般是非法的。形成卡特尔的推动力是企业具有获取高额共同利润的愿望，而终止卡特尔的主要原因是企业可能为瓜分共同利润而争吵，因此，卡特尔常常是"短命"的。最有名、最成功的卡特尔是石油输出国组织(OPEC)，该组织成立于1960年，成员国家定期开会，决定它们的油价和产量。

(1)卡特尔价格与产量决定

卡特尔形成后，为了扩大其整体利益而在内部订立一系列协议，以确定整个卡特尔的价格、产量等。

卡特尔一旦形成，它的需求曲线就是整个行业的需求曲线，即下图11-6中D曲线。卡特尔的边际成本曲线是卡特尔成员企业的边际成本曲线水平相加，即图中的Σ_{MC}。当对应于需求曲线D的边际收入曲线为MR时，根据边际成本等于边际收入原则，卡特尔的价格和产量就确定了，即价格为P^*，产量为Q^*。

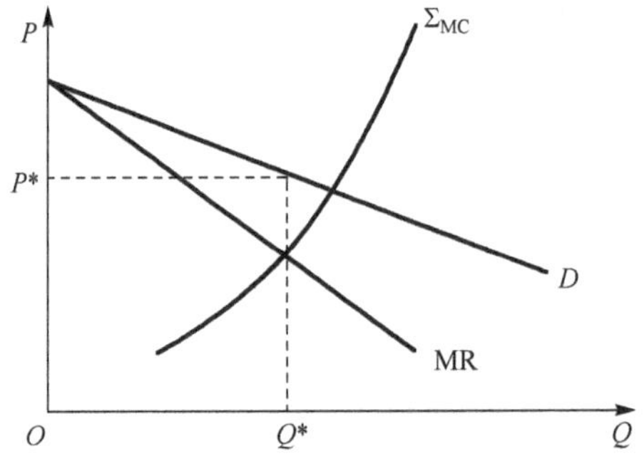

图11-6　卡特尔的价格决定

(2)卡特尔的市场分配

卡特尔的价格是统一价格，产量是总产量，这就是说，每个成员企业要接受销售配额和产品定价。在价格确定下来之后，卡特尔的目标是实现整体最大利益。为此，卡特尔在各企业分配销售量时，必须遵循边际成本相等的原则，亦即各企业边际成本相等的情况下所分摊到的销售量。如图11-7所示，假定某个卡特尔有A、B两家企业，它们的边际成本曲线分别是MC_1和MC_2。Σ_{MC}为行业边际成本曲线(由A、B两家企业的边际成本曲线在水平方向加总而成)，D为市场需求曲线，MR为相应的全行业边际收益曲线。全行业利润达到极大值的产量为$Q^*=Q_1+Q_2$，销售价格为P^*。为了获得最大利润，每家企业的产量由行业的边际收益与各企业的边际成本曲线的交点来决定，分别为图示的Q_1和Q_2。

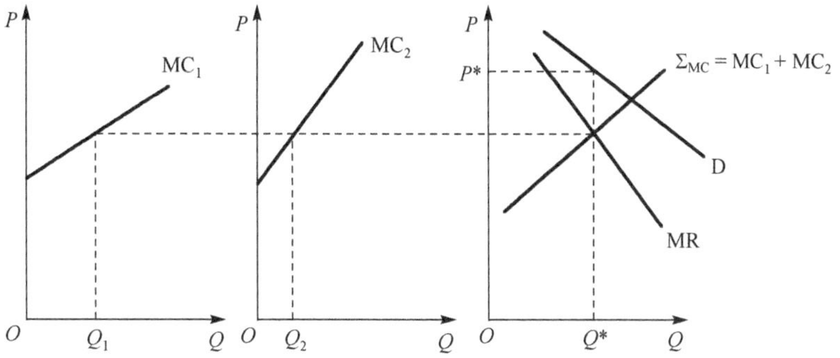

图 11-7　卡特尔企业的产销量分配

当然，卡特尔在分配产量时，也考虑其他许多因素，比如企业原来的生产能力和销售水平以及企业的地理位置等。而且，卡特尔分配产量的方法也有多种，如各企业采取非价格竞争手段（包括广告、信誉、服务态度等）均分市场等，获得它们满意的销售区域和销售量。

2. 价格领导

卡特尔的非法性，促使寡头们在没有明示协议和通信联系条件下，寻求一种暗中默契的勾结方式，即价格领导制。价格领导是指一个行业的价格，通常由某一企业率先制定，其余企业追随其后确定各自的售价。如果产品是同质的，那么价格通常是统一的；如果产品是有差别的，价格可能是统一的，也可能按照一定差别定价。价格领导制意味着一个行业中的企业效法于一个企业。价格领导者调整自己的价格作为信号，以通知其他企业改变其价格，价格变化的时间由价格领导者根据情况确定，随后其他企业相应跟上。价格领导有三种形式，即支配型企业的价格领导模型、晴雨表型的价格领导模型以及成本较低企业的价格领导模型。

（1）支配型企业的价格领导模型。

价格领导企业一般都是整个行业中最大的企业，它的生产规模和市场占有都很大。在垄断法的限制下，它不能消灭其他所有企业，只能确定一个价格，使自己的利润最大，同时也能使其他企业销售其所希望销售的全部数量。这时，其余一些小规模的企业，像完全竞争企业那样行动，它们面临着一条水平的需求曲线。也就是说，它们根据已确定的价格，按照边际成本等于价格原则决定自己的产销量。

如图 11-8 所示，D 是寡头垄断市场的需求曲线，MC 是支配型企业的边际成本曲线，Σ_{MC}是从属企业边际成本曲线之和，即该行业所有小企业的供给曲线。如果支配型企业把价格定在 P_1，从属型企业则根据 $P_1 = \Sigma_{MC}$原则。产销 P_1L 单位。这时，从属企业的供给正好等于市场需求，支配型企业的需求量为零，因此，F 点为支配型企业需求曲线上一点。如果价格定在 P_2，从属型企业的产销量为 P_2H，支配型企业的需求量为 HJ。在 P_2价格线上取一点 G，并令 P_2G = HJ，则 G 也为支配型企业需求曲线上一点。连接 F、G，于是，我们根据 D 曲线和 Σ_{MC}曲线推导出支配型企业的需求曲线 d。

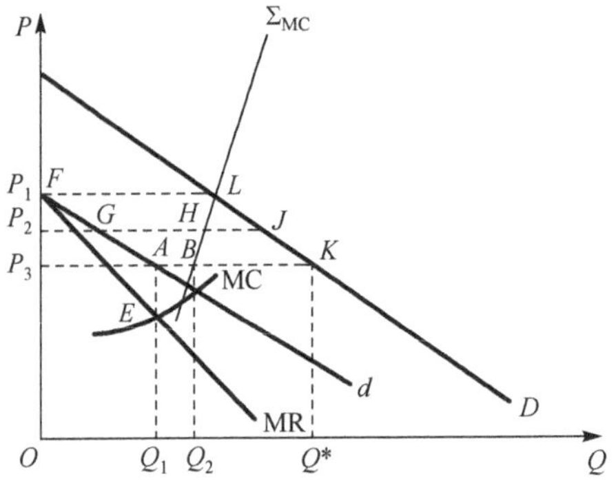

图 11-8　支配型企业价格领导的定价

在图 11-8 中，与支配型企业的需求曲线 d 相对应的边际收入曲线是 MR。MR 与 MC 相交于 E 点，支配型企业在边际成本之上追加利润加成 AE，则产量 Q_1 和价格 P_3 是支配型企业能实现最大利润的产量和价格。该行业的从属企业的产销量为 $P_3B = Q_2$，市场总销售量为：$P_3B + BK = Q_1 + Q_2 = Q^*$。

（2）晴雨表型企业的价格领导模型。

上一个定价模型中，价格领导企业一般是规模较大的企业，而晴雨表型企业不一定是该行业中规模最大或效率最高的企业，但它在管理或掌握市场信息方面可能有很强的判断力。因此，这里就把领先变动价格的企业称为晴雨表型企业。一般认为，晴雨表型企业能衡量行业面临的需求压力，并且能估计出行业中的其他企业所想调整的价格。当需求一旦发生变化时，晴雨表型企业就第一个宣布调整价格，其他企业随之而改变自己的价格。

（3）成本较低企业的价格领导模型。

这种定价模型说明的是寡头企业中成本最低的企业首先决定价格。假定该行业有 A、B、C 三家寡头企业，每家的成本状况不同。但他们在暗中达成默契，三家瓜分市场，因而，他们的需求曲线是相同的，即 $d_1 = d_2 = d_3$。

如图 11-9 所示，我们可以看出，企业 A 是成本最低的企业，当它按利润最大化原则确定其产销量 Q_1 时，其销售价格定在 P_1。同样，如果 B、C 也按此原则安排产销量，即 Q_2 和 Q_3 相应的价格分别是 P_2、P_3。现在的问题是，在寡头垄断市场上，一般假定产品是同质的，哪家产品的价格高，哪家产品的市场需求量就要减少。如果 B、C 两个企业把价格确定为 P_2、P_3（$>P_1$），他们会丧失一部分市场。所以，B、C 两个企业必须按照 P_1 价格销售其产品，销售量分别为 Q_2、Q_3。这时，B、C 两企业所获得的利润，一般低于最大利润。

3. 成本加成

寡头垄断型产品最常见的一种制定价格的方法，是在估计的平均成本基础上加上固定百分率的利润，即加上一笔赚头或加成。因此这种定价法也叫赚头定价法或加成定价法。平均成本的估算方法，一般是先确定一个“正常的”或标准的产量数字，这相当于该企业生产能力的某一百分数，如生产能力的三分之二或四分之三，然后根据这个产量计算出相应的包含固定成本与可变成本的平均成本。这样，企业制定的价格，可以无需随实际产量的变动频繁变动，价格比较稳定，减少了竞争者之间因价格变动可能带来的不利后果。至于作为利润的加成数字的大小，各个行业之间当然可以不尽相同，但在一定时期内，一个行业应是相当稳定的，各个企业应是大体一致的。当一个行业的全体企业采用这种定价方法时，就能够产生一种稳定的价格格局，避免了价格竞争可能带来的不利后果。在这场合，如果同行业的全体企业应用统一的会计制度，如果他们的投入量的价格和生产函数是一样的，并且采用相同的百分比的加成，这些企业产品的价格就是一样的。但不管企业们的价格是否相同、成本加成定价法使它们一致地变动价格。例如征收消费税或增减消费税时，企业们都按相应百分比制定价格；同样，当全行业工资率上涨或原材料价格上涨时，大家相应地提高自己的价格。

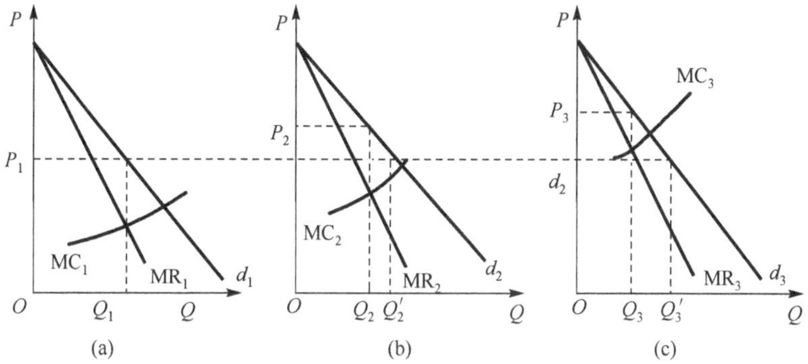

图 11-9　成本较低企业价格领导的定价

当然，这种定价方法由公司高级决策人凭简单的经验法则确定的利润，并不是理论分析中的最大限度利润，只能说是一种令人满意的利润。但也不能说它一定背离最大利润。从较长一段时期来看，如果行业处于正常的发展状况，成本加成定价法制定的价格，也可能接近于理性行为所确定的价格。

本章小结

垄断竞争市场企业提供的产品有一定的差异化，因此，企业有一定的定价权。从短期看，企业的利润最大化决策准则是根据边际成本等于边际收益决定产量，再结合需求曲线来定价，企业可以获得正的经济利润；从长期来看，由于垄断竞争市场不存在进入壁垒，因此，新企业的进入将使行业内正的经济利润消失，在长期均衡时，企业的经济利润为零。

寡头垄断市场上只有少数几个卖方，因此，其最重要的特征是企业之间决策行为的相互依存性。寡头垄断企业可以进行串谋避免两败俱伤的激烈竞争，通过形成卡特尔，企业可以控制价格和产量。

讨论与练习

1. 垄断竞争和完全竞争有什么不同？

2. 寡头垄断的特征是什么？

3. 某垄断竞争企业的需求曲线为：$P=4.75-0.2Q$。该企业产品的平均成本为：$AC=5-0.3Q+0.01Q^2$。该企业处于长期均衡中，问：

(1)该企业利润最大化的价格、产量是多少?

(2)此时的经济利润是多少?

4. 假设有两个寡头垄断企业的行为遵守古诺模型，它们的成本函数分别为：

$$TC_1 = 0.1Q_1^2 + 20Q_1 + 100\ 000$$

$$TC_2 = 0.4Q_2^2 + 32Q_2 + 2\ 000$$

这两个企业生产同质化产品，其市场需求函数为：

$$Q = 4\ 000 - 10P$$

根据古诺模型，求：

(1)企业1和企业2的反应函数?

(2)市场均衡价格和企业1和企业2的均衡产量?

(3)企业1和企业2的利润?

5. 某公司面临以下两段需求曲线：

$$P = 25 - 0.25Q(\text{当产量为 } 0 - 20 \text{ 时})$$

$$P = 35 - 0.75Q(\text{当产量超过 } 20 \text{ 时})$$

公司总成本函数为：$TC_1 = 200 + 5Q + 0.25Q^2$

(1)该公司所属行业的市场结构属于什么类型？类似于哪种垄断模型?

(2)公司的最优价格和产量应是多少？这时的利润是多少?

第6篇　定价策略

本篇第一节主要介绍企业目标、影响企业定价的因素，第二节介绍成本加成定价方法，第三节介绍增量分析定价方法，第四节介绍一些创造更多利润的定价策略，第五节介绍其他定价目标下的一些定价策略或方法。本篇为管理者提供了既有指导意义又有实际应用价值的定价策略和方法，通过有效的定价策略实现创造价值、传播价值和获取价值的目标。

第12章 定 价

导入案例

玉米片定价

与全国性品牌相比，菲尼克斯的一家玉米片生产商更具竞争优势，因为它的价格更低，质量更好。但是，这家地方性企业还是密切关注全国性的大品牌企业，因为这些全国性的大企业相对于自己的规模庞大很多。当全国性企业更新了玉米片的价格时，菲尼克斯的这家制造商也要有所改变。为了让自己的产品更加低廉而牺牲了产品的质量，以为这样可以保住它的价格优势。当全国性大型企业将某种特定的玉米片定为1.59美元时，这家企业也把相应产品的价格定为1.29美元，保留了30美分的差价。一段时间过后，全国性大型企业把产品价格提升至1.89美元，为了仍保持30美分的差价，菲尼克斯的制造商也将价格抬高到1.59美元，而正是因为这个改变使得这家企业倒闭了。

1. 为什么一家企业拥有更低的价格，但还是在竞争中失败了？
2. 为什么同样的价格增长幅度却使消费者购买高价格商品更多，低价格商品更少？

资料来源：威廉·博伊斯. 管理经济学[M]. 北京：中国人民大学出版社，2013.

- **知识目标**
  - 掌握企业的定价目标
  - 熟悉影响企业定价的主要因素
  - 熟悉成本加成定价法、增量定价法和创造更多利润的定价策略的概念和方法
- **能力目标**
  - 能初步应用成本加成定价法、增量定价法和创造更多利润的一些定价方法

12.1 定价目标

12.1.1 企业的定价目标

在市场经济条件下，价格竞争是一种非常重要的竞争手段，价格决策常常是决定企业成功或失败的一个重要因素。定价看起来比较简单，根据前面所学，只要计算出边际成本等于边际收益的产量也即是需求量，然后再在需求曲线上找到对应的价格就可以了。但实际上却是非常复杂的：企业可能生产不止一种产品；企业试图迎合不同的有利可图的市场；企业不得不考虑它的价格变动会使对手产生何种反应行为；企业不得不考虑较高的市场价格是否会使其他市场竞争者进入市场；企业不得不考虑市场最低的定价是否向消费者暗示了其产品质量也是市场最低等。这些问题再加上定价目标的不同，使企业的定价策略和方法呈现出多样化的态势。

定价目标是企业在对其生产或经营的产品制定价格时，有意识的要求达到的目的和标准。它是指导企业进行价格决策的主导因素。

定价目标取决于企业的总体目标。不同行业的企业、同一行业的不同企业，以及同一企业在不同的时期，不同的市场条件下，都可能有不同的定价目标。定价目标主要有如下几种。

1. 以获取利润为目标

获取利润是企业从事生产经营活动的最终目标，具体可通过产品定价来实现。获取利润目标一般分为以下三种。

(1) 以获取投资收益为定价目标。

投资收益定价目标是指使企业实现在一定时期内能够收回投资并能获取预期的投资报酬的一种定价目标。采用这种定价目标的企业，一般是根据投资额规定的收益率，计算出单位产品的利润额，加上产品成本作为销售价格。但必须注意两个问题。第一，要确定适度的投资收益率。一般来说，投资收益率应该高于同期的银行存款利息率。但不可过高，否则消费者难以接受。第二，企业生产经营的必须是畅销产品。与竞争对手相比，产品具有明显的优势。

(2) 以获取合理利润为定价目标。

合理利润定价目标是指企业为避免不必要的价格竞争，以适中、稳定的价格获得长期利润的一种定价目标。采用这种定价目标的企业，往往是为了减少风险，保护自己，或限于力量不足，只能在补偿正常情况下的平均成本的基础上，加上适度利润作为产品价格。条件是企业必须拥有充分的后备资源，并打算长期经营。临时性的企业一般不宜采用这种定价目标。

(3) 以获取最大利润为定价目标。

最大利润定价目标是指企业追求在一定时期内获得最高利润额的一种定价目标。利润额最大化取决于合理价格所推动的销售规模，因而追求最大利润的定价目标并不意味着企业要制定最高单价。最大利润既有长期和短期之分，又有企业全部产品和单个产品之别。有远见的企业经营者，都着眼于追求长期利润的最大化。当然并不排除在某种特定时期及情况下，对其产品制定高价以获取短期最大利润。还有一些多品种经营的企业，经常使用组合定价策略，即有些产品的价格定得比较低，有时甚至低于成本以招徕顾客，借以带动其他产品的销售，从而实现企业利润最大化。

2. 以提高市场占有率为目标

以提高市场占有率为目标也称市场份额目标。即把保持和提高企业的市场占有率(或市场份额)作为一定时期的定价目标。市场占有率是一个企业经营状况和企业产品在市场上竞争能力的直接反映，关系到企业的兴衰存亡。较高的市场占有率，可以保证企业产品的销路，巩固企业的市场地位，从而使企业的利润稳步增长。

在许多情形下市场占有率的高低，比投资收益率更能说明企业的营销状况。有时，由于市场的不断扩大，一个企业可能获得可观的利润，但相对于整个市场而言，所占比例可能很小，或本企业市场占有率正在下降。无论大、中、小企业，都希望用较长时间的低价策略来扩充目标市场，尽量提高企业的市场占有率。以提高市场占有率为目标定价，企业通常有如下几种定价策略。

(1)定价由低到高。

定价由低到高，就是在保证产品质量和降低成本的前提下，企业入市产品的定价低于市场上主要竞争者的价格，以低价争取消费者，打开产品销路，挤占市场，从而提高企业产品的市场占有率。待占领市场后，企业再通过增加产品的某些功能，或提高产品的质量等措施来逐步提高产品的价格，旨在维持一定市场占有率的同时获取更多的利润。

(2)定价由高到低。

定价由高到低，就是企业对一些竞争尚不激烈的产品，入市时定价可高于竞争者的价格，利用消费者的求新心理，在短期内获取较高利润。待竞争激烈时，企业可适当调低价格，赢得主动，扩大销量，提高市场占有率。

3. 以应付或防止竞争为目标

企业对竞争者的行为都十分敏感，尤其是对于价格的变动状况更甚。在市场竞争日趋激烈的形势下，企业在实际定价前，都要广泛收集资料，仔细研究竞争对手产品价格情况，通过自己的定价目标去对付竞争对手。根据企业的不同条件，一般有以下决策目标可供选择。

(1)稳定价格目标。

以保持价格相对稳定，避免正面价格竞争为目标的定价。当企业准备在一个行业中长期经营时，或某行业经常发生市场供求变化与价格波动需要有一个稳定的价格来稳定市场时，该行业中的大企业或占主导地位的企业率先制定一个较长期的稳定价格，其他企业的价格与之保持一定的比例。这样，对大企业是稳妥的，中小企业也避免遭受由于大企业的随时随意提价而带来的打击。

(2)追随定价目标。

企业有意识地通过给产品定价主动应付和避免市场竞争。企业价格的制定，主要以对市场价格有影响的竞争者的价格为依据，根据具体产品的情况稍高或稍低于竞争者。竞争者的价格不变，实行此目标的企业也维持原价，竞争者的价格或涨或落，此类企业也相应地参照调整价格。一般情况下，中小企业的产品价格定得略低于行业中占主导地位的企业的价格。

(3)挑战定价目标。

如果企业具备强大的实力和特殊优越的条件，可以主动出击，挑战竞争对手，获取更大的市场份额。一般常用的策略目标有如下几种。

① 打击定价。实力较强的企业主动挑战竞争对手，扩大市场占有率，可采用低于竞争者的价格出售产品。

② 特色定价。实力雄厚并拥有特殊技术或产品品质优良或能为消费者提供更多服务的企业，可采用高于竞争者的价格出售产品。

③ 阻截定价。为了防止其他竞争者加入同类产品的竞争行列，在一定条件下，往往采用低价入市，迫使弱小企业无利可图而退出市场或阻止竞争对手进入市场。

4. 以维持企业生存为目标

当企业经营管理不善，或由于市场竞争激烈、顾客的需求偏好突然发生变化等原因，而造成产品销路不畅、大量积压、资金周转不灵，甚至濒临破产时，企业只能为其积压了的产品定低价，以求迅速出清存货，收回资金。但这种目标只能是企业面临困难时的短期目标，长期目标还是要获得发展，否则企业终将破产。

12.1.2 影响产品定价的主要因素

影响产品定价的因素很多，有企业内部因素，也有企业外部因素；有主观因素，也有客观因素。概括起来，大体上包括产品成本、市场需求、竞争因素和其他因素四个方面。

1. 产品成本

对企业的定价来说，成本是一个关键因素。企业产品定价以成本为最低界限，产品价格只有高于成本，企业才能补偿生产上的耗费，从而获得一定盈利。但这并不排斥一段时期在个别产品上，价格低于成本。

在实际工作中，产品的价格是按成本、利润和税金三部分来制定的。成本又可分解为固定成本和变动成本。产品的价格有时是由总成本决定的，有时又仅由变动成本决定。如果就制定价格时要考虑的重要性而言，成本无疑也是最重要的因素之一。因为价格如果过分高于成本会有失社会公平，价格过分低于成本，则不可能长久地维持下去。

企业定价时，不应将成本孤立地对待，而应同产量、销量、资金周转等因素综合起来考虑。成本因素还要与影响价格的其他因素结合起来考虑。

2. 市场需求

产品价格除受成本影响外，还受市场需求的影响。即受商品供给与需求的相互关系的影响。当商品的市场需求大于供给时，价格应高一些；当商品的市场需求小于供给时，价格应低一些。相对地，价格变动影响市场需求总量，从而影响销售量，进而影响企业目标的实现。因此，企业制定价格就必须了解价格变动对市场需求的影响程度。反映这种影响程度的一个指标就是商品的需求价格弹性系数。

3. 竞争因素

市场竞争也是影响价格制定的重要因素。根据竞争的程度不同，企业定价策略会有所不同。按照市场竞争程度，可以分为完全竞争、不完全竞争与完全垄断三种情况。

企业的价格策略，要受到竞争状况的影响。完全竞争与完全垄断是竞争的两个极端，中间状况是不完全竞争。在不完全竞争条件下，竞争的强度对企业的价格策略有重要影响。所以，企业首先要了解竞争的强度。竞争的强度主要取决于产品制作技术的难易，是否有专利保护，供求形势以及具体的竞争格局。其次，要了解竞争对手的价格策略，以及竞争对手的实力。最后，还要了解、分析本企业在竞争中的地位。

4. 其他因素

企业的定价策略除受成本、需求以及竞争状况的影响外，还受到其他多种因素的影响。这些因素包括政府或行业组织的干预、消费者习惯和心理、企业或产品的形象等。

(1)政府或行业组织干预。

政府为了维护经济秩序，或为了其他目的，可能通过立法或者其他途径对企业的价格策略进行干预。政府的干预包括规定毛利率，规定最高、最低限价，限制价格的浮动幅度或者规定价格变动的审批手续，实行价格补贴等。例如，美国某些州政府通过立法将房租控制在较低的水平上，将牛奶价格控制在较高的水平上；法国政府将宝石的价格控制在低水平，将面包价格控制在高水平；目前我国实行的定价形式有国家定价、国家指导价和市场调节价三种；一些贸易协会或行业性垄断组织也会对企业的价格策略进行影响。

(2)消费者心理和习惯。

价格的制定和变动在消费者心理上的反映也是价格策略必须考虑的因素。在现实生活中，很多消费者存在“一分钱一分货”的观念。面对不太熟悉的商品，消费者常常从价格上判断商品的好坏，从经验上把价格同商品的使用价值挂钩。消费者心理和习惯上的反应是很复杂的，某些情况下会出现完全相反的反应。例如，在一般情况下，涨价会减少购买，但有时涨价会引起抢购，反而会增加购买。因此，在研究消费者心理对定价的影响时，要持谨慎态度，要仔细了解消费者心理及其变化规律。

(3)企业或产品的形象因素。

有时企业根据企业理念和形象设计的要求，需要对产品价格做出限制。例如，企业为了树立热心公益事业的形象，会将某些有关公益事业的产品价格定得较低；为了形成高贵的企业形象，将某些产品价格定得较高等等。

12.2 成本加成定价法

12.2.1 成本加成定价法的定义及使用

成本加成定价法是企业最常用、最基本的定价方法，它是以企业的单位成本为基本依据，再加上预期利润来确定价格的定价方法。该种定价方法的基本思想就是认为，所定的价格应该能涵盖生产产品的成本，并足以使企业按目标收益率获得一定程度的利润。

使用成本加成定价法确定产品价格的基本步骤如下：

(1)估算产品的平均变动成本。由于在不同的产量水平上，企业的平均变动成本是不一样的，因此在估算平均变动成本时，首先必须确定合适的产量水平。一般情况下，企业可依据其生产能力的2/3到4/5的产量水平作为确定变动成本的基础。

(2)估算出固定成本，并按照产品产量将固定成本分摊到单位产品上，计算出固定成本。

(3)将平均变动成本和平均固定成本相加，得出平均总成本。

(4)以平均总成本的一定比例即成本加成率作为企业目标利润率核算出目标利润，再加上平均总成本，得到产品价格。所谓“成本加成”就是指在平均总成本的基础上加上它的一定比例，以此来确定价格，成本加成率可以是行业的平均利润率，也可以是企业的目标利润率。

其公式为：$P = \mathrm{ATC}(1 + a)$

其中 a 为加成的百分比。

例题 12.1

某企业生产某产品的变动成本为每件10元，总固定成本为250万元；设计产品生产能力为50万件，销售量为设计生产能力的80%；行业平均成本利润率为18%。根据成本加成定价法问价格应定为多少？

解：平均变动成本 = 10(元/件)

平均固定成本 = 250 ÷ (50 × 80%) = 6.25(元/件)

平均成本 = 10 + 6.25 = 16.25(元/件)

则由 $P = \mathrm{ATC}(1 + a)$，得 $P = 16.25 \times (1 + 18\%) = 19.175$(元/件)

12.2.2 成本加成率的确定

由12.2.1可以看出，使用成本加成定价法时，科学合理的设定成本加成率是很关键的，过高会使企业产品丧失价格竞争力，过低又会使企业失去可能获得的利润。前文也介绍过，成本加成率可以是行业的平均利润率，也可以是企业的目标利润率，下面我们简单介绍一下最优成本加成率的确定方法。

成本加成定价方法与根据边际收入等于边际成本的定价原则有联系。

由 $\mathrm{MR} = \mathrm{MC} = P \times [1 - (1/E_P)]$ 得出：

$$P = \mathrm{MC} \times [1 + 1/(E_P - 1)]$$

这是定价时最优加成的公式，其中

$$\text{最优加成率} = 1/(E_P - 1)$$

可见，最优加成比率的大小与产品的价格弹性成反比，此对定价政策的制定有理论上的指导意义。

注意：公式所用的成本是边际成本，而非平均成本。

因此，对于边际成本与平均成本相差不大的情况下，在定价时充分考虑产品的价格弹性，使用成本加成定价法能使企业获得最大的利润。要想使通过成本加成定价获得的企业利润最大化，那么加成幅度就必须设定得非常精确，以使在这一价格下边际收入正好等于边际成本。要想通过成本加成定价最大化企业利润，企业必须使用边际成本而非平均成本，并使加成幅度等于$[1/(1-1/E_p)]-1$或者$1/(E_p-1)$.

这个方法在实践中具有较强的指导意义，只要企业管理者对客户需求非常敏感，通过上述方法也可以使企业利润最大化。因为当需求弹性下降时，加成幅度便增大，价格就提高了。相反，需求弹性越高，加成幅度就越小，价格也就降低。

12.2.3 成本加成定价法的优缺点

成本加成定价法是企业较常用的定价方法，它有以下优点：

(1)计算方法简便易行，资料容易取得。

(2)能够保证企业所耗费的全部成本得到补偿，并在正常情况下获得一定的利润。

(3)有利于保持价格的稳定。当消费者需求量增大时，按此方法定价，产品价格不会提高，而固定的加成，也使企业获得较稳定的利润。

(4)同一行业的各企业如果都采用完全成本加成定价，只要加成比例接近，所制定的价格也将接近，这样做可以减少或避免价格竞争。

但是，成本加成定价法是典型的生产者导向定价法。现代市场需求瞬息万变，竞争激烈，产品花色品种日益增多。只有那些以消费者为中心，不断满足消费者需求的产品，才有可能在市场上站住脚。因此，成本加成定价法在市场经济中也有其明显不足之处。

(1)成本加成定价法忽视了产品需求弹性的变化。不同的产品在同一时期，同一的产品在不同时期(产品生命周期不同阶段)，同一的产品在不同的市场，其需求弹性都不相同。因此产品价格在完全成本的基础上，加上一个固定的加成比例，不能适应迅速变化的市场要求，缺乏应有的竞争能力。

(2)以总平均成本作为定价基础缺乏灵活性，忽视了市场供求和竞争因素的影响，在有些情况下容易做出错误的决策。

(3)容易掩盖企业经营中非正常费用的支出，不利于企业提高经济效益，不利于企业降低产品成本。

为了克服完全成本加成定价法的不足之处，企业可按产品的需求价格弹性的大小来确定成本加成比例。由于成本加成比例确定的恰当与否，价格确定的恰当与否依赖于需求价格弹性估计的准确程度，这就迫使企业必须密切注视市场，只有通过对市场进行大量的调查，详细地分析，才能估计出较准确的需求价格弹性来，从而制定出正确的产品价格，增强企业在市场中的竞争能力，增加企业的利润。

12.3 增量分析定价法

前面的成本加成定价法是以平均总成本作为定价基础的，在某些情况下，比如在边际成本和平均成本差别较大时，成本加成定价法并不适用。这时可以考虑使用增量分析定价法。它主要是分析企业接受新任务之后有没有增量利润(贡献)，如果增量利润为正值，说明新任务的价格是可以接受的，增量利润等于接受新任务引起的增量收入减增量成本。增量分析定价法与成本加成定价法的共同点是以成本作为定价的基础；不同在于前者以全部成本，后者以增量成本为定价的基础。若价格高于变动成本，该价格即可取。

增量分析定价法主要适用于以下几种情况。

(1)企业原来有正常的生产任务，也有利润，但因为生产能力还有富余，为了进一步挖掘富余的生产力，需要决定是否按较低的价格接受新任务。由于生产力有富余，接受新任务不用追加固定成本，只需要增加变动成本即可，所以，新任务的定价就可以以变动成本为基础，只要增量收入大于增量成本，方案即为可行。不过，条件是接受新任务不会影响原来正常的销售。

(2)市场不景气，企业任务很少，生产能力远远利用不足，同行竞争激烈，这时企业的主要矛盾是求生存(力求少亏点)，它或者维持原价，那就有可能揽不到任务，或者削价多揽一些任务，这样可以少亏一点。在后一种情况下进行定价决策，也要使用增量分析定价法。

(3)企业生产好几种产品，在这几种产品的需求之间存在着联系(互相替代或者互补)，其中一种产品变动价格，会影响其他有关产品的需求量，因而其中一种产品的价格决策不能孤立地只考虑这一种产品的效益，而应考虑对几种产品的综合效益，这时，也宜采用增量分析定价法。

例题 12.2

假设某酒店有100间客房，在目前的旅游淡季，客房出租率只有20%。该酒店全年的固定成本为365万元，每间客房的平均变动成本为每天50元。现在有某个公司开会需要租用该酒店50间客房10天，但它只愿为每间客房支付100元。现在酒店需要决定是否接受这个任务。

为了实现酒店的利润最大化，先来分析接受这个任务所能得到的增量收益和增量成本。

$$增量收益 = 50 \times 10 \times 100 = 5(万元)$$
$$增量成本 = 50 \times 10 \times 50 = 2.5(万元)$$

然后，比较增量收益和增量成本，即计算增量利润。

$$增量利润 = 5 - 2.5 = 2.5(万元)$$

由于接受该公司的租房要求可以为酒店带来增量利润2.5万元，所以尽管其价格低于酒店客房的平均总成本100+50=150元，酒店应该接受其租房要求。

增量分析定价法的概念很简单，但在实际应用时需要小心，须注意以下三点：

1. 决策引起的利润增量应当是指决策引起的各种效果的总和；

2. 在计算利润增量时，既要考虑短期效果，也要考虑长期效果；

3. 由于管理费用和固定成本必须分摊，所以不能所有产品的定价都用增量分析法。

12.4 创造更多利润的定价策略

在前面讨论的定价方法或策略中，管理者只是对所有消费者制定统一的价格。实际上，在某些市场中，管理者还可以通过制定不同的价格来提高利润，故称为创造更多利润的定价策略。本节将讨论以下的定价策略：差别定价、两部定价、捆绑定价、高峰定价和批量定价。这些定价适合那些有不同成本结构和不同市场条件的企业。对于具有垄断力的企业来说，采用这些定价策略能获取更大的利润，其原因在于，这些定价策略可以使企业侵占全部或者部分的消费者剩余。另外，本节还将介绍在激烈的价格竞争市场上的定价策略和多产品定价策略。

12.4.1 差别定价

1. 差别定价的概念

差别定价即一家厂商在同一时间对同一种产品向不同的购买者索取两种或两种以上的价格，或者对销售给不同购买者的同一种产品在成本不同时索取相同的价格，也称为价格歧视。

价格歧视是一种重要的垄断定价行为，是垄断企业通过差别价格来获取超额利润的一种定价策略。它不仅有利于垄断企业获取更多垄断利润，而且使条件相同的若干买主处于不公平的地位，妨碍了它们之间的正当竞争，具有限制竞争的危害。因而，世界各国的反垄断法规基本上都对它做出了限制。西方经济学中将价格歧视定义为：在同一时间对同一种商品向不同的购买者索取不同的价格。

差别定价常见的事例有：①一个医生根据病人不同的富裕程度，或收入水平的差别，对相同的治疗收取不同的费用；②汽车制造商在出口市场上的销售价格往往低于在国内市场上的销售价格；③电力公司把居民用电、商业用电、工业用电等方面的电力市场分隔开来，收取不同的电费；④小建筑材料商向专业建筑工人供应的价格要低于“业余人”。

差别定价必须满足的前提条件是：

(1)市场必须有某些不完善之处，企业对价格有一定的控制能力。比如信息不通畅，市场分割，使差别定价成为可能。

(2)要实行差别定价，不同市场之间或市场各部分之间，必须能有效分离开来。如果低价商品能流向高价市场，差别定价便不可能。

(3)各个市场的需求弹性必须各不相同。

2. 差别定价的分类

一般来说，根据价格差别的程度，可把价格歧视区分为三个等级：一级价格歧视、二级价格歧视和三级价格歧视。

(1)一级价格歧视。

一级价格歧视又称完全价格歧视，是指厂商根据消费者愿意为每单位商品付出的最高价格而对每单位产品制定不同的销售价格。从消费者行为理论可知，需求曲线反映了消费者对每一单位商品愿意并且能够支付的最高价格。如果厂商已知消费者的需求曲线，即已知消费者对每一单位产品愿意并且能够支付的最高价格，厂商就可以按此价格逐个制定商品价格。完全价格歧视就是每一单位产品都有不同的价格。

例如，律师对每个委托人收取不同的费用就是这种情况。实际上是将所有消费者剩余榨光，转化为垄断的超额利润。这是一种极端的情况，现实中很少发生。如图 12-1 所示，对 X_1 单位产品索价 P_1，X_2 为 P_2，$\cdots X_n$ 为 P_n，在单一价格下的消费者剩余全部转化为垄断者实行一级差别定价的追加利润。

(2)二级价格歧视。

二级价格歧视是指垄断厂商根据不同的购买量确定不同的价格。日常生活中，二级价格歧视比较普遍，如电力公司实行的分段定价等。二级价格歧视主要适用于那些容易度量和记录的劳务，如煤气、电力、水、电话通信等的出售。一般情况是购买量越多定的价格就越低。这种情况垄断厂商可以把部分消费者剩余转变为超额利润。如图 12-2 所示，假定一个城市的家庭对电力的需求，收费率制成价格表是这样的：每月消费的最先一部分电力比如为 Q_1单位时收费高，按 P_1收费，当从 Q_1增为 Q_2时，增加部分按 P_2收费，超过 Q_2部分按 P_3收费。这样垄断者没有获得三个小三角形表示的消费者剩余，获得了由 $P_1 \times OQ_1$，$P_2 \times Q_1Q_2$，$P_3 \times Q_2Q_3$所表示的面积。

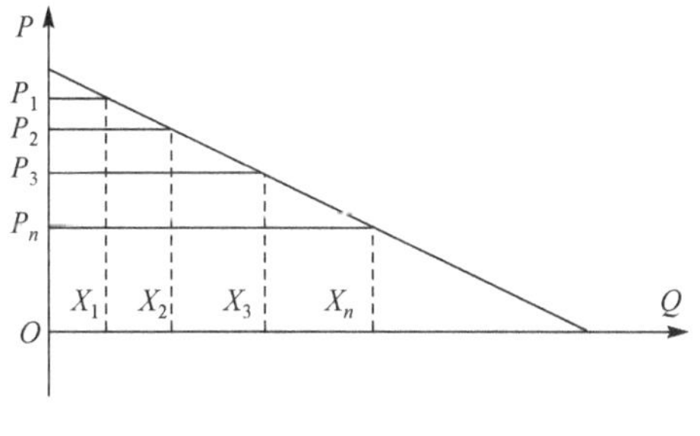

图 12-1 一级价格歧视

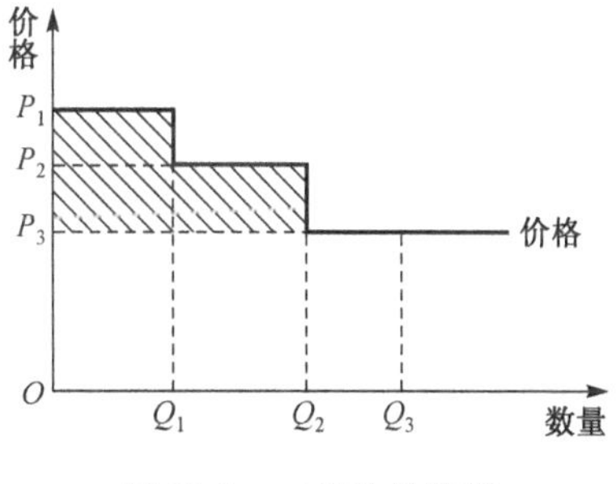

图 12-2 二级价格歧视

(3)三级价格歧视

三级价格歧视是指垄断厂商对同一种产品在不同的市场上(或对不同的消费者群体)制定不同的价格。实际中的例子很多，如同一种产品，国内市场和国际市场价格不一样，国内市场不同的城市定的价格也不一样。

三级价格歧视下资源配置效率的分析比较复杂。本书对最简单的、两个子市场的情况进行分析，所得结论很容易推广到多个市场的情况，如图 12-3 所示。

一种产品定出不同的价格，就可能比相同的价格获取更多的利润。

证明：$\because \quad \mathrm{MR} = P(1 - 1/E_d)$

$\therefore \quad P = \mathrm{MR}[E_d/(E_d - 1)]$

假设市场 1 的需求弹性为 2，市场 2 的需求弹性为 1.5，

则 $P_1 = \mathrm{MR}_1[2/(2-1)] \qquad P_2 = \mathrm{MR}_2[1.5/(1.5-1)]$

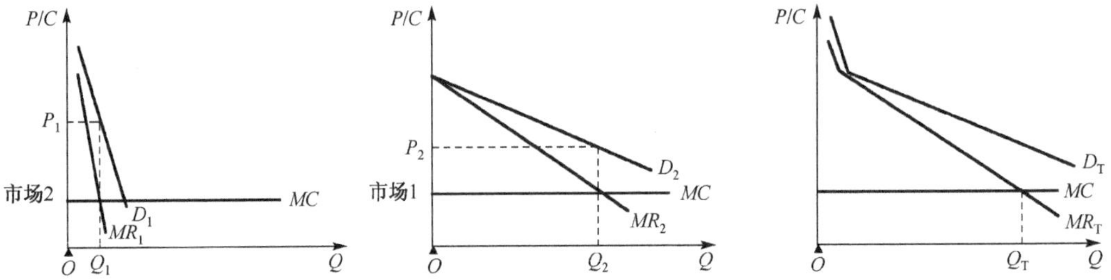

图 12-3　三级价格歧视

两个市场的产品的边际成本为 MC，利润极大化要求为

$\mathrm{MR}_1=\mathrm{MR}_2=\mathrm{MC}$，$\therefore$ $P_1=2\mathrm{MC}$，$P_2=3\mathrm{MC}$，

若 $MC=2$，则 $P_1=4$，$P_2=6$，

反过来，如果两个市场的需求弹性一样，那么两地的价格也必须相同。

例题 12.3

一个垄断者在一个工厂中生产产品而在两个市场上销售，他的边际成本和平均成本是2，两个市场的需求曲线方程分别为：$Q_1=7-0.5P_1$；$Q_2=10-P_2$（Q_1、Q_2分别为在市场1、2的销售量；P_1、P_2分别为市场1、2的价格），求：

（1）厂商可以在两市场之间实行差别价格，计算在利润最大化水平上每个市场的价格（P_1、P_2），销售量（Q_1、Q_2）以及他所获得的总利润量 $\mathrm{T}\pi$。

（2）计算统一定价的价格、销售量和最大利润。

解：（1）$\mathrm{MR}_1=\mathrm{MR}_2=\mathrm{MC}$

$\mathrm{MR}_1=14-4Q_1$　　　$\mathrm{MR}_2=10-2Q_2$

$Q_1=3$　　　$P_1=8$

$Q_2=4$　　　$P_2=6$

$\mathrm{T}\pi=P_1Q_1+P_2Q_2-\mathrm{AC}(Q_1+Q_2)=34$

（2）$Q_1=7-P/2$　$Q_2=10-P$　$Q=Q_1+Q_2=17-(3/2)P$

$P=11(1/3)-(2/3)Q$　$\mathrm{MR}=11(1/3)-(4/3)Q$　令 $\mathrm{MR}=\mathrm{MC}$，得 $Q=7$，$P=6(2/3)$

$T\pi=\mathrm{PQ}-\mathrm{TC}=32(2/3)<34$

12.4.2　两部定价（或两步定价、分步定价）

两部定价，也有翻译为两步定价或分步定价，是指厂商向消费者为取得购买其产品的权利先收取一个固定费用，然后再为每单位购买的产品收取费用。图12-4 表示了垄断企业的需求曲线 D、边际收益曲线 MR 和边际成本曲线 MC。为了简化讨论，假定边际成本等于平均成本，都为常数。那么，当企业采用制定单一价格的定价策略时，边际收益曲线与边际成本曲线在 E 点相交，利润最大化产量是 Q_m，利润最大化价格为 P_m。这时，企业的利润为 $BDEC$，而消费者剩余为 ABC，即消费者从他们所购买的 Q_m 单位产品中获得的不需支付的价值为 ABC。

现在，企业决定采用两部定价策略。首先，考虑一种极端的情况，企业为产品的购买权而向消费者收取 ADF 的固定费用，然后以 P^* 的价格向消费者销售每一个产品。企业每单位产品的边际成本 MC 等于 P^*，因此以 P^* 价格销售产品时，企业不获得任何利润。但是，企业能获得 *ADF* 的固定收益，它就是企业的经济利润。企业通过两部定价获得的利润 *ADF*，比制定单一价格时获得的 *BDEC* 要大。而这时，消费者不再得到任何不用支付的价值，消费者剩余为零。

实际上，企业往往不能掌握关于消费者剩余的准确信息，也就无法通过两部定价侵占所有的消费者剩余。但是，只要企业所收取的固定费用大于长方形 *BDEC* 的面积，企业就能获得更大的利润。

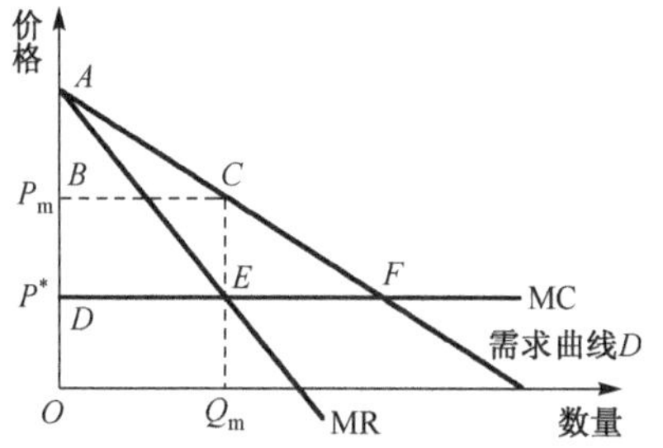

图 12-4　两部定价

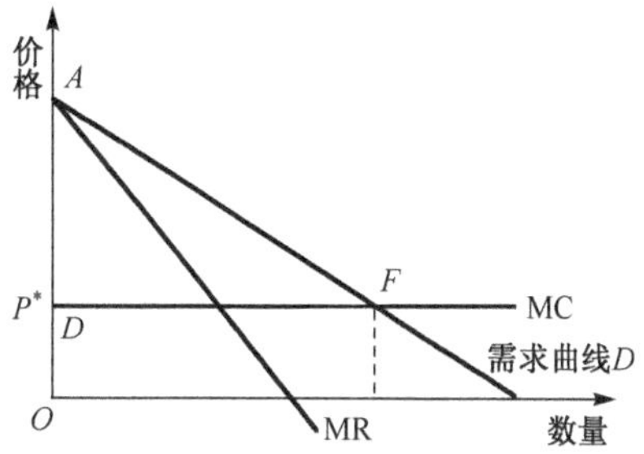

图 12-5　两部定价

12.4.3　批量定价

批量定价是指厂商为了提高利润，把相同的产品包装在一起，迫使消费者在做出购买决策时，要么全买，要么一件也不买。比如我们在超市购买过 10 卷装的卫生纸、6 听装的可乐，这些就是批量定价的实例。

现在看一下批量定价是如何提高企业利润的。假设某消费者的需求函数为 $Q=10-P$，企业的成本函数为 $C(Q)=2Q$，在图 12 6 中显示了相应的曲线。从图 12-6 中可看到，如果企业的定价为 2 元，那么销售量为 8 个单位。这时，消费者获得的消费者剩余是最上面三角形面积，即

$$\frac{1}{2}\times[(10-2)\times 8]=32(\text{元})$$

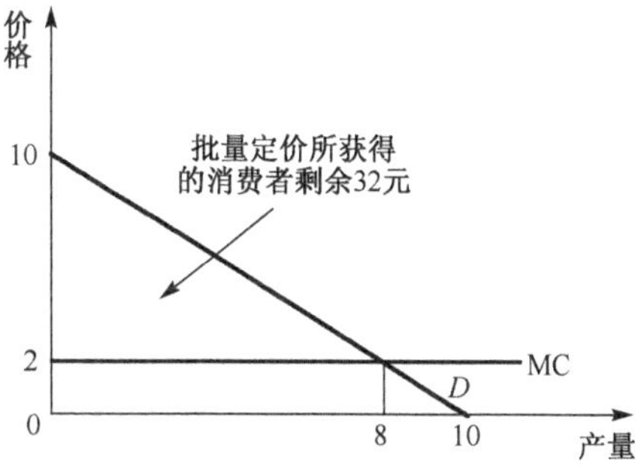

图 12-6　批量定价

消费者剩余反映了消费者额外得到的不需支付的价值。实际上，消费者为购买 8 个单位产品向企业支付了 $2\times 8=16$ 元，但是得到了 32 元的剩余。因此，这 8 单位产品对消费者的总价值是 $16+32=48$ 元。

企业可以采用批量定价策略，使得消费者把购买 8 单位产品的总价值全部支付给企业。具体方法是，企业以 8 单位产品为一个批量，并且对该批量定价一个价格。在这种情况下，消费者要么购买这 8 件产品，要么就一件都买不到。从上面的分析可以知道，消费者购买这 8 单位产品所能获得的总价值是 48 元。因此，只要这个批量的价格不高于 48 元，消费者就会购买。

因此，对企业来说，利润最大化时 8 单位批量的价格是 48 元。通过制定一个价格销售

这个批量，而不是分别销售每单位产品，企业就能够多获得32元利润，它等于当单位价格2元时，消费者所能得到的所有消费者剩余。

批量定价通过迫使消费者在购买全部产品和一件都不买之间做出决策，就可以提高企业利润。与价格歧视不同的是，甚至当消费者的需求特征相同时，批量定价也可以提高企业的利润。

12.4.4 捆绑定价

捆绑定价就是指厂商把两种或者两种以上的商品捆绑在一起作为一个整体，以单一价格进行销售。比如旅行社经常销售“一揽子交易”，包括机票、住宿、伙食等费用；电脑厂商把电脑主机、显示器和软件捆绑在一起，并以一个单一的捆绑价格进行销售。

下面，来分析捆绑定价如何提高企业利润。假设某计算机公司的管理者认为有两个顾客对它所销售的计算机主机和显示器有不同的支付意愿。表12-1表示的是这两个顾客对计算机主机和显示器的支付意愿，即他们对商品所愿意支付的最高数额。第一个消费者愿意为计算机主机支付6 000元，为显示器支付2 000元。第二个消费者愿意为计算机主机支付4 000元，为显示器支付3 000元。但是，企业并不知道如何来识别这两个消费者，因此，也就不能向每一个消费者收取不同的价格来实行价格歧视。

表12-1 呈负相关的支付意愿

消费者	对计算机主机的支付意愿	对显示器的支付意愿
1	6000元	2000元
2	4000元	3000元

表12-1中的数字是根据这两个消费者的偏好呈负相关而设定的。即假定，由于两个消费者的偏好不同，第一个消费者对计算机主机的支付意愿高于第二个消费者，而对显示器的支付意愿低于第二个消费者。由于两个消费者的偏好呈负相关，企业就能通过捆绑定价来提高利润。如果企业定价计算机主机为6 000元，则由于第二个消费者只愿为计算机主机支付4 000元，所以只有第一个消费者购买计算机主机，企业获得6 000元的收入；还可能的是，计算机主机的价格定为4 000元，那么两个消费者都将购买计算机主机，企业获得8 000元的收入。显然，计算机主机的收入最大化价格应该是4 000元。类似地，可以知道显示器的收入最大化价格应该是2 000元，这时企业可以获得4 000元的收入，比定价为3 000元时多获得1 000元的收入。现在，企业的总收入为8 000 + 4 000 = 12 000元。

表面上，企业通过对计算机主机定价为4 000元，对显示器定价为2 000元，并销售两台计算机主机和两台显示器，似乎已经获得了更高的收入。但是，如果企业把计算机主机和显示器捆绑在一起，并且以7 000元的价格出售这一组合的话，企业可以获得更大的收入。为什么呢？注意到第一个消费者愿意为购买主机和显示器最高支付6 000 + 2 000 = 8 000元，第二个消费者愿意为购买计算机主机和显示器最高支付4 000 + 3 000 = 7 000元。因此，通过将计算机和显示器捆绑在一起，并且以7 000元的价格销售，企业可以获得14 000元的收入，这比起企业不采用捆绑销售时多获得2 000元的收入。

如果消费者对两种产品的需求不呈负相关关系，捆绑定价就不能帮助企业提高利润。例如，如果消费者的支付意愿如表12-2 所示。

表 12-2　呈正相关的支付意愿

消费者	对计算机主机的支付意愿	对显示器的支付意愿
1	4 000 元	2 000 元
2	6 000 元	3 000 元

在这种情况下，企业可以将计算机主机定价为4 000 元，将显示器定价为2 000 元，总收入为12 000 元。但企业能制定的捆绑价格为6 000 元，总收入仍然为12 000 元。因此，要使捆绑定价有效，必须有一些消费者的偏好与另一些消费者呈负相关。如果有的消费者对一种产品的支付意愿高于另一种，那么，必须有另一些消费者对第二种产品的支付意愿高于第一种。

12.4.5　高峰定价

在很多市场上，有时候需求高，而有时候需求低。比如收费公路在高峰时间与一天中的其他时间相比交通流量要大得多。公共事业公司的产品在白天比在半夜有更高的需求。如果在高峰期，厂商所面临的需求非常大，以至于超过其供给能力，那么厂商就可以使用高峰定价的策略来提高利润。所谓高峰定价就是在高峰期制定高价，在非高峰期制定低价。

高峰定价法适用于满足以下三个条件的情况：

(1)产品不能储存；

(2)在不同时间里提供服务所用的是同一生产设施；

(3)在不同的时间里，需求特点不同。

如图 12-7 描述的就是这种经典例子。注意到边际成本直到 Q_H 的产出水平之前都是不变的，在 Q_H 处变成了垂直的。这意味着厂商的供给能力已经达到极限，不可能再在任何价格水平下提供额外的产品或服务。

图 12-7 中的两条需求曲线分别对应高峰时段和非高峰时段的产品需求：D_L 非高峰时段的需求，在高峰时段的需求曲线 D_H 下面。一般来说当面临两类需求时，厂商通过向不同需求的顾客收取不同的价格会达到利润最大化。在高峰定价的这种情形中，顾客群指的是在一天中不同的时段购买厂商产品的顾客。

在图中，对于非高峰时段的需求而言，其边际收益和边际成本在 Q_L 处相等。因此在非高峰时段，利润最大化的价格为 P_L。而在高峰时段，边际收益和边际成本在 Q_H 处相等，此时厂商的生产能力已达到极限。因此，在高峰时段利润最大化的价格为 P_H。

注意在图中，如果厂商在一天中所有的时段都向消费者收取一个高价格 P_H 的话，那么在非高峰时段就不会有顾客购买该厂商的产品。通过在高峰时段收取高价，而在非高峰时段收取低价，就可以在非高峰时段向一些顾客销售产品，厂商可以增加利润。类似的，如果厂商在一天中所有的时段都向消费者收取一个低价格 P_L 的话，那么高峰时段厂商就会损失一些利润，因为这时消费者愿意为厂商支付一个更高的价格。

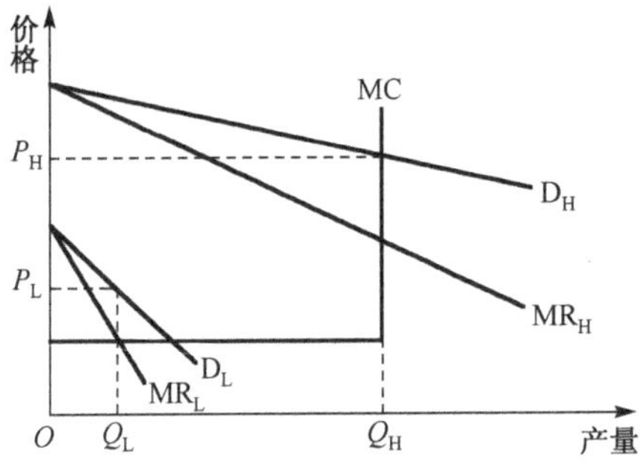

图 12-7　高峰定价

12.4.6　在激烈的价格竞争市场上的定价策略

1. 价格匹配

价格匹配指的是厂商公布其价格，并且承诺追随竞争对手制定的任何一个低价的定价策略。这种定价策略往往能使厂商把价格锁定在较高价格，并且获得更大的利润，而且价格匹配政策使厂商不需要监视竞争对手所制定的价格，简单易行。

为了描述这种策略是如何提高厂商利润的，我们假设厂商除了公开其价格外，还承诺自己的价格会匹配市场中所能发现的任何一个低价格，比如宣布“返还差价”。

对消费者来说，这听起来像是一件好事。这个政策会吸引一些消费者，对这些消费者而言，厂商做出了保证。但是如果市场上所有的厂商都宣布这样的政策，他们就能把价格定到较高的垄断价格水平，并且获得高利润。因为所有的厂商都制定了相同的高价政策，共同分享市场，消费者就不能在市场上找到低价了。此时任何一个厂商都没有动力为了从竞争对手那里争夺消费者而制定更低的价格，因为这会引发价格战，结果就会导致每个厂商的市场份额保持在原有水平，然而利润却减少了。因此所有的厂商都采用价格匹配政策的话，那么结果就是每个厂商制定垄断价格，分享市场并且获得高利润。

但实施价格匹配政策的厂商必须具备两个条件：①能够识别进行“欺骗”的消费者；②具有成本竞争力。

2. 随机定价

随机定价是指厂商随时改变价格的定价行为。在激烈的价格竞争市场上，厂商使用随机定价方式的目的是向消费者和竞争对手隐藏其价格信息。比如当我们到超市购物时，发现超市产品的价格在频繁地变化，这就是所说的随机定价。那么超市为什么这么频繁地改变定价呢？这主要是基于以下两个原因.

第一，阻止消费者在不同厂商之间的套利行为。

第二，削弱竞争对手制定更低价格的能力。

采用随机定价策略，厂商的价格每小时或每天都是不一样的。以下两种原因说明了这种定价策略可以使厂商受益。

第一，当厂商采用随机定价策略时，即使消费者以前以最低的市场价格从某厂商购买过产品，但也不能从这次购买经历中学到什么东西。在某些天，某厂商的定价可能是最低的，但在另一天，另外一家厂商的出价是最好的。通过增加最低定价的不确定性，厂商就可以弱化消费者去商店询问价格信息的动力。因为一个商店或许今天的出价是最低的，但这并不意味着明天它的出价也是最低的。因此，消费者为了连续发现市场上最低的价格.就必须经常地逛商店。实际上，消费者变得消息灵通，对消费者只能带来一次好处。当厂商制定一个新价格时，这种信息毫无价值。这就降低了消费者投资调查价格信息的动力。当消费者对厂商竞争对手的价格信息越缺少了解时，厂商就越不易遭受到竞争对手通过削价来抢夺顾客的攻击。

随机定价的第二个优点是它减弱了竞争对手降价的能力。在竞争激烈的市场上，如果一个厂商稍微降价，那么获得信息的消费者就会转向那个厂商。而随机定价不仅仅减少了消费者可获得的信息，而且还使竞争对手无从准确地知道应该收取什么样的价格，才能比给定厂商的价格要低。随机定价策略目的是弱化竞争对手挑起价格战的动力，因此能够提高厂商的利润。

应当指出的是，厂商采用随机定价策略，并不总是可以获利的。在许多情况下，厂商采用其他一些策略，比如触发策略或价格匹配策略，可以更为有效地提高厂商利润。而且，在某些情况下，厂商按照随机定价策略所要求的经常性地改变价格并不可行。连续更换产品的价格标签所花费的雇用员工成本很高以至不能实行。但是当产品的价格可以输入计算机，而不需要直接贴在产品上时，随机定价策略是有效的。当厂商在周末报纸上做广告称厂商将进行“甩卖”时，随机定价也可以起作用。在这些情况下，销售循环中的厂商广告价格可能每周都是不一样的，因此，竞争对手也就无从知道应该发布什么样的价格，才能低于该厂商的价格。

例如，在美国，每天飞机票价会发生 215 396 次以上的变化，这相当于每分钟价格变化 150 次。许多航空公司将大把的金钱花费在企图监视其他航空公司的价格上。以 Delta 航空公司为例，该公司雇用了 147 名员工追踪竞争对手价格，并且快速反应：在某个特定时间里，把超过 5 000 次的行业价格变化与 Delta 的 70 000 次以上的票价进行比较。在航空价目表出版公司把新的飞机票价归档的前一天，Delta 的计算机就能够追踪到这种新的票价。一旦 Delta 知道竞争对手的价格发生了变化，那么在两个小时之内就能够把一个匹配价格输入它的订票系统。

12.4.7　多产品定价策略

以上我们讨论的主要是单一产品独立定价问题，实际上，一个企业往往不只生产一种产品，而是生产多种产品，多种产品的生产过程之间和消费过程之间往往存在相互联系、相互制约的关系。消费过程中的相互关系可以是相互补充，也可以是相互替代；多产品在生产过程中也可能会有一定的联系，如用同一投入，在同一生产过程中生产出两种以上的产品，这样的产品就叫做关联产品，如何给这些产品定价呢？本节将讨论这个问题。

1. 在需求上相互关联的产品定价

在需求上相互关联的产品或者是替代品，或者是互补品。当产品在需求上相互关联时，依然可以依据利润最大化原则来进行价格决策。只是这时要将其他产品销售额的变化作为边际收益的一部分来考虑，以求得企业总利润而不是某种产品利润最大化的价格。假设一家企业只生产两种产品 A 和 B，产品 A 的销售会影响产品 B 的需求，反之亦然。这时的边际收益为

$$\begin{cases} MR_A = \dfrac{dTR_A}{dQ_A} + \dfrac{dTR_B}{dQ_A} = MC_A \\ MR_B = \dfrac{dTR_B}{dQ_B} + \dfrac{dTR_A}{dQ_B} = MC_B \end{cases}$$

第一个公式表明，产品 A 销售量变化而引起的企业边际收益可以分为两部分：第一部分为 dTR_A/dQ_A 代表 A 销售量增加所引起的产品 A 收益的变化，第二部分为 dTR_B/dQ_A，代表 A 销售量增加所引起的产品 B 收益的变化。

第二个式子表示因产品 B 销售量变化而引起的企业边际收益，也包含两部分，dTR_B/dQ_B 代表 B 销售量增加所引起的产品 B 收益的变化，dTR_A/dQ_B 代表 B 销售量增加所引起的产品 A 收益的变化。

两式子中表示相互影响的第二项 dTR_B/dQ_A 和 dTR_A/dQ_B 的符号取决于产品 A 和产品 B 之间联系的性质。如果两种产品是互补的，则这两项为正值，也就是说一种产品的销量增加将导致另一种产品的总收益的增加，比如剃须刀和刀片。如果两种产品为替代关系，则这两项为负值，也就是说一种产品的销量增加将导致另一种产品的总收益的减少，比如两种不同的洗发水。最后，如果两种产品之间不存在需求的相互影响，这两项为零。

显然，为了进行最优的产量和价格决策，企业必须考虑需求上的相互影响。假定产品 A 和产品 B 是互补品。在确定产品 A 的利润最大化产量时，如果不考虑 A 的销量对产品 B 需求的影响，则当 dTR_A/dQ_A 等于生产产品 A 的边际成本时，产品 A 的产量就不应再增加了。但从上式中我们看到 dTR_B/dQ_A 也是边际收益的一部分。因此，利润最大化的原则要求继续增加产品 A 的产量。实际上，产品 A 的产量应增加到下式成立时为止：

$$dTR_A/dQ_A + dTR_B/dQ_A = MC_A$$

式子中，MC_A 为因产品 A 的产量增加一单位而引起的企业总成本的增量。同样，如果产品为替代品，不考虑需求上的相互影响就会导致产量过大。

2. 在生产上相互关联的产品定价

(1) 以固定比例生产的关联产品定价。

当产品是以固定比例生产的时候，应该作为一个产品组合来分析。由于产品是共同生产出来的，因此所有的成本都发生于这个产品组合的生产之中，在理论上也没有一种正确的方法来把这些成本分摊到每种产品上。要决定这些产品的最优产量和最优价格，就要对所有产品产生的总边际收益与边际成本相比较。在下面的分析中，每一单位产品组合包括从一个单位投入物中得到的产量。比如，屠宰一头牛所形成的一个产品组合中包括 500 磅牛肉和一张牛皮。

图 12-8(a) 表明了构成一个产品组合的两种产品 A 和 B 的需求函数及其相应的边际收益函数，还有此生产过程的边际成本函数。把每种产品的边际收益函数 MR_A 和 MR_B 垂直相加，就得到该产品组合的总的边际收益函数 MR_T。厂商通过多生产一个单位的产品组合

而得到的净收益就是产品 A 的增量(边际)收益加上从产品 B 得到的不可分的增量(边际)收益。总边际收益函数 MR_T 与边际成本函数 MC 的交点决定了产品组合的最优产量 Q^* 以及两种不同产品的最优价格 P_A^* 和 P_B^*。

如果边际成本函数 MC 与总边际收益函数 MR_T 相交所决定的产量超过了图 12-8(a)中的 Q_1，那么前面的分析就会产生一个麻烦。产量超过 Q_1 后，产品 B 的边际收益就成了负值，因此厂商将不想销售多于 Q_1 单位的产品 B。当这种情况出现时，如图 12-8(b)所示，最优解就是生产 Q_A^* 单位的产品组合。它是由 MR_A 和 MC 函数的交点所决定的。Q_A^* 单位的产品 A 应该以 P_A^* 价格出售。不过，产品 B 只应以 P_B^* 的价格销售 Q_B^*($=Q_1$)单位。产品 B 超过 Q_1 的过多产量，即 $Q_A^* - Q_B^*$，应该销毁或丢弃，才不会压低市场价格。在求解数字问题时，可以检查边际成本函数与总边际收益函数相交所决定的产量是否大于 Q_1，方法是把最优产量 Q^* 代入 MR_A 和 MR_B 函数。如果哪个边际收益值是负数，那么就应该使边际成本函数等于其他产品的边际收益函数，以此来决定最优价格和最优产量的组合。例如，如果 MR_B 函数为负值，那么就要用 MR_A(而不是 MR_T)来确定最优解。

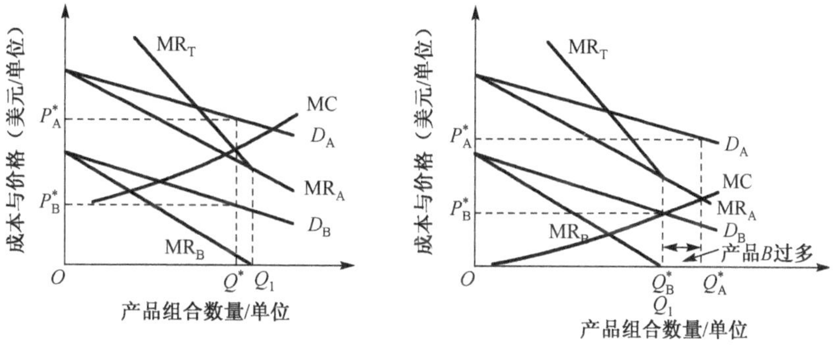

(a) 无过多生产量　　(b) 产品B的生产量过多

图 12-8　以固定比例生产的关联产品 A 和 B 的最优价格和最优产量的决定

（2）以变动比例生产的关联产品定价。

企业同时生产出来的关联产品的内在比例可能是可以变更的，如炼油生产中，汽油、柴油之间的产出比例，造纸生产中高档纸和低档纸之间的产出比例，猪肉生产中瘦肉和肥肉之间的产出比例等经常会发生变化。为了简化分析，我们假定：第一，在一定产出范围内生产出来的关联产品的价格保持常数；第二，关联产品有两种 A 和 B，且其产出的比例可以变化，但是企业生产它们的总成本保持常数，但单位平均成本是可变的。以下用图说明以变动比例生产的关联产品的价格与产量决策。

在图 12-9 中，纵横轴分别代表关联产品 A 和 B 的产量。三条凹向原点的曲线代表企业生产关联产品 A 和 B 的三种总成本支出水平，该总成本曲线的特征为：在同一条总成本曲线上各点总成本相等，表明用同一生产资源可以生产出不同比例的 A、B 产品组合；总成本曲线凹向原点而并非直线，则意味着这两种关联产品的单位平均成本是可变的。在实际生产中，由于关联产品是同时生产出来的，所以生产它们所发生的共同成本是无法分摊的，例如牛的饲养成本就无法分摊到牛皮和牛肉的生产过程中，只有那些明确属于某种具体关联产品成本(诸如牛皮的制革成本和牛肉的冷藏成本)才能分摊。由此可见，当关联产品以可变比例生产出来，其平均成本一定并非常数，所以总成本曲线表现为非线性的。图 12-9 中的三条收益（TR）曲线为直线，表明关联产品 A、B 的价格为常数，其总收益曲线的方程为：$TR = P_A Q_A + P_B Q_B$。对于一条既定的总成本曲线，它与某条总收益曲线的切点就是这种成本支出水平所能达到的最大收益，由此决定最大利润下的 A、B 产品的组合产量。例如图 12-9 中的 D 点为总成本水平为 100 的总成本曲线与总收益为 150 的总收益曲线的切点，表明该点的 A、B 产量组合在收益为 150、成本为 100 水平上利润最大为 50（150 - 100 = 50）。同理，E 点的 A、B 产量组合表明总收益为 300、总成本为 200 水平下的最大利润为 100（300 - 200 = 100），F 点的 A、B 产量组合表明总收益为 350、总成本为 300 水平下的最大利润为 50（350 - 300 = 50）。假定该企业生产 A、B 关联产品只有这三种选择，显然，企业应该按 E 点的产量组合进行关联产品的生产，即 A 产品生产 Q_A^*、B 产品生产 Q_B^*。在上述分析中，两种关联产品的价格是由完全竞争市场所决定，是外生既定的。

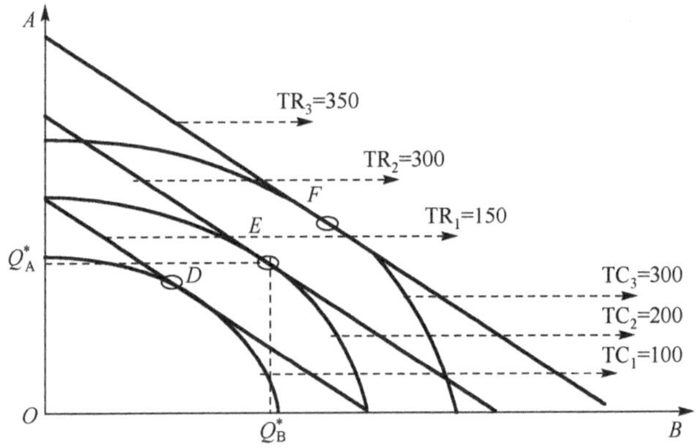

图 12-9　以变动比例生产的关联产品 A 和 B 的最优价格和最优产量的决定

3. 转移定价

与公司规模惊人增长相联系的是这些组织内部决策与控制的分权趋势。由于大规模多产品国内厂商或多国厂商内部的协调与沟通问题极其复杂，所以这些厂商一般都分成一系列半自治的经营事业部，每个事业部都构成一个拥有制定经营决策职责和职权的利润中心。事业部经理把适当的奖酬与刺激结合在一起，把决策引向利润中心的最高利润率。人们可以相信，所有的事业部都以这种方式经营，这种系统将使厂商的整体利润率最高。此处研究的就是这种分权系统实际上导致最优价格和产量决策的条件，也就是能使厂商整体利润最大化的决策。由于此问题的复杂性质，此分析仅限于比较简单的例子。

实际上存在着一系列的条件，它们使分权厂商中一个事业部制定的"价格—产量"决策要取决于（即受影响于）另一个事业部的"价格—产量"决策。相互依赖的原因之一在于两个事业部的外部需求函数是相关的。例如，通用汽车公司的雪佛兰事业部与庞迪亚克事业部的需求函数之间肯定存在着一定程度的依赖性。但在此处分析中，假定每个事业部的外部需求函数都是独立的。依赖性的另一个来源在于，两个事业部的生产过程无论何时都是成本相关的，要么由于技术上的相互依赖，要么由于产量变化对生产过程中所使用的要素成本的影响。前一种依赖性的例子就是炼油厂中产品组合（如汽油、煤油、燃料油和润滑油）要受到生产过程的限制。后一种依赖性就是两个事业部投标争夺一种供应短缺的原材料或劳动技能，结果导致价格上涨。在下面的分析中，假定生产过程在成本上也是相互无关的。

依赖性的第三个来源是此处所要分析的，它出现于一个事业部向同厂商另一个事业部出售其所有或部分产品的时候。例如，在福特汽车公司中，会发生大量的产品和服务的内部转移。发动机和铸造事业部、变速器和车身事业部、金属冲压事业部以及玻璃事业部等都向汽车装配事业部转移产品，汽车装配事业部又向福特和林肯事业部转移完整的汽车。

每种中间产品或服务从销售事业部向购买事业部的转移都会影响前者的收益与后者的成本。因此，每个事业部的“价格—产量”决策和利润率既要由标准的利润最大化规则（即边际成本等于边际收益）来决定，也要受到转移价格的影响。

转移价格在分权厂商中起到两个作用：一个就是在制定将使利润最大化的价格和产量决策时，作为事业部所使用资源的边际价值的一个衡量指标。另一个就是在分析事业部绩效时，作为事业部所使用资源的总价值的衡量指标。这两个作用有时可能相互冲突。此处的重点内容就是确定正确的转移价格，用于制定最优（即利润最大化）的“价格—产量”决策。

在下面的分析中，假定某一个由两个独立事业部组成的分权厂商，确立了一个两阶段的生产过程来制造和销售一种产品。生产事业部制造一种中间产品，在厂商内部按照转移价格出售给营销事业部。营销事业部再把中间产品转换成一种最终产品，然后在一个垄断竞争的外部市场中出售。

根据上面有关需求和成本具有独立性的假设条件，有三种可能的情况供考虑。

（1）不存在中间产品的外部市场。

（2）存在中间产品的完全竞争外部市场。

（3）存在中间产品的不完全竞争外部市场。

前两种情况在下面研究，存在不完全竞争外部市场的第三种情况可以用本章前面讨论的三级价格歧视模型来分析，在此处不研究。

1. 不存在中间产品的外部市场

如果不存在中间产品的外部市场，生产事业部将无法处置超过营销事业部所要求数量的多余产品。同样，如果营销事业部对最终产品的需求超过了生产事业部的生产能力，那么也无法从外部得到更多的中间产品。因此，生产事业部制造出来的产品数量必须等于营销事业部的销售数量。图 12-10 说明了利润最大化的“价格—产量”组合以及产生的转移价格的决定过程。厂商在任一产量上的单位边际成本 MC 就是生产一个单位产品的边际成本 MC_p 和销售一个单位产品的边际成本 MC_m 之和。人们通过使边际成本 MC 与外部边际收益 MR_m 相等（点 A），来制定厂商的利润最大化决策——P_m^* 为营销部门在外部市场中销售最终产品的最优价格，Q_m^* 为最终产品的最优数量。因此，可使转移价格 P_1^* 等于最优产量水平 Q_p^* 水平上的单位产品的生产边际成本 MC_p（点 B）。这样做将使各个事业部在谋求本部门利润最大化的同时，也实现了厂商整体利润的最大化。

上述结果可以用下列方式说明：转移价格一旦确定，生产事业部将会面对一条由中间产品转移价格所确定的水平需求曲线(以及相应的边际收益曲线)。生产事业部的最大利润将实现于该事业部的边际成本等于其边际收益的那一点上，即本例中 P_t直线与 MC_p曲线相交处。这个条件所形成的 Q_p^* 就是中间产品的最优产量，它与前面确定的最终产品的最优数量 Q_m^* 相同。同样，转移价格一旦确定，营销事业部就会面对一条边际成本曲线 MC_t，它是单位产品的营销边际成本 MC_m与给定的转移价格 P_t之和。营销事业部的最大利润实现于该事业部的边际成本与其边际收益相等的那一点上，即本例中的 MC_t与 MR_m曲线的交点。这种情况所形成的最优价格和产量决策(即 P_m^* 和 Q_m^*)与前面谋求厂商整体利润最大时得到的结果是一样的。

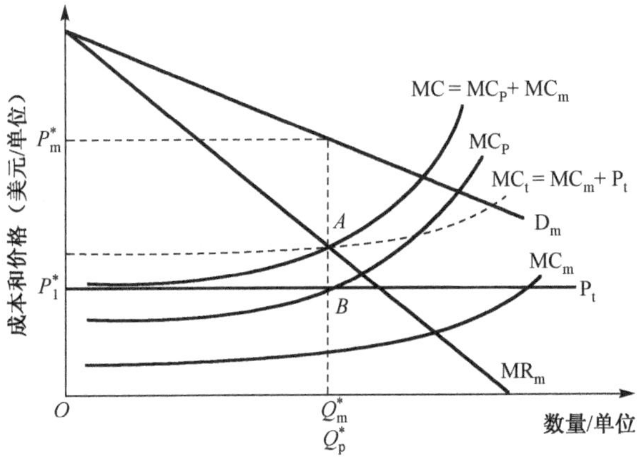

图 12-10　不存在中间产品的外部市场情况下转移价格的确定

2. 存在中间产品的完全竞争外部市场

如果存在中间产品的外部市场，生产事业部和营销事业部的产量就不再要求相等了。在下面的分析中，假设中间产品的外部市场为完全竞争市场，研究中间产品供求的两种不同情况：过多的内部供给和过多的内部需求。

(1)过多的内部供给：生产事业部具有中间产品的生产能力大于营销事业部的要求，要在外部竞争市场中出售多余的产品。

图 12-11 所示为厂商最优“价格—产量”决策的形成过程。如果存在一个中间产品的完全竞争市场，那么生产事业部的产量就会面对一条水平的外部需求曲线 D_p，它的产量位于现存的市场价格 P_t水平上。使事业部的边际收益 MR_p与事业部的边际成本 MC_p相等(点 C)，就决定了中间产品的利润最大化产量为 Q_p^* 单位。营销事业部不管是从公司内部还是从外部市场，都必须以 P_t价格购买这种中间产品，它的边际成本曲线 MC_t是单位产品的营销边际成本 MC_m与给定转移价格 P_t之和。另外，使事业部的边际收益 MR_m与事业部的边际成本 MC_t相等(点 D)，表明营销事业部以 P_m^* 价格向外部出售 Q_m^* 单位的最终产品将使利润最大。这种解决办法还表明生产事业部应该生产 Q_p^* 单位的中间产品，向营销事业部出售 Q_m^* 单位的产品，差额部分($Q_p^* - Q_m^*$)在外部的中间产品市场中销售。

上述分析中的转移价格是很明确的，竞争市场中的价格 P_t 成了公司内部销售中间产品的最优转移价格（P_t^*）。由于生产事业部能以此价格向外部出售任意数量的产品，所以也就没有积极性以低于 P_t^* 的价格在公司内部出售给营销事业部。

（2）过多的内部需求：营销事业部所要求的中间产品数量大于生产事业部内部提供的数量，要在外部竞争市场中购买产品。

图 12-12 说明了存在过多的内部需求时厂商最优"价格—产量"决策的形成过程。与前面讨论的存在过多的内部供给情况相似，生产事业部也会力图通过使本事业部的边际收益 MR_p 等于边际成本 MC_p（点 E）而获得最大利润。由此决定的中间产品的最优产量为 Q_p^* 单位。因为营销事业部的边际成本曲线 MC_t 等于单位产品的营销边际成本 MC_m 与给定的转移价格 P_t 之和，所以也会力图通过使本事业部的边际收益 MR_m 与边际成本（MC_t）相等（点 F）来谋求利润最大。这样就决定了它应以每件 P_m^* 的价格向外部出售这种最终产品，最优数量为 Q_m^*。这个结果表明生产事业部应该把它生产的全部中间产品 Q_p^* 都出售给营销事业部，营销事业部还要在外部中间产品市场中购买其余的产量，即 $Q_m^* - Q_p^*$。

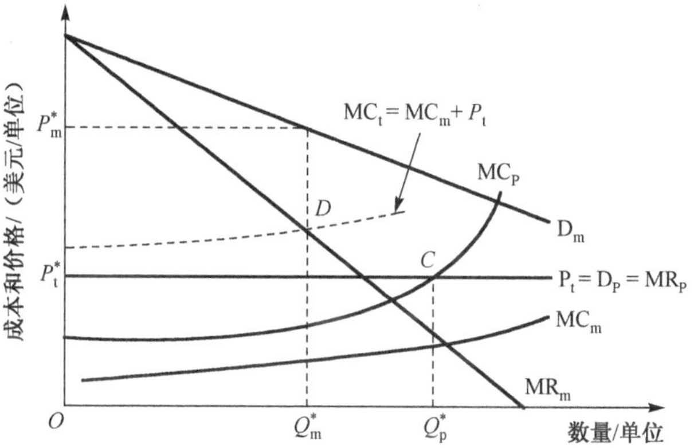

图 12-11　转移价格的确定：存在中间产品的完全竞争外部市场—过多的内部供给

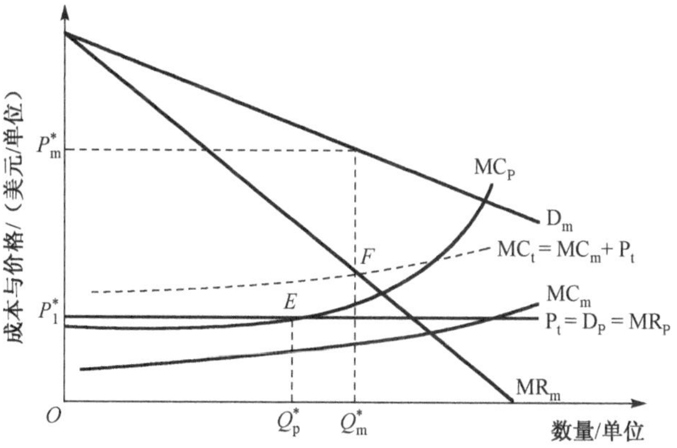

图 12-12　转移价格的确定：存在中间产品的完全竞争外部市场—过多的内部需求

与前面讨论过的存在过多的内部供给的情况一样，公司内部转移这种中间产品的最优转移价格 P_1^* 等于完全竞争市场中的价格 P_t。营销事业部能按此价格购买它所希望的任何数量的中间产品，因而将不愿意以高于 P_1^* 的价格从生产事业部购买中间产品。

12.5 其他定价策略

以上各节讨论的是企业依据利润最大化目标而展开的定价策略和方法，然而企业在实际生产经营过程中，定价目标不会是单一的利润最大化，本节主要介绍围绕着其他定价目标而展开的定价方法。

12.5.1 竞争导向定价法

竞争导向定价法是企业通过研究竞争对手的生产条件、服务状况、价格水平等因素，依据自身的竞争实力，参考成本和供求状况来确定商品价格。以市场上竞争者的类似产品的价格作为本企业产品定价的参照系的一种定价方法。

竞争导向定价主要包括随行就市定价法、产品差别定价法、密封投标定价法和拍卖定价法等。

1. 随行就市定价法

在垄断竞争和完全竞争的市场结构条件下，任何一家企业都无法凭借自己的实力而在市场上取得绝对的优势。为了避免竞争特别是价格竞争带来的损失，大多数企业都采用随行就市定价法，即将本企业某产品价格保持在市场平均价格水平上，利用这样的价格来获得平均报酬。此外，采用随行就市定价法，企业就不必去全面了解消费者对不同价差的反应，也不会引起价格波动。

2. 产品差别定价法

产品差别定价法是指企业通过不同营销努力，使同种同质的产品在消费者心目中树立起不同的产品形象，进而根据自身特点，选取低于或高于竞争者的价格作为本企业产品价格。因此，产品差别定价法是一种进攻性的定价方法。

3. 招投标定价法或密封投标定价法

在国内外，许多大宗商品、原材料、成套设备和建筑工程项目的买卖和承包，以及出售小型企业等，往往采用发包人招标、承包人投标的方式来选择承包者，确定最终承包价格。一般来说，招标方只有一个，处于相对垄断地位，而投标方有多个，处于相互竞争地位。标的物的价格由参与投标的各个企业在相互独立的条件下来确定。在买方招标的所有投标者中，报价最低的投标者通常中标，它的报价就是承包价格。这样一种竞争性的定价方法就称密封投标定价法。

4. 拍卖定价法

拍卖也称竞买，商业中的一种买卖方式，卖方把商品卖给出价最高的人，同时它也是一种定价方式。拍卖的要素有：参与者、供拍卖的物品或服务、拍卖的方式以及用于确定价格和竞买者的规则。进行拍卖必须有准备出售或购买的双方和组织拍卖的机构（比如拍卖行）参与。通过拍卖方式出售某种所有权或物品，卖方是一家，它委托拍卖机构向被邀请来参加竞买的一家以上的预期购买者提供准备出售的某种所有权或物品。拍卖过程由第三方的拍卖师或拍卖行组织实际操作。拍卖师或拍卖行可以根据成交价格只收取委托方(卖方)一定比例的佣金，也可以从买卖双方各收取一定比例的佣金。

拍卖的好处：它通过一个卖方(拍卖机构)与多个买方(竞买人)进行现场交易，使不同的买方围绕同一物品或财产权利竞相出高价从而在拍卖竞价中去发现其真实价格和稀缺程度，避免交易的主观随意性，更直接地反映市场需求，最终实现商品的最大价值。

拍卖的方式有英格兰式拍卖、荷兰式拍卖、英格兰式与荷兰式相结合的拍卖方式。

12.5.2 新产品定价法

新产品定价是企业定价的一个重要方面。新产品定价合理与否，不仅关系到新产品能否顺利地进入市场、占领市场、取得较好的经济效益，而且关系到产品本身的命运和企业的前途。新产品定价可采用撇脂定价法、渗透定价法和满意定价法。

撇脂定价策略是一种高价格策略，是指在新产品上市初期，价格定得高，以便在较短的时间内获得最大利润。这种定价策略因类似于从牛奶中撇脂奶油而得名。

渗透定价策略是一种低价格策略，即在新产品投入市场时，价格定得较低，以便消费者容易接受，很快打开和占领市场。

满意定价策略是一种介于撇脂和渗透之间的价格策略。所定的价格比撇脂价格低，而比渗透价格要高，是一种中间价格。这种定价策略由于能使生产者和消费者都比较满意而得名。有时又称"君子价格"或"温和价格"。

12.5.3 心理定价法

每一件产品都能满足消费者某一方面的需求，其价值与消费者的心理感受有着很大的关系。这就为心理定价策略的运用提供了基础。心理定价策略是一种根据消费者心理所使用的定价策略，是运用心理学的原理，依据不同类型的消费者在购买商品时的不同心理要求来制定价格，以诱导消费者增加购买，扩大企业销量。具体策略包括以下几种。

1. 整数定价

整数定价即在定价时把商品的价格定成整数，不带尾数，使消费者产生"一分价格一分货"的感觉，以满足消费者的某种心理，提高商品形象。

2. 尾数定价

尾数定价指在商品定价时，取尾数而不取整数的定价方法，使消费者购买时在心理上产生大为便宜的感觉。

3. 分级定价

分级定价指在定价时，把同类商品分为几个等级，不同等级的商品，其价格有所不同。这种定价策略能使消费者产生货真价实、按质论价的感觉，因而容易被消费者接受。

4. 炫耀定价

当购买者认为其消费选择与自己的身份地位相关时，愿意以远远超过商品实际价值的价格购买商品，这是人们的炫耀心理。这时需求规律好像已经失去作用。炫耀定价法利用人们的炫耀心理确定产品价格。

5. 招徕定价

招徕定价指多品种经营的企业中，对某些商品定价很低，以吸引顾客，目的是招徕顾客购买低价商品时，也购买其他商品，从而带动其他商品的销售。

6. 习惯性定价

有些商品在顾客心目中已经形成了一个习惯价格，这些商品的价格稍有变动，就会引起顾客不满，提价时顾客容易产生抵触心理，降价会被认为降低了质量。因此对于这类商品，企业宁可在商品的内容、包装、容量等方面进行调整，也不采取调价的方法。日常生活中的饮料、大众食品一般都适用这种策略。

7. 声望定价

某些产品的定价是为了提高潜在消费者的认知价值。声望定价的做法就是索取一个高价，以便限制潜在的买主，并形成一种印象，即此产品的质量高于类似的低价格产品。或者说声望定价法是一种有意识地给商品定高昂价格以提高商品地位的定价方法，它利用消费者仰慕名牌商品或名店的声望所产生的某种心理来制定商品的价格。

例如在欧洲汽车市场中，奔驰、奥迪和宝马等汽车的价格在25 000美元到75 000美元范围之内，这些汽车在吸引忠诚的、声望导向的客户时都获得巨大的成功。与此同时，丰田汽车公司的“camry”轿车，与这些更昂贵的汽车相比，也得到了来自于消费者协会这种公平审查小组的广泛赞许，但由于其价格大大低于欧洲产品，因而没有吸引到欧洲轿车所拥有的声望导向顾客的忠诚追随。

本章小结

成本加成定价法为许多企业采用。在这个方法中，企业估算出一定产量水平上的平均总成本，再加上一个加成作为价格。如果采用边际成本进行估算，并且根据价格弹性决定加成，那么，加成定价法能够实现利润最大化。并不是所有的成本都能明确地分配给某一特定的产品，这时，可以采用增量成本定价法来做出价格策略。如果一种产品的价格大于该产品所带来的增量成本，那么，生产这种产品就是有利可图的。

某些定价策略可以使企业侵占消费者剩余。当市场之间的价格差异与其成本差异不相关时，可以采取价格歧视，对在不同市场上销售的相同产品制定不同的价格。当不同期间里的需求具有不用的特点时，可以采取高峰定价，对高峰需求期间的顾客定高价，对非高峰期间的顾客定低价。当企业掌握关于消费者剩余的准确信息时，可以采取两部定价，先为产品的购买权要求一个固定费用，然后以近似边际成本的价格销售产品；或者采取批量定价，迫使消费者批量购买产品。

一般来说，企业生产和销售的产品不止一种。其中，有些产品的需求或成本可能是相互联系的。对于需求相互影响的产品，在作出利润最大化决策时，企业要将其产品销售额的变化作为边际收益的一部分一起考虑。对于固定比例的关联产品，利润最大化的产量就位于总边际收益曲线与总边际成本的交点。对于中间产品，如果不存在外部市场，转移价格应该等于最优产量上的边际成本；如果存在外部市场，转移价格就应该等于市场价格。

在进行激烈的价格竞争的企业需要采取竞争定价策略，或者实行价格匹配，承诺以竞争对手的最低价作为产品的价格；或者实行随机定价，故意经常改变产品的价格，以隐藏价格信息。

案例分析

交响乐团经理所面对的问题

在演出季节中，乐团通常每月有两场周六晚上的表演，每次表演都有一个新节目。每次演出会产生如下成本：

固定的管理费用成本	1 500 美元
彩排成本	4 500 美元
演出成本	2 000 美元
可变成本（例如节目和门票）	每位观众 1 美元

乐团经理因为微薄的利润率而忧心忡忡。她将票价定在 10 美元。如果能将音乐大厅中的 1 100 个座位全部卖完，那么总收入将会是 11 000 美元，总成本是 9 100 美元，每场演出将带来 1 900 美元的可观利润。不幸的是，通常观众只有 900 人，这导致售出的每张门票的平均成本是 9. 89 美元——接近 10 美元的门票价格。每场演出的收入仅仅 9 000 美元，成本 8 900 美元，这样每场演出的总利润只有令人沮丧的 100 美元。业务经理不相信简单的涨价就可以解决问题。更高的价格会进一步减少观众的数量，使得每场演出的收入比现在还要少。因此，她正在考虑三个通过扩展新市场来增加利润的方案，其中两个方案涉及出售折扣门票。这三个备选方案是：

1. “学生抢购”门票定价为 4 美元，并以“先到先得”为准则，在演出前的一个半小时向大学生出售。经理估计她可以向在其他情况下不会到场的人群出售 200 张这样的门票。然而，很明显，这些门票的价格甚至不及每张票平均成本的一半。

2. 星期六晚上的演出将在星期日白天重演，门票为 6 美元。经理预计她可以售出 700 张日场票，但其中 150 张门票将卖给本来会购买星期六高价票演出的人群。因此净人数将增加 550 人，但同样，这些门票的价格也将少于每张票的平均成本。

一系列新的演出会在每隔一个星期六表演。票价将定在 10 美元，并且经理预计她将售出 800 张门票，但其中 100 张将会卖给本会观看原有演出的人群。因此净人群将会增加 700 人。

乐团应该采用哪一种方案呢？对于学生抢购来说，排演成本和演出成本都不是增量成本，观众成本是增量型的，对于星期日日场演出来说，演出成本和观众成本都是增量型的，对于新系列方案来说，除了管理费用之外的所有成本都是增量型的。

讨论与练习

1. 什么是成本加成定价法？其基本步骤是怎样的？
2. 什么是价格歧视？它分为哪几类？
3. 什么是声望定价？
4. 什么是转移定价？
5. 增量分析定价法与成本加成定价法的主要区别是什么？什么情况下宜使用增量分析定价法？
6. 什么叫价格匹配？

7. 什么叫随机定价?

8. 多产品定价具体有哪些种类和方式?

9. 什么是高峰定价法? 如何实施? 有人说高峰定价法能提高社会资源的配置效率，这一说法是否有道理?

10. 假定某航空公司在 A、B 两地之间飞行一次的全部成本为 45 000 元(其中，固定成本为 25 000 元，包括机组人员的工资、飞机折旧、机场设施与地勤服务)。在 A、B 之间增加一次飞行需要增加的成本为 20 000 元，增加一次飞行的票价收入为 30 000 元。问：在 A、B 之间是否应增加航班。

11. 一个垄断者在一个工厂中生产产品而在两个市场上销售，他的成本曲线和两个市场的需求曲线方程分别为：$TC=(Q_1+Q_2)^2+10(Q_1+Q_2)$；$Q_1=32-0.4P_1$；$Q_2=18-0.1P_2$(TC：总成本，$Q_1$，$Q_2$：在市场 1，2 的销售量，$P_1$，$P_2$：市场 1，2 的价格)，求：

(1)厂商可以在两市场之间实行差别价格，计算在利润最大化水平上每个市场上的价格、销售量以及他所获得的总利润 R。

(2)如果禁止差别价格，即厂商必须在两个市场上以相同价格销售。计算在利润最大化水平上每个市场上的价格、销售量以及他所获得的总利润 R。

参考文献

[1] 迈克尔 R . 贝叶. 管理经济学(原书第 6 版)[M]. 北京：机械工业出版社,2012.
[2] 徐玖平，黄云歌. 管理经济学[M]. 北京：高等教育出版社,2006.
[3] N · 格列,高利 · 曼昆. 经济学原理(原书第 3 版)[M]. 北京：机械工业出版社,2003.
[4] 保罗 · 萨缪尔森，威廉 · 诺德豪斯. 经济学第 19 版[M] . 北京：商务印书馆，2013.
[5] 吴德庆,马月才,王保林. 管理经济学(第五版)[M]. 北京：中国人民大学出版社,2010.
[6] 徐惠平,李志青. 管理经济学教学案例精选[M]. 上海：复旦大学出版社,2000.
[7] 洪功翔. 政治经济学[M]. 合肥：中国科学技术大学出版社,2012.
[8] 冯俭,段云程. 管理经济学[M]. 成都：西南财经大学出版社,2006.
[9] 陈章武. 管理经济学[M]. 北京：清华大学出版社,1996.
[11] 李福学. 管理经济学[M]. 北京：高等教育出版社,2007.
[12] 杨杰. 管理经济学[M]. 长春：吉林大学出版社,2003.
[13] Jeff E. Biddle and Daniel S. Hamermesh. Sleep and the Allocation of Time[J] . Jouenal of Political Economy,1990(10).
[14] 恩格斯,马克思. 恩格斯全集第 19 卷[M]. 北京：人民出版社,1963.
[15] 陈章武. 管理经济学[M]. 北京：清华大学出版社,2003.
[16] 周勤. 管理经济学(第二版)[M]. 北京：北京师范大学出版社,2008.
[17] 胡志强,何国华,张炎等. 管理经济学(第 2 版)[M]. 武汉：武汉大学出版社,2005.
[18] 杨杰,李雪灵. 管理经济学 [M]. 长春：吉林大学出版社,2004.
[19] 柴华奇,王莉芳. 管理经济学——市场经济中企业决策的基本规律[M]. 西安：西北工业大学出版社,2004.
[20] 刘新民. 管理经济学[M]. 北京：石油工业出版社,2001.
[21] 毛军权. 管理经济学教程[M]. 上海：复旦大学出版社,2007.
[22] 吕军,李门楼. 管理经济学[M]. 北京：中国地质大学出版社,2007.
[23] 詹姆斯 R. 麦圭根,莫耶,哈里斯. 管理经济学：应用、战略与策略[M]. 北京：机械工业出版社,2009.
[24] 陈建萍,杨勇. 管理经济学：理论、案例与实务[M]. 北京：中国人民大学出版社,2011.
[25] 保罗 · G. 基特,菲利特 · K. Y. 杨. 管理经济学[M]. 大连：东北财经大学出版社,2011.
[26] 威廉 · 博伊斯. 管理经济学(第 2 版)[M]. 北京：中国人民大学出版社,2013.
[27] 汤姆 · 纳格. 约瑟夫 · 查莱. 定价战略与战术(第五版)[M]. 北京：华夏出版社,2012.